侯仕军 著

改革开放以来
中国市场消费、企业发展与治理体制供给研究

STUDY ON MARKET CONSUMPTION, BUSINESS DEVELOPMENT AND GOVERNANCE REGIME SUPPLY SINCE REFORM AND OPENING-UP IN CHINA

经济管理出版社
ECONOMY & MANAGEMENT PUBLISHING HOUSE

图书在版编目（CIP）数据

改革开放以来中国市场消费、企业发展与治理体制供给研究/侯仕军著．—北京：经济管理出版社，2019.12
ISBN 978-7-5096-6926-6

Ⅰ.①改… Ⅱ.①侯… Ⅲ.①消费市场—研究—中国②企业发展—研究—中国③供给制—研究—中国 Ⅳ.①F126.1②F279.23③F249.24

中国版本图书馆 CIP 数据核字（2019）第216750号

组稿编辑：梁植睿
责任编辑：梁植睿
责任印制：黄章平
责任校对：张晓燕

出版发行：经济管理出版社
（北京市海淀区北蜂窝8号中雅大厦A座11层 100038）

网　　址：	www.E-mp.com.cn
电　　话：	（010）51915602
印　　刷：	三河市延风印装有限公司
经　　销：	新华书店
开　　本：	720mm×1000mm/16
印　　张：	14.25
字　　数：	248千字
版　　次：	2019年12月第1版　2019年12月第1次印刷
书　　号：	ISBN 978-7-5096-6926-6
定　　价：	68.00元

·版权所有　翻印必究·

凡购本社图书，如有印装错误，由本社读者服务部负责调换。
联系地址：北京阜外月坛北小街2号
电话：（010）68022974　邮编：100836

前　言

本书借鉴 Geels Frank（2002）所提社会技术体系转变多层次视角、响应其多方面可能亟待拓展的需要，结合对改革开放以来中国经济可持续性转变实务的观察，建构市场消费演变、企业发展转变与治理体制供给协同演进框架，展望中国市场上这种协同演进成效影响因素与改进方向，重点探讨如何突破制约中国服务经济及其企业发展转变的体制瓶颈。本书总共包括十四章：

绪论之后，第二章系统梳理可持续性转变的理论基础。Geels Frank（2002）所提西方视阈下社会技术体系转变多层次视角（Multi – level Perspective of Socio – Technical Transition）、实质为可持续性转变理论（Sustainability Transition）意在阐释社会技术体系转型（Socio – Technical System Transition）及其过程，其"情势—利基—体制"框架对部分阐释中国经济可持续性转变进程很有借鉴意义。但该框架需在转型过程的地域（情势）包容性、主体广泛性、路径循环性、系统整合性、发展动态性方面进行进一步的拓展，而中国改革开放以来丰富的经济可持续性转变实践，正好为这种拓展提供研究对象及资料佐证方面的重要支撑。

第三章在社会技术体系转变多层次视角下对中国经济可持续性转变进行实务观察。1978年以来，中国经济的可持续性转变涉及的两项核心议题（体制变革和对外开放）既具有共同性，也各有侧重。例如，从共同性来看，体制变革和对外开放均依赖中国特色的政治体制、服务于整个国家的全面可持续发展，均以发展市场经济为资源配置机制基本取向/以全民共同富裕为最终诉求，均涉及市场生产流通系统和营商环境系统，均将中国的全球定位参照框架从偏地理物质性的"东亚国家"推向重精神文化性的"亚太中心国家"甚至"亚欧大陆中心国家"，以及均日益摆脱"跟随/赶超叙事"下的匆忙和迷惘走向"自主/引领叙事"下的从容和自信。从差异性和联系性来看，两者从不同角度切入，一起相互联系地明晰或增强中国市场主体和政府部门在市场化、国际化双重基本导向下的主体性，并降低局部/整体系统的熵值。这种明晰或增强意在显著增强局部/整体经济系统生存发展可持续性并促进整个社会本真意义上的内涵型/质量型/集约型发展和共同进步而固本培元。

从侧重点上看，体制变革更多是在国家内部，重点关注如何处理好政府与市场、政府与社会之间的关系，如何转变政府职能。对外开放作为促进经济可持续性转变发展的关键的外生型变量，意在开放和知识外溢/转移导向下，超越国家/地区之间及其内部各种边界，从而适度保护地、更加自主自信地基于更可持续的国内社会/市场和价值链融入/融合国际社会/市场及全球价值链，增进从个体到系统可持续的外生动力、多样性、活力和生产力，并形成以及维持各国和平共处、合作共赢、更加紧密/亲密的国际战略空间。

更为特定而深远地看，"市场消费演变—企业发展转变—治理体制供给"正是这两项核心议题所涉及的更为基本和深入的三个层面，演绎着市场化背景下"效益、普惠、绿色"三大经济可持续性转变主题和"科技创新和制度创新双轮驱动"重大命题，也是中国系统性地协同"改进生产生活消费、创新自主技术品牌、塑造经济治理体制"、持续培育和发挥新兴大国可持续国际竞争优势的过程。三大关键层面互动演进的过程总体上其实已先后或正在走过"引致－推式"和"自发－拉式"两种基本路径。"引致－推式"演进路径下，中国更注重在高阶视角/精英路线下（自上而下/自内而外）和"预测/计划—战略/战术"范式下采取"治理体制供给—市场消费演变—企业发展转变"演进路径。"自发－拉式"演进路径下，中国实际上需要更加注重在基层视角/草根路线下（自下而上/自外而内）和"冲击－响应"范式下采取"市场消费演变—企业发展转变—治理体制供给"演进路径。

第四章针对市场消费演变、企业发展转变与治理体制供给协同演进进行理论重构。基于前述社会技术体系转变多层次视角，综合观察和分析中国"市场消费演变—企业发展转变—治理体制供给"演进过程及其转变趋势之后发现，中国经济的可持续性转变可被拓展性地提炼为一个"市场消费演变—企业发展转变—治理体制供给"三大基本层面协同演进的顶层性、整合性的"谱系"化框架。该协同演进框架明显体现跨边界（政府/市场、供应/需求）的利益相关者所进行的价值共创、体制共创及其密切互动，包括分属于生产流通系统（主要是市场供求双方）、营商环境系统（在中国主要是政府治理体制及其变革和供给），但是密不可分、互动作用、闭合循环的三方面因素以及演进协同可能不力而导致的供求缺口和治理缺口。

按照该框架，市场消费的强主体特征需要探索性创新驱动的企业发展相匹配，而探索性创新驱动的企业发展则需要相匹配的治理体制。适应于市场消费从数量型消费向精致型消费的升级，企业发展需要从利用性创新驱动为主的粗放型发展转向探索性创新驱动为主的精益型发展，而治理体制供应则需要从"引致－推式"路径转向"自发－拉式"路径。

三者（及其内部）并不轻松的演进协同不力会导致两种亟须弥合的基本缺口。一种是企业发展转变与市场消费演变之间的供求缺口。这种缺口一般主要依赖前瞻性或反应性的市场供求规律的协调。另一种是治理体制供应与生产流通系统体制诉求之间的治理缺口。一旦生产流通系统方面必要的体制诉求和营商环境系统方面必要的体制供应之间演进协同不够，就必然产生三种限制（或不利于）企业高水平创新和高质量市场消费满足的基本治理缺口：治理体制供应和生产流通系统创新的体制诉求之间的缺口；治理体制内部思想性、宣示性和操作性层面之间不同时空下的纵向缺口；跨界各必要的治理体制之间操作性层面不同时空下的横向（跨空间配套/互补性）缺口。

第五章、第六章展望中国经济中三大层面协同演进成效影响因素与改进方向。这些因素包括：企业领袖（群体）、消费者意见领袖（群体）、各级政府首脑（群体）是否各自/协调性地开明？他们各自的特质是否各自/协调性地匹配？他们各自的地位是否各自/协调性地强势？改进三大层面协同演进成效的基本方向则在于，基于大国优势在关键的新兴技术/产品/模式创新领域参与全球经济治理标准的制定/修订/竞争，并争取开创性/引领性/领导性/非对称性（而非迎合性/跟随性/并行性/对称性）地位以突破这方面的锚定/锁定困境和效应。

第七章至第十三章重点实证性地探讨突破制约中国服务经济及其企业发展转变的体制瓶颈。在后危机时代及部分地区/行业进入后工业化时代的背景下，率先发展现代服务业、升级服务业结构也成为中国转变经济发展方式、推进产业结构调整的重要突破口和关键举措。但治理体制改革还相对滞后的服务业（而且需要围绕需求端而非传统的围绕供给端）正承担起深化治理体制改革、破除工业治理体制改革瓶颈并减轻改革阵痛的重要使命。为此，本部分在社会技术体系转变多层次视角下厘析服务经济及其企业发展转变的基本内涵、中国服务经济及其企业发展转变的基本特征与方向，并从市场准入、需求培育、人才保障、服务创新、市场规范、开放合作、服务统计等方面分析需要制约服务经济及其企业发展转变的体制瓶颈，并提出突破的基本思路。

第十四章对相关发现、创新价值及未来展望进行总结。本书的研究具有两个方面的基本创新：一是研究视角创新。突破转型升级领域囿于生产流通系统供求互动的常用视角，纳入市场供求双方转型升级在营商环境系统（治理体制供给）方面的诉求和参与，实证解析中国生产流通系统转型升级（市场消费演变、企业发展转变）和治理体制供给之间的协同演进机理。二是理论框架创新。本书所借鉴的西方视阈下可持续性转变理论框架体现出"情势变化—利基发展—体制变革"之间自外而内、自下而上、单向性的拉动式协同演进路径，更契合发达经济体实情。本书的研究注重立足中国经济的可持续性转变实情，在理论框架上还兼顾"新型治理体制—利基发展—情势变化"或"新型治理体制—情势变化—利基发展"这些自内而外、自上而下、逆向性的引致式协同演进路径。如此一来，本书通过凝练中国经济及其企业的可持续性转变实践，阐明情势变化、利基发展、治理体制供给之间存在相互耦合、相互驱动的关系，在转型过程的地域包容性、主体广泛性、路径循环性、系统整合性、发展动态性等方面对西方学者所提可持续性转变理论框架进行了拓展和完善。

当然，本书的出版，只是该主题研究日臻完善过程中的一个小进展。考虑到中国经济及其企业可持续性转变的宏观背景及巨大潜力，仍很有必要继续紧密跟踪这方面的最新理论和实践，尽快将其完整纳入以充实本书研究成果的理论饱和度和实务时效性。

另外，本书研究成果的形成、完善和出版，得益于各方人士的支持和帮助。在此，特别感谢该领域相关研究人员提供的开拓性、铺垫性、启发性的前期成果，感谢中国社会科学院工业经济研究所的徐希燕研究员、复旦大学管理学院薛求知教授、华东师范大学经济与管理学部何佳讯教授的指导和推荐，感谢经济管理出版社陈力先生、梁植睿女士、黄章平先生、张晓燕女士等人的帮助，感谢夫人郑洁君女士及其家人的支持。

目 录

第一章 绪论 ………………………………………………………………………… 1

第二章 理论基础：社会技术体系转变多层次视角（MLP）的提出与
  不足 ……………………………………………………………………… 11
  一、社会技术体系转变多层次视角（MLP）的提出 ……………………… 11
  二、社会技术体系转变多层次视角（MLP）的不足 ……………………… 20

第三章 实务观察：基于 MLP 的中国经济可持续性转变 ………………… 24
  一、中国经济可持续性转变的实质所在 ………………………………… 24
  二、中国经济可持续性转变的关键议题 ………………………………… 27
  三、中国经济可持续性转变的三大层面 ………………………………… 46
  四、三大基本层面互动演进的主要路径 ………………………………… 77

第四章 理论重构：市场消费演变、企业发展转变与治理体制供给
  协同演进 ……………………………………………………………… 88
  一、市场消费演变、企业发展转变与治理体制供给协同演进框架 …… 88
  二、市场消费演变、企业发展转变与治理体制供给协同演进关系 …… 91
  三、中国经济源于三大层面协同演进不力的供求缺口与治理缺口 …… 95

第五章 成效展望：中国经济三大层面协同演进成效影响因素与
  改进方向 ……………………………………………………………… 107
  一、中国经济三大层面协同演进成效关键影响因素 …………………… 107

二、改进中国经济三大层面协同演进成效的基本方向……………… 110

第六章 探讨重点：突破制约中国服务经济及其企业发展转变的体制瓶颈 …… 117

    一、服务经济及其企业发展转变的基本内涵………………………… 118

    二、中国服务经济及其企业发展转变的基本特征与方向…………… 122

    三、基于MLP视角筹谋中国服务经济及其企业发展转变…………… 128

第七章 服务业市场准入体制瓶颈及其突破思路 ……………………… 130

    一、基本表现……………………………………………………………… 130

    二、突破思路……………………………………………………………… 135

第八章 服务业需求培育体制瓶颈及其突破思路 ……………………… 141

    一、基本表现……………………………………………………………… 141

    二、突破思路……………………………………………………………… 147

第九章 服务业人才保障体制瓶颈及其突破思路 ……………………… 152

    一、基本表现……………………………………………………………… 153

    二、突破思路……………………………………………………………… 158

第十章 服务业创新体制瓶颈及其突破思路 …………………………… 164

    一、基本表现……………………………………………………………… 164

    二、突破思路……………………………………………………………… 167

第十一章 服务业市场规范体制瓶颈及其突破思路 …………………… 170

    一、基本表现……………………………………………………………… 170

    二、突破思路……………………………………………………………… 175

第十二章 服务业开放合作体制瓶颈及其突破思路 …………………… 180

    一、基本表现……………………………………………………………… 180

    二、突破思路……………………………………………………………… 185

第十三章 服务业统计体制瓶颈及其突破思路……192
　一、世界主要国家统计体制基本模式……193
　二、中国服务业统计体制瓶颈的基本表现……195
　三、探索适应服务业可持续性转变的统计体制……199

第十四章 研究总结……206
　一、主要观点……206
　二、创新与价值……207
　三、启示与展望……208

参考文献……211

第一章 绪论

改革开放以来,中国经济市场化导向的可持续性转变过程包括"市场消费演变—企业发展转变—治理体制供给"三个关键的相互联系的基本层面。这些基本层面围绕"开放—改革—发展"三大有机整合的主题,实际上关乎商品市场和体制市场双重市场供求匹配及互动格局(互联互通,但必须警惕/规制相互越界介入)。其中,商品市场即偏内生性的、生产性的市场行为系统/市场供求系统,主要是活力和效益导向、经济技术规律主导、创造价值的生产力系统,市场化是关键议题,竞争冲突型利益是主流。体制市场即偏外生性的、非生产性的营商环境系统/治理体制系统,主要是秩序和安全导向,政治/社会/环境规律主导,分享价值的生产关系系统,规范化和法治化是关键议题,确保共同型利益才是主流。

更深入地看,这种双重市场供求匹配及互动格局整体上构成了更具顶层意义和反思高阶视角下[1](from Upper Echelons Perspective)(Hambrick Mason,1984)(从而融合了低阶视角)的协同创新生态系统(包括器物意义上的价值共创、制度意义上的体制共创及其互动关系)①。因为这纵贯市场行为系统(经济基础所依,本质上是一种利益相关者网络)和营商环境系统(上层建筑所赖,本质上也是一种利益相关者网络)两大系统的互动创新,横跨国际与国内政治经济学、工商管理和公共管理等多个学科领域/视角,涉及市场(主体)"无形之手"和政府(体制)"有形之手"之间创新性的动态组合、互动作用,还牵涉治理体制

---

① 普受关注的操作意义上的协同创新更多涉及产学研之间及其内部跨部门/跨学科的协同。

在科技创新与人类祸福之间的调节作用①。这种协同创新生态系统实际上就是互联网思维下市场行为系统、营商环境系统两大基本系统中消(费者)产(业)学(院)研(究所)政(府)社(会组织)以及经济学、社会学、政治学、人文科学等软科学与热力学、原子能科学、新科技、生物化学、生命科学、地球科学等硬科学协调互动的生态系统。这为有效应对重大经济/社会/环境议题所必需,隐含着"双元性"(Ambidexterity)(Duncan,1976[2];Benner Tushman,2003[3])意义上"影响/改变(而非仅仅适应/响应)所处环境"的核心假设(例如经济基础决定和要求调整上层建筑、市场行为系统创新要求营商环境系统进行调整配套等),因而也属于环境管理上的二元协同演进(Co - evolution)(Yadong Luo,Huaichuan Rui,2009)[4]。

这种双重供求匹配及互动明显意图在市场环境"治/乱"(治理体制,属于上层建筑、营商环境系统,涉及生产关系)与市场行为"兴/衰"(主体体质,属于经济基础、市场行为系统,涉及根源性的生产方式和生产力)之间建立起更加动态/紧密的建设性关联,以实现国家整体利益(共同型利益)和个体利益(冲突型利益)的协调平衡及系统性的可持续性转变。也就是从体制机制上(也可能分级/分层)保障各类市场主体充分发挥自主决策、自主经营的积极性、主动性与创造性,实现个体进而整体的可持续发展。即实现"优质体制、优质需求、优质产品"之间的建设性循环(类似于生物 DNA 的双螺旋结构,彼此"亲/清"),体现出市场扩张和社会保护之间的高水平整合。所谓"稳定和平/增长发展"反映的是一种典型的建设性关联,所谓"一放就乱、一收就完/死""动荡战争/萧条停滞"反映的则是一种典型的破坏性关联②。在严重甚至极端情况下,这将轻则导致整体认知底线提升减速,重则导致其反转。而且,在反转情况下下沉/后退更慢/更少将更加重要和更具优势。中国的医药、医疗、食品、教育/培训、互联网金融、住房/租房、房地产中介、养老等领域更是亟须警惕这种破坏性关联。市场"兴/衰"和环境"治/乱"往往是彼此的"试纸"/"镜子",后

---

① 按照国际政治及美国研究专家、著名学者、翻译家资中筠于 2016 年 8 月撰写的《科技创新与人类祸福》一文,20 世纪初以来西方国家有识之士已深刻反思"科学的发展是不是一定造福人类",担忧"人文思考和行动(人类伦理观念、社会制度)赶不上科技创新和物质文明进步",也触发了西方社会科学的蓬勃发展。例如,洛克菲勒基金会 20 世纪 30 年代初就在一份年度"会长总结"中提出将开始从重点资助医学和自然科学转向同时资助社会科学和社会改良项目。

② 在历史上,《清史稿》对清朝灭亡的评论则是"因图强而变法,因变法而乱政,因乱政而加赋,因加赋而灭亡"。

者要服务于前者（而非相反），往往滞后于前者的变化并相互影响甚至左右，但需要警惕两者之间的非建设性关联和不公正勾连（尤其是政商勾结），并做好相应的绝对/相对边界管控、从而使得彼此均可被信赖（信任和依赖，信任源于彼此的诚实善良，依赖源于彼此的专业可靠）和感到安全。例如，市场的大规模兴盛需要阻力和成本最小的有序环境（正如没有不必要摩擦力的美妙物理世界），也就是需要在经济自由度和商业自由度上得到最大程度的满足（从而将国家和政府不必要的干预控制限制在最小限度）。

对于这种满足所实现的个人私利追求导向社会利益的逻辑关联，亚当·斯密及其后来的自由主义经济学派尤其强调"看不见的手"的作用和限制政府的作用。而按照道格拉斯·诺斯的看法，成功的国家都实现了高度的个体繁荣和发展，而根本原因在于财产权等确保公正的相关制度"鼓励大家更有效地运用生产要素，将资源投入创造性、创新性的活动中"（格伦·哈伯德、蒂姆·凯恩，2015）[5]。在哈耶克看来，这些制度主要是个体自发渐进形成的（尤其是在处于或走向高度自由的经济体）。但事实上，也可能源自先前的刻意指导和设计（尤其是在处于或走向政府调控的经济体）。不管何种情况，在政治经济学所说的制度停滞情况下，市场上每出现一项新事物都容易引起既得利益个体群体（包括权势阶层）的恐慌和抵制。也可能出现为了内部稳定而牺牲经济活力的情况。而眼下承载中国新动能打造的大量"独角兽"企业则正亟须中国在改善营商环境、健全科技成果转化体制机制和改进（不是一味地强化）知识产权保护、完善中小企业融资体制等方面取得突破性的进展。

需要注意的是，对于中国而言，特定的地区/城市（及其内部）（尽管地域覆盖有大有小）和特定的阶段（尽管延续时间有长有短）往往特别注重其中的某个方面。例如，北京、上海、大部分省府所在地等往往特别注重"治/乱"议题，审慎、规范、稳定压倒一切；深圳、杭州等以及上海等地域内特定地区（例如浦东和试点部门）则往往特别聚焦"兴/衰"议题，包容、灰度、变异大量盛行。在改革开放初中期，中国特别聚焦"兴/衰"议题；全面深化改革开放时期，中国则高度注重"治/乱"议题。在新兴产业（互联网金融、餐饮外卖、旅游、零售、教育等行业热点领域）引入期，中国特别聚焦"兴/衰"议题（一项数据显示，2016年倒闭的互联网公司中成立三到四年的占2/3），在新兴产业成长和成熟期，中国则高度注重"治/乱"议题。

这种"兴/衰"面向活力（Vigor）激发，主要发生在生产性的经济资源、能力和权力领域（市场）（在中国经历过从局部试验到全局推开的基本过程，因而存在市场好处意义上短期的"先发优势""虹吸效应"和长期内的"普惠/稀释效应"），属于本源意义上的"抓大放小"中的"放小"，往往时间压缩不经济性较弱（从而后发优势较显著）。这需要创业创新宽松氛围（被动态给予直接或者间接的赋能），犹如汽车"油门"功能，以发展生产力（组织战略及其组织结构、组织职能等）为主题，包括自我建设发展（依靠自身）和他我建设发展（依靠外力），而且根本上后者要通过前者起作用，也需要形成建设性关联，与市场化/效率化/营利性密切相关［主要遵循效率性逻辑（Efficiency Logics），主要在于"争"，考验着市场供求双方的创新创业精神，有赖中国特色市场化的开启及深化拓展，"使市场在资源配置中起决定性作用"］。其意在生产性的个体努力和得益（尤其是优秀的企业/企业家及其他组织和生产者的努力和得益，作为增加社会整体产出规模的前提）并提升整个社会的有效总产出，主要体现市场的经营效能，产生多元经济，孕育出大量大小不一、或开放（包容）或封闭（排他）的经济利益集团/集群，而且在代内/代际或基于"Being"或基于"Doing"进行传承和创新，需要注意开明地与更广泛的利益相关者分享经济权力和利益（促进经济民主，并确保绝对和相对边界），往往不可逆（特别是其中的技术活动）。这尤其为"镀金时代"促进和维护个体/短期利益所需/所倡，是亚当·斯密所力倡的个人主义领域和利己主义行为，是 1986 年诺贝尔经济学奖获得者詹姆斯·布坎南所称配置最大化范式（Allocating Maximizing Paradigm）关注的焦点，属于迪伊·霍克于 1999 年在《混序时代的诞生》中基于中国道家"道生一、一生二、二生三、三生万物""无为而治"思想所提的"混沌"层面（体现为自组织式的开放链接和共享，以项目化的方式涌现活力和创造力）[6]，指引着亚里士多德所称杠杆一端重物的切向运动（合乎自然）方向，需要特定的激发/激励机制并可能产生某些需要纠偏校正的"扭曲"和过度分化。类似地，其中一部分面向所有利益相关者，是普惠性的、共同利益导向，一部分面向特定利益相关者——例如资本所有者/生产者/消费者等，是偏惠性的、冲突利益导向。

这种"治/乱"面向秩序（Order）塑造，主要发生在分配性的政治社会资源、能力和权力领域（在中国经历过从市场规则缺失、不完善、边界不清晰到市场规则完整、完善、边界清晰的基本过程，因而存在体制意义上短期内的"寻租效应"和长期内的"抽屉效应"），属于本源意义上的"抓大放小"中的"抓大",往往时间压缩不经济性较强(从而后发优势不显著)。在于立行社会规矩(动态给定绝对或者相对的边界,一般经历犯规—改规则—再犯规—再改规则的基本过程),犹如汽车"刹车"功能,以改革治理体制(政治经济体制、产业政策、所有制结构、市场体系、竞争机制、中介体系等)为主题,包括自我规范(依靠自身)和他我规范(依靠外力),而且根本上后者要通过前者起作用,也需要形成建设性关联,与法治化/规范化/公平性/合法性密切相关〔主要遵循制度与合法性逻辑(Institutional and Legitimacy Logics),主要在于"竞",考验着各级政府主导的体制创新创业精神,有赖中国特色法治化主导的规范化建设,"更好发挥政府作用",维护市场和社会公平〕。其意在整体得益(但要以社会整体产出增加和足够为前提)并增进社会的融合度和稳定性,主要体现政府的行政效能和社会组织的监督/保障效能,推动/运行人民政治积极性,孕育出大量大小不一、或开放(包容)或封闭(排他)的政治社会利益集团(集群),而且在代内/代际或基于"Being"或基于"Doing"进行传承和创新,需要注意开明地与更广泛的利益相关者分享政治社会权力和利益(促进政治社会民主,并确保绝对和相对边界),但往往可逆(尤其是高度可变甚至可逆转的政策)。这尤其为"进步时代"促进和维护整体/长远利益所需/所倡,是亚当·斯密所称政府在国防、司法、公共工程和机构方面的应履之责及对利己主义行为的克制,是1986年诺贝尔经济学奖获得者詹姆斯·布坎南所称协调范式(Coordination Paradigm)(一般通过市场和管理进行协调)关注的焦点,属于迪伊·霍克于1999年在《混序时代的诞生》中基于中国儒家和法家代表的"三纲五常、礼仪、尊卑、等级"等理念所提的"秩序"层面(体现为层级和部门化的命令控制、制度流程以及确保标准化和一致性的体系)[6],指引着亚里士多德所称杠杆一端重物的法向运动(违反自然)方向,颇有康德所称"人为自然界立法"、人在建构现实世界的意蕴,需要特定的维护/合规/约束机制并发生一定的维护/合规/约束成本(所谓非生产性的活动所产生的成本)。其中,一部分面向所有利益相关者,是普惠性的、共同利益导向,另一部分面向特定利益相关者——既得/新兴利益集团,是偏惠性的、冲突利益导向。

这种建设性关联是指要共生对立,且避免彼此情绪"好恶"驱动下的彼此压制/失衡以及"一放就乱、一管就死"而引致的整体系统熵值的提升。可以想象,鸟儿翅膀失衡、人体两腿失衡蕴含着多么巨大的危险。金融系统中的"明斯基时刻"就是例证。同样有意思的是,还可以观察在不同的空间、不同的阶段,两者在什么时候（临界点）/情况以什么样的具体形式进行关联，并产生怎样的经济、社会、环境后果。这种国家系统性地可持续性转变也就是在面向全体国民民生所需的价值定位、创造、交付、分配、评价中协调处理好经济、社会和环境之间的关系。

如今，中国全面深化改革进程中的这种双重供求匹配及互动正面临全新的可持续发展形势。从国际角度看，全球经济治理体制正在再次重构；2015年9月27日联合国发展峰会正式通过《2030年可持续发展议程》；同年12月12日巴黎气候变化大会上近200个缔约方达成《巴黎协定》，安排了2020年后全球控制全球气温和温室气体排放的行动；2016年4月22日175个国家的领导人在地球日签署《巴黎气候协定》；2016年9月4日召开重点讨论全球治理重大议题的G20杭州峰会；美国当地时间2016年9月21日，时任国务院总理李克强在以"可持续发展目标：共同努力改造我们的世界"为主题的第71届联合国大会一般性辩论上发表题为《携手建设和平稳定可持续发展的世界》的讲话；2017年9月11日第71届联合国大会就"联合国系统在全球治理中的核心作用"议题通过的关于"联合国与全球经济治理"决议，要求各方本着"共商、共建、共享"原则（中国提出的"一带一路"倡议合作指导原则）改善全球经济治理，加强联合国作用，同时重申"联合国应本着合作共赢精神，继续发挥核心作用，寻求应对全球性挑战的共同之策，构建人类命运共同体"；美国特朗普政府发起一轮又一轮冲击原有国际自由贸易投资体制及活动的挑战。在此之前，联合国有关机构通过的决议也曾纳入中方提出的"一带一路"建设、人类命运共同体理念等内容。从国内角度看，中国整体上从投资、制造、出口驱动型经济走向消费、服务、进口驱动型经济，并伴随从生产、消费到体制各自/互动发展转变。这种基本趋势下，协同创新实质上更多是市场消费方、市场供给方和治理体制三方协同创新性地驱动市场化（尤其是在中国和一些转型经济体）背景下的效益化、普惠化和绿色化，可持续性转变实质上则更多是理念/策略/结果意义上的经济可持续性转变——基本包括市场化背景下结构性/应急性的效益导向[①]、普惠导向、绿色导向。

这种新形势下，中国经济/行业/企业的可持续性转变和创新型经济发展将

---

① 按照麦肯锡全球研究院发布的相关报告，中国在煤炭、钢铁、水泥等资本密集型大宗商品行业尤其需要提高产能利用率和运营效率，而在汽车、半导体和制药等研发主导型制造业则尤其需要沿价值链上移。

更为重要、更为紧迫，但也颇具挑战。这将呈现全新的双重市场供求匹配及互动图景，产生更加综合和强大的协同效率，并将中国快速提升且高企的储蓄、消费水平及不断增强的研发投入强度转化为整个国家创新性的技术/产品/模式及体制竞争力，从而使得国家日益"双翅"协调健全健康、走向新时代下的高质量发展。

针对这种双重供求匹配及互动问题，就理论研究而言，国内外部分学者已就市场消费、企业发展驱动力（尤其是企业创新，例如技术创新、商业模式创新、管理创新等）、体制变革相互之间关系进行过一些探讨。这些研究主要聚焦于以下几方面：

市场消费对企业创新的影响（例如，周怀峰，2009[7]；周怀峰、郭玉杰，2011[8]；张赤东、王元，2014[9]；李平、田朔，2014[10]；Justin Yifu Lin，1992[11]；Klaus Desmet, Stephen L. Parente，2010[12]；Mirjam Steglich, Ekin Keskin, Andy Hall, Jeroen Dijkman，2011[13]；等等）；治理体制对企业创新的影响（例如，邓子基、杨志宏，2011[14]；周五七、聂鸣，2011[15]；聂爱云、何小钢，2012[16]；周贵川、揭筱纹，2012[17]；盛亚、孔莎莎，2012[18]；张倩、曲世友，2013[19]；王汉新，2014[20]；徐盈之、周秀丽，2014[21]；吕燕，2014[22]；郭炬、叶阿忠、陈泓，2015[23]；余伟、陈强、陈华，2016[24]；张鸿武、钟春平，2016[25]；Jonathan Q. Morgan，2010[26]；Rajah Rasiah, Thiruchelvam Kanagasundram, Keun Lee，2011[27]；Rudolf Sivaka, Anetta Caplanovaa, John Hudson，2011[28]；Filippo Belloc，2012[29]；Bram Klievink, Marijn Janssen，2014[30]；等等）；市场消费/治理体制联合对企业创新的影响（例如，郭净、陈永昶、刘兢轶，2013[31]；郭净、刘兢轶、刘改芬，2014[32]；等等）；企业创新的体制诉求（例如，黄栋，2010[33]；郭磊、蔡虹，2011[34]；袁丽静，2013[35]；姜黎辉，2014[36]；谭红玲、李非，2014[37]；常耀中、剧锦文、余博，2015[38]；Jänicke, Martin，2012[39]；Carla De Laurentis，2012[40]；Anne‐Maree Farrell，2012[41]；Stefan Szucs, Olof Zaringf，2014[42]；等等）。

而针对三者互动关系的研究虽然有所涉及但不多（例如，王海峰，2014[43]；Courtney Davis, John Abraham，2012[44]；等等）。其中，著名经济学家邹至庄教授在《中国经济》（1985）、《中国经济转型》（2002）、《认识中国》（2004）中展现出其运用西方经济学理论和方法研究中国经济的主要成果。这些成果所归纳出的多个经济学命题①非常全面系统地揭示出中国可持续性转变并形成中国模式的关键构面。张五常（2009）[45]把中国经济过去30多年的成功归结为地方政府的竞争。吴敬琏（2012）[46]、张维迎（2012）[47]、周其仁（2010）[48]、许成钢（2014）[49]和韦森（2017）[50]则将中国过去30多年经济奇迹归因于1978年中国改革开放后市场化机制引入、产权制度变革及民营经济自发成长和崛起。史正富（2013）[51]将中国过去30多年经济的高速增长归因于中国在改革开放后所形成的非同于西方国家的由一个战略性中央政府、竞争性地方政府和竞争性企业系统所构成的独特的中国"三维市场体制"。林毅夫、蔡昉和李周（2014）[52]将过去35年的中国经济奇迹根源归结为：各种生产要素的高积累率；产业升级提供的支持；政府因势利导的合宜产业政策下充分利用经济技术进步的后发优势；渐进性的市场化改革改进制度效率；大国优势。林毅夫在自己的新结构经济学理论中就归纳性地指出，"有效市场"和"有为政府"是一个国家成功发展的两大关键。在该方面，林毅夫和杨小凯此前还就中国可持续性转变中（为了"民富国强并且人们都能享有充分的民主权利"）追求技术方面后发优势和学习先进制度的先后问题进行过激烈的争论。俄罗斯经济学家弗拉基米尔·波波夫（Vladimir Popov）（2014）[53]则认为过去近40年中国经济的迅速发展主要得益于：经济自由化以及强大的国家"制度能力"（即政府执行法律法规的能力）；强大的国家制度、有效且有为的政府、完善的基础设施及人力资本增加；渐进性的改革，而不是"休克疗法"；不同于世界其他国家自愿和不自愿地移植西方国家，中国放弃短暂的西化追求（从1840年到1949年），从未偏离其维持较低收入和财富不平等的集体主义制度。作为该议题微观和宏观层面的结合，Peng和Health（1996）[54]发表的论文显著引发国际理论界对中东欧等新兴经济体企业转变发展战略的关注和响应；Meyer和Peng（2016）[55]还提出，从新兴经济体研究中兴起的以制度为基础的战略观已形成国际企业研究的一种范式。

考虑到中国根本上就是未经历西方那种通过对外侵略和殖民就完成工业化原始积累、进入产业资本（国内外）扩张的发展中的人口（原住民）大国；而且，

---

① 这些命题包括：私人所有制并不一定产生管理效率；市场刺激手段对于经济迅速发展并不充分，市场体制和高质量的人力资本是经济迅速发展的必要和充分条件；政府的形式与经济发展速度无关，如果存在前面所说的充分和必要条件，只要有充分的政治稳定，经济均可能迅速发展；不同的经济体制均可以为市场经济服务，对各种法律制度和所有制安排的研究，为习惯于观察西方法律制度下私人企业运作的经济学家提出了挑战；等等。

中国在人口规模/结构、市场制度、信用制度、专业化服务体系、人力资本、经济结构、风险投资机制、知识产权保护、国家基础储备、公司技术垄断地位、国家创新体制等方面都具有显著不同的特征。在此基础上，国内外理论界尤其还亟须强化互联网思维（互联互通思维，不仅是设施/活动层面硬性的互联互通，更是核心价值观、政策/规则/制度层面软性的互联互通）下，针对中国市场消费、企业发展、治理体制自身的动态演进及其之间的互动/协同演进机理的整合性研究。这样才能为哲学社会科学本土化趋势下中国等国家/地区实践界的协同创新驱动①及系统的经济可持续性转变提供更加本土/系统/全面/前瞻的理论支撑。另外，对照 Geels Frank（2002）[56]所提社会技术体系转变多层次视角（Multi-level Perspective of Socio-technical Transition，MLP）下的社会技术体系转变（Socio-technical System Transition）及其过程［实质为可持续性转变（Sustainability Transition）］，我们发现，其"情势（Landscape）—利基（Niche）—体制（Regime）"框架对部分阐释中国市场上前述更具本土性、系统性、顶层性的协同创新驱动进程也很有借鉴意义。

这种本土化的整合性研究非常重要。因为，对于特定的国家/地区/行业/企业及其特定发展阶段而言（尤其是 2017 年上半年以来的中国房地产新政更是顶层性地起着助推/催化中国使用权经济大发展的关键作用，这无疑孕育着国家、社会、市场、企业可持续性转变实践和理论的全新未来），没有根植本土、对接国际、尊重历史、透瞻未来的基础理论突破性的创新、建构及应用，国家/地区/行业/企业的可持续振兴/崛起都无从支撑和谈起。

为此，我们将系统剖析和梳理中国"市场消费演变—企业发展转变—治理体制供给"［尤其是可持续消费（Sustainable Consumption）—可持续生产（Sustainable Production）—可持续性治理（Sustainability Governance）］之间特殊的、动态的协同演进机理，以展望/响应新形势下中国等新兴市场经济体全面深化改革、创新驱动可持续性转变对综合（包括供求双方及治理体制）理论创新的更高诉求。这种研究将基于市场消费、企业发展、体制变革三者关系研究的既有成果，借鉴西方学者 Geels Frank 所提社会技术体系转变多层次视角，响应其中西会通视角下可能亟须拓展的需要，融合市场供求和市场治理两种视角，观察/总结/提

---

① 国务院于 2017 年 5 月 24 日发布的《关于县域创新驱动发展的若干意见》提出，到 2020 年，县域创新驱动发展环境显著改善，创新驱动发展能力明显增强，全社会科技投入进一步提高，公民科学素质整体提升，为我国建成创新型国家奠定基础。

炼渐进主义视角下中国体制变革/市场创新生态（从而双重创新驱动）两大基本系统中相关实践经验积累的规模/速度/深度/高度/活力，并开展多学科会通（包括政治经济学、工商管理学方面的消费者行为和组织行为、公共管理学，从而属于大经济、大管理、大政策、大创新）。

具体来说，本书将以西方视阈下社会技术体系转变多层次视角的借鉴与拓展为理论基础，结合对改革开放以来中国经济可持续性转变实务（作为中国特色社会主义建设的有机组成部分）的整体性（而非过度专业化视角下囿于一隅）观察，建构市场消费演变、企业发展转变与治理体制供给协同演进框架，展望中国市场上这种协同演进成效影响因素与改进方向，并前瞻性地重点探讨如何突破制约中国服务经济及其企业发展转变的体制瓶颈。

第二章 理论基础：社会技术体系转变多层次视角（MLP）的提出与不足

一、社会技术体系转变多层次视角（MLP）的提出

作为一种社会技术体系转变，走向可持续发展的可持续性转变议题早已有之。例如，早在阿拉伯石油禁运触发全球能源危机之前，美国艾森豪威尔于1955年就提出发展太阳能的建议。20世纪70年代全球能源危机之后，福特政府于1973年推出阳光发电计划、1974年推动通过太阳能法案；卡特政府一开始就提出20世纪末美国能源供应20%来自太阳能的目标，并成立国家级实验室太阳能研究所（作为美国可再生能源实验室的前身），推出各种税收优惠、财政补助甚至成立专门的产业银行推进太阳能发展，并构建起研发、财政补助、银行贷款"三位一体"的太阳能治理体制框架[①]。但是直到西方学者 Geels Frank（2002）提出社会技术体系转变多层次视角，人们对这种现象的认识才上升到更具抽象性和系统性的理论高度。

可持续性转变涉及西方学者 Geels Frank（2002）所提社会技术体系转变多层次视角中动态互动并推动社会技术体系在社会学习（Social Learning）、分阶段（Multi-phase）、共同演进（Co-evolutionary）的三层面因素。一是情势（Land-

---

① 不过，美国特朗普政府在这些方面出现了一些反向的扭转。2017年，特朗普大力松绑美国传统能源开发，废除奥巴马政府制定的《清洁电力计划》，还退出气候变化《巴黎协定》，着手大幅削减科学与环保项目预算，取消气候变化研究资金。

scape)，即 GPEST（Geograph - Political - Economic - Social - Technological）等方面的深层次结构背景及其变化，包括经济/社会/环境压力下的体制响应及影响。二是体制（Regime），即物质技术、产品、利益相关者网络、基础设施、制度等多方面因素集合而成的治理体制。三是利基（Niche），尤其是科技创新系统中为可持续性导向的突破性创新提供的保护空间或孵化器，一般涉及科技创新、商业模式创新、相应的组织管理变革以及必要的治理体制建设参与。这些利基尽管短时间内还未能成为主角，但其预示着未来，所谓"未来已现、只是在等待站上舞台中央"。

这三层面因素构成一个社会生态并互动演变。按照 Geels Frank（2002）的观点，这些因素显然蕴含着技术本身、使用者行为、规制、产业网络、基础设施、象征性的意义和文化等的改变。这也意味着政府/市场/组织甚至个人在努力采取合适的合作方式一起创新性地应对社会生态学家彼得·德鲁克很早就高度关注的经济/社会/环境等领域重大可持续性转变挑战及议题（所谓新的社会、人口结构、经济现实）。这显然也是一个多种关键主体一起互动参与的宏大进化进程。其中，人口既是最具活力的生产要素，又是消纳所有产品的最终归属，人口结构的演变对于整个经济/社会/环境系统的可持续性转变意义十分重大。人口结构演变涉及人口总数、劳动力人口数量、愿意就业于劳动力密集型行业/岗位的劳动力数量以及相关结构的变化，例如欧美日发达经济体已经走入人口紧缩型社会阶段、中国开始趋于告别人口扩张型社会阶段①。加之中国已经趋于告别社会—资源环境宽松型社会，为适应人口紧缩型社会阶段的新情势需要，适应人口扩张型/社会—资源环境宽松型社会阶段的市场供求模式和政府治理体制尤其需要一起转变。

显然，可持续性转变也是一个以共同创业创新为基础的宏大经济技术社会系统的合作演进过程。其间，硬件层面投入、技术、工艺的进步，软件层面整套/配套思想观念、制度、体制、机制的创新，结果层面民生经济社会活动规模和质量/水平的提升，三方面为达致成功均不可或缺，且相互裹挟、互动演进，意味着任何一样产品的成功提供都离不开资源、市场知识、制度机制综合而成的一套能力（生产力）。正如刘鹤（2001）[57]所提，"新经济不仅是一次简单的技术变革，而是一场引发社会政治经济结构变化的重要革命"。

---

① 按照国家统计局发布的数据，中国劳动力人口（15~59岁人口）在2012年减少345万（首次开始绝对减少）、2013年减少244万、2014年减少371万、2015年减少487万、2016减少349万。在这种情势下，诸多国内城市在吸引/竞争人才方面的优惠力度前所未有、水涨船高，就不足为怪了。这充分反映出新形势下各地对结构化劳动力红利的争夺，毕竟这直接关系到土地财政逐渐势微之后新型财政收入结构（尤其是基于创新创业创造型企业相关税收，未雨绸缪、"放水养鱼"）的构建以及新型经济社会系统的塑造。

第二章 理论基础:社会技术体系转变多层次视角(MLP)的提出与不足

例如,向社会引入新型医疗技术,不能仅仅热衷于技术上的好处和市场上的成功,还必须考虑到与风险(副作用)相关的治理体制和社会接受度。想当年,中国如火如荼的洋务运动多么需要变法运动和新文化运动等的有效配合。如今,转基因/基因编辑、新一代信息基础设施(5G等)、人工智能(机器人、自动驾驶、互联网汽车、智能平台、数字经济)、新能源汽车(包括更严格的节能减排标准和补贴标准)、普惠金融、共享经济、物联网、垃圾分类、城市更新等领域已经综合引发商业、管理、伦理、法律、政策等方面的诸多话题,其系统发展转变实现程度也将主要取决于分别属于行为系统和环境系统的消费者行为、科技进步、监管体制/监管者等关键因素的互动/协同有效性。腾讯研究院于2018年1月开始发布的T项目(Tech for Social Good,科技向善)就试图自下而上地成为"一个多方共建的对话、研究、行动平台,旨在聚焦新技术带来的尖锐、迫切的新问题,寻求最大范围内的社会共识、建设性意见与解决方案"。

在英国和荷兰,要转向低碳交通系统,就不能仅仅局限于技术性修补和行为改变,而是要促进产业、技术、市场、政策、文化及民间社会之间的多维互动和协同演进(Geels Frank,2012)[58]。不同于很多同行卖力地造车与卖车,福特汽车在自动驾驶和智能出行服务提供的布局上思路清晰、愿景宏阔、密集传播,但在整个交通治理体系不予以配套的情况下,福特不得不对眼下的销量/股价不振有所屈服。空客创造的可飞行汽车、固特异开发的融入多种黑科技的球型轮胎一旦大规模系统性地投入使用,挑战的不仅是用户的消费心理和行为,还包括现有的交通治理规则体系。

中国国家发改委曾提到,企业是切实发挥智能制造和大数据作用的主体,但政府要提供更强有力的基础设施支撑和好的基础性制度保证。为推进基因技术在医疗领域的应用,中国将进一步推进基因技术基础设施建设并采取多项举措。中国汽车流通协会不断呼吁通过促进报废更新、二手车消费、汽车金融、关联消费等"一揽子"政策改善汽车的消费环境。纯电动汽车的成功颠覆还需要充电桩标准制定、充电站网络铺设、电池技术提升等一系列条件的配套。四川为适度超前布局建设电动汽车充电基础设施,提出到2020年,全省新建600座以上集中式充换电站、27万个以上分散式充电桩,以满足23.8万辆以上电动汽车的充电需求。无人驾驶汽车的大规模应用(尽管眼下还面临来自诸多法律法规的限制)将彻底改变汽车设计思路、道路行驶规则和整个汽车服务产业的运营方式。针对绝非单纯科学问题(也是经济和社会问题)的转基因,中国在研究上鼓励大胆自主创新①、在推广上（商业化、产业化）要求慎重确保安全有序（获得转基因安全证书、获得生产应用安全证书、通过品种审定、经过知识产权权利人同意）、在管理上要严格坚持依法（《种子法》《农业转基因生物安全管理条例》以及配套的部门规章）监管。这种监管包括制定和完善有关研发的规范标准、充分保障消费者的知情权和选择权，县级以上农业部门要负责本行政区域转基因安全监督管理工作，并有效防范转基因育种材料、转基因品种和转基因种子非法扩散。上海一度风行的共享单车模式的可持续运行除了取决于运营商的运营效率和社会合规性，还取决于监管方的开明程度（开诚布公、平等对话、正视不足等）、使用者的分享文明和素养以及相应的诚信体系建设。时任顺丰董事长王卫表示，机器取代人工（无人机派送）碰到的最大问题不是技术问题，而是政策的制定和开放问题。中国北斗系统对于国内外各系统/各行业可持续性转变的意义不仅取决于其自身的技术性能，还取决于基于核心芯片、终端板卡、天线、软件系统等技术基础的应用开发。为此，国务院于2013年专门颁布《关于促进信息消费、扩大内需的指导意见》明确要把推动北斗系统的建设、应用和产业的形成作为重要内容，国家相关部门专门发布"国家卫星导航产业的中长期发展规划"，2016年国务院明确把《中华人民共和国卫星导航条例》列入正式立法计划。

此可谓，新兴科技的产品化和产业化成功（即相应的知识创新与财富创造协调统一）不仅取决于其自身先进性（属于市场行为系统），还很大程度上取决于技术之外的一些关键因素（尤其是营商环境系统方面促进、保护和监管等）。在这方面，往往前者领先于后者，而且要求后者及时跟进在确保先进技术的安全性的同时不伤害前者的创新和创造力。

按照Geels Frank所提出的社会技术体系转变多层次视角的核心观点，可持续性转变可被视为以下"冲击—响应"型（Emerging Approach）共同演进/互动的基本过程（见图2-1）。这是一种基层视角/草根路线下（自外而内/自下而上）开放性的范式。情势变化②施压于现有体制并打破其内部稳定状态（使得现

---

① 国务院于2008年批准设立转基因重大专项，计划用15年时间完成，计划投入240亿元，其中国家投入120亿元。按照时任中国工程院院士、转基因重大专项"总工程师"万建民的介绍，截至2016年9月，中国转基因技术体系（包括技术和育种）总体水平高于日本、德国和英国等国家，仅次于世界第一的美国。

② 主要是生产流通/营商环境系统中的关键主体感知到的经济、社会和环境等方面的变化，尤其是一些重大的经济、社会和环境问题——例如经济/社会/环境压力及其引致的重大事件、市场需求升级，涉及这些主体对这些问题的认知和情感等。

第二章 理论基础：社会技术体系转变多层次视角（MLP）的提出与不足

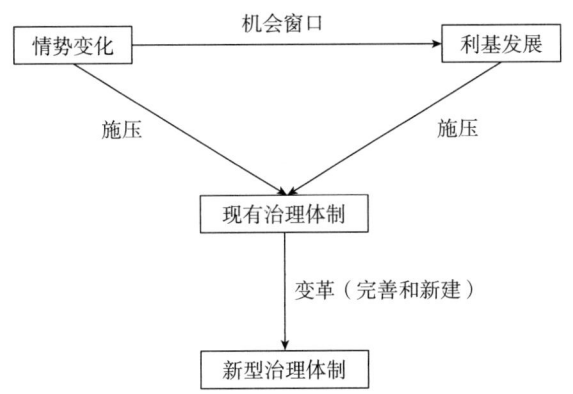

图 2-1 基于 MLP 的可持续性转变基本过程

有体制显得放任、松弛和无能为力），为利基发展①提供机会窗口（Window of Opportunity）；利基中的行为主体通过学习（利用性学习/探索性学习，尤其是后者，往往不限于单环学习而涉及更多的双环学习，旨在寻找和抓住相关的发展机会）(March, James G., 1991)[59]、发展技术和积累力量，形成（尤其是大规模系统性的，而且往往一往无前、不可逆）具有竞争力的新型技术路径、产品形态和商业模式，挑战现有体制②（尤其是经济治理体制，其实也在试探技术/体制方面的可能性边界）。这种挑战可能体现为，无新体制可依，或者违反现有体制（包括中国的联产承包责任制、国有企业放权让利改革、税收制度改革、社会保障制度改革、金融企业改革等领域），从而在新体制出现之前或现有体制完善之前，以及在新体制出现之后或现有体制完善之后到正式实行的过渡期内处于"非法"或者"灰色"地带；既有体制在情势变化和利基发展的双重施压③下(Turnheim Bruno, Geels Frank, 2013)[60]，（通过修订/制定政策/法律等途径）渐进/激进地演变为/出适应新技术/产品/模式/产业发展的新体制（从而存在复制性或利用性创新传统体制、探索性/定制性创新新型体制两种基本情形，尽管

---

① 例如企业的经济/社会/环境创新，主要是生产流通/营商环境系统中相关主体应对前述重大问题的创新性倡议，一般涉及与新技术/新产品/新模式相关的研发设计、原料供应、生产加工、分销等环节的系统性发展。例如无人驾驶行业的发展就至少涉及制造商、高质量地图和 V2X 通信等相关技术公司。

② 典型事件就是 2016 年英国脱欧公投、美国共和党总统候选人唐纳德·特朗普主张反建制、本土主义和美国优先。唐纳德·特朗普的很多主张在美国几个因为全球化而传统制造业受损严重的州（俄亥俄、爱荷华、密歇根、宾夕法尼亚、威斯康星）就颇受推崇。

③ Turnheim Bruno, Geels Frank（2013）研究发现，正是外部压力积累、产业响应战略和对既有体制因素承诺的逐渐弱化之间的互动才使得既有体制变得不稳定。

可能存在不同于科技领域的那种可逆性和往复性)。当然,这方面还得警惕和避免过度体制化(压力之下的政府不断制订和发布标准试图避免同类事件的发生或者规范同类事件的运行,结果便是体制建设上数量化的堆积而不是质量上的完善,并走向限制/窒息创新活力产生和发挥的过度集权)。

看起来,这种可持续性转变的过程也明显反映出该转变中各利益相关者进行的政治参与、政治竞争、政治控制(因而也需要高度全面/动态深谙当地甚至整体政治经济学),这些颇具公民精神的利益相关者不仅追求私人领域的利益,而且为追逐公共领域里治理体制建设方面的参与和影响力而释放激情并影响/制约其他人/机构的权力(包括专制和权力滥用),其中充满着对均衡状态的打破和对非均衡状态的包容,不乏相关方的预防型心理和审慎性判断,同时还可能存在需要重视和改进的"搭便车行为"与集体行动困境(毕竟这是推进经济社会系统转变变革的重要动力)。这些政治活动实质是,既在追求新的个体/私人利益(保有原有利益或攫取新型利益),又在渴求新的治理秩序以协调与他人/公共利益关系,于是各利益相关者也在资源优化配置进程中不断选定和坚持借以"安身立命"以及"永续长存"的新场域/新空间,这又决定着相关经济体/行业/企业"混沌"性的"镀金时代"的形态、长短及其转向"有序"性的"进步时代"的节点、机理和速度。对于这种环境和相关主体行为相互影响、共同演进问题,可以将源于自然科学的复杂适应性系统理论和源于社会科学的社会网络理论作为进行考察的重要视角。

在这方面,旨在促进资源配置整体效率优化(兼顾私人成本/收益/净产出与社会成本/收益/净产出)的福利经济学、相应的制度经济学研究(以庇古、科斯等经济学家为典型代表)以及新经济社会学(核心概念是"社会嵌入"且注重探讨经济行为和社会行为之间的关系尤其是后者对前者的影响)确实也已经颇有著述。在这些学者眼中,这被视为为解决重要的经济问题(实际上是改进相关主体的资源配置决策)而进行总体效应(总体可持续性)最大化的社会安排(或政策/法律等制度设计)。尽管在效应测度上这种研究较多且过于基于追求"有利可图(得大于失)"的内涵假设,而不太考虑伦理学视角下的"本就正确"

---

① 例如,在美国,《联邦税收条例》从1931年的400页上升到1969年的16500页,到2013年起参考文献中的72513页都填满各种条例。如生产和销售汉堡包会涉及相关方面200条法律和41000条规定,而且与11000条相关的法律诉讼有关。1000个居民拥有的律师人数是德国和法国的数倍。2010年全美国每天7800件诉讼案费用相当于美国所有产品销售税的8%或所有个人所得税的13%。可参阅:[美]拉斯·特维德.创新力社会[M].王佩译.北京:中信出版集团,2017.

第二章 理论基础：社会技术体系转变多层次视角（MLP）的提出与不足

（甚至不计得失），但这种研究已经认识到导致某些决策改进的制度设计及转变也可能导致其他决策的恶化，而且也考虑到"社会安排本身运行及其转变都存在成本，而非没有成本"[61]。这都为本书涉及消费者、企业、政府三方的可持续性转变中的治理体制供给问题探讨提供了有益的启迪。

这些新体制主要针对生产流通/营商环境系统中的相关活动（包括多层次/多形式的创业创新活动）进行相应的促进、保护和规制，尤其要增强创新者的动机、保护创新者的利益并减少创新者做事（尤其是做探索性/破坏性的创新大事）的制度性障碍（所谓体制性交易成本及风险）。这往往涉及影响营商环境的司法体制（司法公平）、合理税制、金融监管、破除市场隐形壁垒、中央和地方事权和支出责任划分、公共服务资源供给等体制及变革。显然，体制变革包括利用性地完善现有体制［在既定框架下（Within Existing Framework）］，也包括探索性地构建新型体制［在新框架下（Among/Between Emerging Frameworks）］。从本源意义上看，作为体制中重要组成部分的经济治理机制，是指包括国内/国际政府、社会组织、市场主体等利益相关者从营商环境系统层面协商、谈判达成共识，并为促进、保护、规制市场行为系统的可持续性转变而确立的自我实施规则、制度或战略的总和。这些自我实施规则、制度或战略（及其内部组成部分）往往（需要或实际上）基于特定经济体足够科学高效的财政税收体系，并以相互组合/磨合的状态而系统性地存在和相互作用。其总和作为一种外化或内化的基本方向、总体秩序会影响到相关主体采取某种期望经济行为（例如最大化正面外部性、最小化负面外部性）的动机、能力与条件（机会或压力）。因而，这就存在着治理体制主体（政府）和市场主体（企业）之间（典型的就是"市长""市场"之间）以"作用—响应"为基本形式的双向互动，并需要配以企业（家）与政府之间常态化的对话沟通渠道、机制及平台。尽管"市长"方始终面临来自古典/新古典自由主义者为自由的科技/商业模式创新呼号而持续不断，甚至咄咄逼人的压制，同时也被质疑/挑战不合时宜地压制了古典/新古典自由主义者的自由的科技/商业模式创新，两者之间平衡却非常关键。公权力过强过弱都难持续。正如著名经济学家约瑟夫·斯蒂格利茨所称，突出政府宏观调控作用、找到政府与市场之间的适当平衡是获得持续增长和长期效率的最佳方法。

这种治理机制一般包括以下几组重要的基本维度：利益导向方面的共同利益（面向所有利益相关者、社会性、普惠性）和冲突利益（面向特定利益相关方——既得/新兴利益集团、私人性、偏惠性）；可持续性导向方面的经济可持续性和社会/环境可持续性；主体方面的政府（行政治理机制）、社会（社群规范机制）与市场（市场激励/约束机制）；主体关系方面的等序（权力差距小，人人平等）和差序（权力差距大，人际等级）；领域方面的农业、制造业和服务业；地域方面资源优渥的发达地区、城市（尤其是一线、二线城市）和资源稀少的欠发达地区、农村和城镇；对象方面的消费者C、企业B、政府G、非营利组织（NPO/NGO）；空间方面的线下、线上与O2O；环节方面的事前（前置准入，审批/注册）、事中（过程监管）①和事后（违规处罚等）；功能方面的促进（更多偏重收益逻辑，例如以产业政策等为主的政策系统，以综合金融体制、人才体制为主的筹供系统，以收入体制、营商环境系统为主的需求系统等）、保护（更多偏重成本/风险逻辑，例如产权保护、司法救济、行政救济、责任保险②等）与规制（也更多偏重成本/风险逻辑，例如前述的事前准入、事中监管、事后退出）③；归因方面的各尽其责/各享其益、责任在他/利益归己；逻辑方面的身份论（Being）、行动论④（Doing）；属性方面的公正、协调与稳定；公正⑤方面的起点（所谓机会公平）、过程（程序性公正）、结果公正（所谓实质性公正）；强度（例如准入规制强度就包括法定程序个数、完成程序耗用的时间、办理成本占人均国民收入的比例、实缴资本下限占人均国民收入的比例等）方面的轻度、中度和重度；可见性方面的显性和隐性（内化而自动起作用的秩序，甚至感觉不到存在，例如传统习俗）；形式方面的思想性（所思——会议/论坛演讲/法律等治理思想）、宣示性（所言——规划发展建议/实施条例/法律条文/法律

---

① 例如，2017年2月1日开始执行的《工业和信息化部关于规范电信服务协议有关事项的通知》要求，电信业务经营者与用户订立入网协议时，应当要求用户出示有效身份证件、提供真实身份信息并进行查验，对身份不明或拒绝身份查验的，不得提供服务。

② 例如，为推动重大技术装备创新应用，财政部、工业和信息化部、中国保险监督管理委员会于2015年2月2日决定开展首台（套）重大技术装备保险补偿机制试点工作。

③ 其中的促进更多是激励因素意义上的治理，而保护和规制则更多是保健因素意义上的治理。

④ 类似西方所称的经济资源分配原则精英体制"Meritocracy"以及马克思所称低级共产主义阶段的"各尽所能，按劳分配"，意指依据能力和努力程度而非阶级和家庭出身分配财富的体制。不过，考虑到起点和初始意义上的不公平和歧视问题，还有必要对精英进行道德上的考量和约束，而马克思则进一步提到高级共产主义阶段的"各尽所能，按需分配"。

⑤ 在此需要警惕和重视的是，在资源约束非常严厉的情况下，一些基于身份论（Being）的普惠措施在以公正的名义照顾到特定个体/群体（例如，民族地区企业首发上市、新三板挂牌享受"即报即审、审过即发"绿色通道政策，即在不降低标准的条件下，给予企业上市、发行、挂牌优先支持）的同时，也在制造针对其他特定个体/群体的不公正以及各种形式的寻租机会。

体制)、操作性(所行——配套完善/可操作的实施细则以及法律治理措施与实效);主体要素方面的人治(人为主体,德治/礼治)、法治(法为主体,刑治/律治)及其组合;主体激励方面的主动激励(正面清单下的期望所为,信任思维下的"暖风效应")、被动激励(负面清单/限定约束条件下的期望勿为,怀疑思维下的"火炉效应");作用周期方面的点状急剧爆发(所谓"运动式""阵风式")、线状持续运行(所谓"润物细无声""不见但又无处无时不在");产生路径方面的自上而下/自内而外(独裁型/威权型,具有他组织性,偏重他治和统一性)、自下而上/自外而内(民主型/分散型,具有自组织性,偏重自治和灵活性)及其组合;资源配置方式方面的计划和市场;资源配置结果方面的集中化(例如集中于非农产业、发达地区、一二线城市等)、分散化(均衡化);范式方面的三种全球典范(例如,以盎格鲁—撒克逊国家英美为代表的政府/社会/市场分离型①,以欧洲大陆德国、法国为代表的政府/社会/市场共识型及以东亚日本、韩国为代表的政府引导/社会市场合作型)。

另外,需要指出,中国的治理体制内涵及其运作确实还已经或正在经历一段特殊的转变。那就是在中国共产党和中央政府集中统一领导下,从以产品/单一(例如只有控制)/单向/集权/自上而下/自内而外/直接/强制为基本特征的阶段转向以平台/全面(例如除了控制/管制,还纳入促进和保护等)/双向/自下而上/分权/自外而内/间接(依靠个体/基层/中层组织,例如群团组织等)/自发为基本特征的阶段。在哈耶克等自由主义经济学家的眼中,只有这种以自发(尤其是市场自发,在收集/整理分散的市场信息方面十分精巧)为基本特征的治理(而那些强制和计划仅限于"提供适宜的环境,养护花草生长")才能有效应对充满复杂的有机现象的经济社会系统(作为复杂系统的人类管理世界)中的诸多挑战。

不管经济治理体制具体构成要素以及其与情境变化和利基互动关系如何,可持续性转变过程都涉及特定行为主体(消费者、企业、政府等)的组织学习及其相互之间的创新扩散。这实际上也是一种政策/体制导向(Policy/Regime – ori-

---

① 尤其强调建立和维持一套分权、由下制约的政治经济治理体制。大多数盎格鲁—撒克逊国家的公司法及其商业教科书都暗含前提"公司的目的是为股东服务",但这却与一些国家的宪法相冲突:"财产的运用有义务。财产的行使应有利于社会公共利益"[德国基本法,14 条(2)]。可参阅:Klaus E. Meyer. 具有中国特色的比较管理:对 Oded Shenkar(2017)的评论和回应[J]. 管理学季刊,2017(3).

ented）的社会学习①，体现出整个社会经济系统开拓、创造的活力。这种社会学习也就是政策/体制创业，发生在从试验项目、专家网络到大众社会等广泛范围，可能以正面事件的形式出现，也可能以负面事件的形式出现。这种学习直接影响整个经济社会系统（作为价值创造、实现和分配系统）熵值的变化，并进而影响相关经济体国际国内政治/经济的确定性/不确定性。目前，在中国的新兴领域，围绕着日益被重视的用户经济/心理需求（痛点），传统技术/产品/模式与新兴技术/产品/模式以及这些技术/产品/模式与传统/新兴的治理体制（尤其是其关键维度方面）之间就正上演着类似上述共同演进/互动的精彩历程。这些新兴领域包括新能源、新能源汽车、产品分销、物流运输、城市出租车/网络约租车/共享单车/共享汽车、金融服务、信息服务、健康/精准医疗服务、公共（卫生/教育/行政）服务等领域（行业）。这显然也在考验所有利益相关者如何利用"合作经济""众包/共创/协同/众筹""互联网思维"等思维主动性/创造性/顶层性地对话/协调/协同达到（而非置之不理、墨守成规、力求支配/压制）共同成长/发展的智慧，其中的中国企业（尤其是民营企业）及在华跨国企业更是因此天然地处于需要学习具备超强灵活性/响应性的市场/治理环境。

二、社会技术体系转变多层次视角（MLP）的不足

从西方学者 Geels Frank 的核心观点以及国内学者梅亮、陈劲和余芳珍（2015）[62]对可持续性转变理论起源、特征及社会技术体系转变多层次视角的梳理来看，西方视阈下可持续性转变非常特别。其所涉及的层次明显主要在国家/地区/城市/行业层次，而且遵从的更多是情势变化—利基发展—体制变革的自外

---

① 例如，消费者学习：学习大量使用新技术/新产品/新模式/新治理/新管理；企业学习：新技术/新产品/新模式/新治理/新管理方面"弯道超车/换道行车"；政府学习：新技术/新产品/新模式/新治理/新管理治理体制创新。这就是特定产业（例如战略性新兴产业）基于庞大规模及其快速扩张的整体学习经济/经验曲线效应（包括在"做对"中学习和在"犯错"中学习）。这种效应在中国电子商务、新能源汽车等行业尤其值得研究。需要补充说明的是，理论界和实务界熟悉的规模经济、范围经济、区位经济本质上就是某种学习经济/经验曲线经济。

而内、自下而上、单向性的拉动式协同演进路径（Deduction Approach）①（见图2-1）。这显然更契合高度市场化和悠久自由主义传统的发达经济体的发展实情②，而不太符合俄罗斯、中国等国有和发展中经济体系显著的经济体实际③。所谓西方民主制度下自由市场资本主义，多从"弱小政府、强大市场/企业"演进而来，消费者和企业可以更多地考虑"想做什么"。俄罗斯、中国等发展中经济体多从"强大政府、弱小市场/企业"演进而来，消费者和企业可以更多地考虑"能做什么"（尽管阿尔伯特·赫希曼在1967年出版的针对拉美经济的《发展项目之观察》一书中提出过"'项目'可以型塑制度因而往往是'制度

---

① 就如同，先有道路/水路、蒸汽机动车/船，再有道路/水路、蒸汽机动车/船法及其他治理体制和设施；或者，先有新能源车技术和市场大发展，再有新能源车发展规划及其他治理体制和设施——包括充电设施。例如，2016年5月18日，德国联邦内阁通过一项共计12亿欧元由德国政府和汽车企业平摊的奖励资金、一直执行到2019年或发放完毕为止的电动车激励政策。根据该新政策，从2016年5月起，购买纯电动汽车的个人或企业、机构可在政府网站申请4000欧元补贴，油电混合动力汽车买主则可获得3000欧元。从2016年1月起已购买纯电动车的车主将享受长达10年的免费车辆税待遇。另外，德国联邦政府还计划出资约3亿欧元在全境建设充电站以实现完和混合电动车保有量目标。再如，根据山东省汽车行业协会不完全统计，2015年全国小型电动车产量约70万辆，其中山东省主要小型电动车企业产量就达34.7万辆，同比增长53.7%，产量连续三年增长超过50%。截至2016年5月底，中国"不用上牌照、不需驾照、没有保险"、价格低廉的四轮小型电动车市场保有量约200万辆。但是，这些市场紧俏、体量庞大的电动车却缺乏行业标准并长期游离于监管之外。不过，山东省已在部分县区探索建立小型电动车地方管理体系。山东沂南县对产品质量符合相关要求的小型电动车，允许挂"沂电"开头的地方牌照，驾驶员持有C3驾照可在二级及以下公路上行驶，并可购置交强险。（资料来源：新华网．小型电动车的尴尬：被指"三无"车辆，全国却有200万辆［EB/OL］．澎湃新闻，https：//www.thepaper.cn/newsDetail_foward-1476298-1，2016-05-30.）

② 例如，按照2016年7月LendIt联合创始人兼总裁杰森·琼斯（Jason Jones）在全球范围内最具影响力的金融科技峰会——朗迪峰会（LendIt）上的介绍，在互联网金融领域，英国的Zopa、Ratezetter、Fundnding Circle三家网贷平台建立行业协会，设计出自认为最适合该行业的监管框架并介绍给监管者，监管者进行研究、向公众征求意见并修改形成最终覆盖全行业的监管条例。再如，美国当地时间2016年12月13日，美国总统奥巴马签署7年投入63亿美元资助癌症研究和精确药物治疗法案：18亿美元用于癌症研究、15亿美元用于大脑研究、15亿美元用于精确药物、10亿美元用于以海洛因和鸦片上瘾为主要目标的滥用物质治疗。需要指出的是，该法案属于由副总统拜登个人推动的终结癌症和严重疾病项目，其中用于癌症研究的项目以其儿子博（Beau）命名（博于2015年因脑病死亡，白宫发起"癌症登月"项目）。2015年，西维吉尼亚州前参议员格拉波（David Grubb）首次见到奥巴马时告诉过总统关于自己女儿杰茜（Jessie）同海洛因上瘾做斗争的故事（后在2016年3月手术后服用止痛药后死亡。按照奥巴马所言，"故事普遍程度超过我们所知道的"）。

③ 按照韩博天（Sebastian Heilmann）在《红天鹅：中国独特的治理和制度创新》一书中的观察和总结，从制度的角度看，不同于西方独裁体制/民主体制、计划/市场二元对立的系统论，中国是符合威权的共产主义体制国家，其灵活的政策制定和实施过程（也包含大量自下而上的参与）却给庞大且层级复杂的政治体制赋予活力。其认为，中国在很早的游击式的政策风格就存在当代中国政治治理的特色基因：将政策制定视为一个不断变化解决矛盾、持续实验和随时调整的过程。可参阅：［德］韩博天（Sebastian Heilmann）．红天鹅：中国独特的治理和制度创新［M］．石磊译．北京：中信出版集团，2018.

促进器'",从而强调改革的主动性和能动性)。更何况东西方在主体世界观——格局观/边界观/认知观、方法论、成就观及其互动综合决定的发展和管理情景方面就根本不同。2017年4月,美联航暴力驱客事件就引发国际航空业对机票超售做法的管理机制和治理体制的反思和变革(例如加拿大监管当局提出禁止机票超售,美国国内也有建议进行调整)。

而实际上,可持续性转变还应涉及企业/个体层次(从而包括宏观/中观/微观三个基本层次,甚至企业层次还可以分为整体/业务/职能/地区等层次,而且上一个层次是下一个层次发展的背景、下一个层次的发展又推动上一个层次的发展)。而且还需要在中西会通视角下包容转型经济体(中国、中东欧国家等)典型的自内而外、自上而下、逆向性的引致型协同演进路径①(Induction Approach)。这是一种高阶视角/精英路线下(自内而外/自上而下)封闭性的"预测/计划—战略/战术"范式(Normal Approach)(当然前提是,高阶/精英的相关信息和知识要足够真实/完整/准确,其权力的获得和运用要得到足够的监督和合法性保障)。例如,"新型治理体制—利基发展—情势变化""新型治理体制—情势变化—利基发展""利基发展—情势变化—新型治理体制"或"利基发展—新型治理体制—情势变化"等情形。事实上,这两种路径还可能交织在一起、互动演进,从而使得情势变化、利基发展、治理体制之间像三大"齿轮"那样相互耦合、相互驱动(见图2-2)。

这意味着 Geels Frank 的 MLP 理论框架需要在中西会通、动态演进/互动视角下进行多方面的拓展和完善(见图2-3,尤其是虚线所示)。这些方面包括:转变过程的地域(情势)包容性(例如能否同时纳入中国等新兴/转型经济体及其地区/行业/企业)、主体广泛性(能否纳入消费者、企业等微观主体)、路径循环性(能否同时纳入单向、双向及其各种组合,克服线性/单调性局限,例如现有体制环境也可能决定着市场消费等情势变化及利基发展)、系统整合性(能否同时纳入市场微观运行机理和宏观体制运行机理)、发展动态性(例如能否同时

---

① 就如同,先有道路/水路、蒸汽机动车/船法及其他治理体制和设施,再有道路/水路、蒸汽机动车/船;或者,先有新能源车发展规划及其他治理体制和设施——包括充电设施,再有新能源车技术和市场大发展。例如,按照《上海市电动汽车充电设施建设管理暂行规定》,2016年7月1日起,"电动汽车生产企业对充电设施建设维护负有主体责任,应将充电设施建设维护纳入其销售服务体系,与私人用户签订销售车辆合同之前,必须自行或委托充电设施建设企业为用户在住宅小区或办公场所落实一处自用或专用充电设施"。这体现出充电设施建设前置的基本原则,但是现在必须真正安装好充电桩,以前则只要小区物业敲章同意安装充电桩即可。这也将催生能创新性地提供咨询、销售、申请补贴、购买保险、安装充电设施、申请免费牌照等"一条龙"服务的新能源汽车销售服务行业/企业的发展。

整合历史、现实和趋势)。而中国改革开放已经积累起丰富的经济可持续性转变实践(背景/方向/路径及其丰富的相关影响因素)。这正好为促进 MLP 理论在历史根源性/纵深度以及系统整体性/整合性维度的拓展提供研究对象以及资料佐证方面的重要支撑。

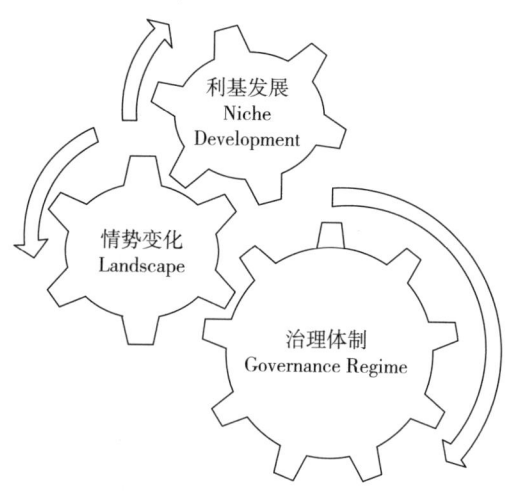

图 2-2 情势变化、利基发展与治理体制之间的耦合

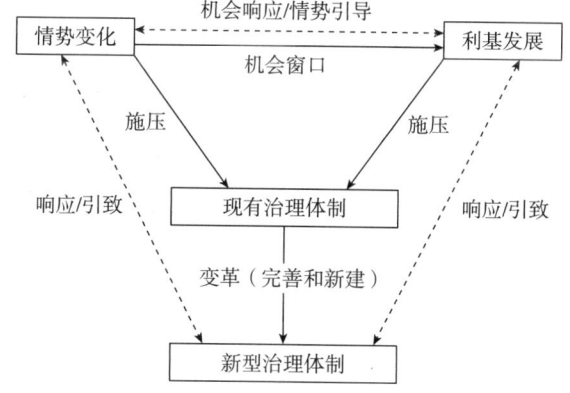

图 2-3 基于 MLP 的可持续性转变基本过程的拓展

第三章 实务观察：基于 MLP 的中国经济可持续性转变

一、中国经济可持续性转变的实质所在

改革开放以来中国经济可持续性转变很大程度上就是（集中性，"全国一盘棋""一方有难、八方支援"）政府（尤其是中国共产党政治精英领导/团体）继续主导/引导与（分散性/但非分离性的，局部特色互相竞争和补充）市场（主体）（尤其是商业精英人士及相关群体/组织）参与/发轫互动开展的渐进"双轨"式的经济运转模式（实质为经济资源配置方式）重塑和经济治理体制供给。① 这种涉及思想解放和观念转变所致的制度重塑和变革体现为相应的政治结构、社会结构、经济结构、（自然）环境结构内部及其之间权力（影响力）互动机理和形态的改变，充满着对各种复杂性和动荡性交织而成的不确定性的判断和管理，并混合产生重要的政治、社会、经济、环境行为和后果。②

这种"双轨"式主要体现为有限度、有先后的市场化改革和自由化开放，

---

① 需要指出的是，如果将时间段拉长到更久远时期特定地域（例如近代上海）的发展历史，这种变革往往具有"回归性/恢复性"的特征。
② 这种市场化改革的结果正如吴敬琏在自己的著作《中国改革三部曲》总序中指出的那样："其中最为本质的变化是制度的变化，是经济运营机制和资源配置机制的变化，正是这个制度变化导致了中国经济的高速发展。"《中国改革三部曲》包括《论竞争性市场体制》（初版于 1991 年）、《当代中国经济改革》（初版于 1999 年）和《中国增长模式抉择》（初版于 2005 年）。可参阅：韦森. 韦森丨呼唤中国的法治化市场经济——评吴敬琏老师《中国改革三部曲》[EB/OL]. 一点资讯，http://www.yidianzixun.com/article/0IDUVmCH，2018-01-24.

先农村后城市、先农产品再工业品、先价格（先商品价格后要素价格）再产权、先沿海再内地，偏重"稳住体制内、放开体制外"的增量式改革（Incremental Reform）（"不动存量、只做增量"），因而始终存在命令计划（从主导一切到减少，到更好）和市场竞争（从从属地位到发挥基础性作用甚至决定性作用）两种力量的动态组合。不过，其中时常萦绕着政府控制过多（滋生寻租和腐败）、政府约束软化、通货膨胀压力、国企过于扩张的争议以及地方性、行业性的种种变异、扭曲和波折，而且在增量领域潜力殆尽情况下需要转向更加艰难的存量调整。这种转变对中国经济/政治/文化/社会/环境领域存量和增量意义上累积产生急剧而深刻的冲击，在总体和个体发展状况大幅度改进的同时还引起对阶层差距、行业差距、地区差距以及重要风险、社保短板、环保赤字、社会不公等进行管控的高度重视。

其总体实质在于，中国在渐进性地［所谓"静悄悄的革命"①（Gradualist Approach）或是罗纳德·哈里·科斯（Ronald H. Coase）所称将私人企业家和市场力量带回中国的"边缘革命"②，而非"休克式疗法"（The Big Bang Approach or Shock Therapy）③］、探索性④地（所谓示范/试验语境下各种形式的"干中学""学中干""摸着石头过河"⑤）建立和维持一套富有自身特色、风格、气派的市场经济运转模式及其治理体制⑥。这套富有中国特色的模式及体

---

① 所谓"于偏远处察秋毫、于无声处听惊雷"。这显然是对中华人民共和国成立后相当长时间内雷厉风行、摧枯拉朽式的社会主义改造运动的超越。

② 按照罗纳德·哈里·科斯的看法，这是中国已经发生的令人瞩目的市场转型。"饥荒中的农民发明了承包制；乡镇企业引进了农村工业化；个体户打开了城市私营经济之门；经济特区吸纳外商直接投资，开启劳动力市场。与国有企业相比，所有这些都是中国社会主义经济中的'边缘力量'。"

③ 剑桥大学经济学家彼特·诺兰（Peter Nolan）于1995年出版的《中国的崛起与俄国的衰落》就把俄罗斯经济的衰退归结为俄罗斯激进式改革的"休克式疗法"，而把中国的经济成功归结为渐进性的市场化过渡。可参阅：Nolan Peter. China's Rise, Russia's Fall: Politics, Economics and Planning in Transition from Stalinism [M]. New York: St Martin's Press, 1995.

④ 按照尼克尔·马基雅维利的看法，任何改革在本质上都没有先例可循。

⑤ 这种情况下，中国可持续的变革成效，几乎从来都取决于足够多、足够长和足够深入的边际进展与效应。待时势转变，边际成为核心，也就基本到位了。以知识、资本、权力精英群体为代表的单独或者联合型新旧利益相关者集团（包括国有企业）本身不是问题，因为这些现象从来都是存在的。问题在于各方的意见领袖是否足够开明与能干，或者说在于是否有超越"身份论"与"好恶论"而遴选与任用这种领袖的合适的公正体制与机制。对于这种体制与机制的建设，同样不能拿来主义。

⑥ 按照时任清华大学历史系张国刚教授的看法，这就是现代文明的基本框架，其需要的核心要素和本质性条件有四：政治权力要有监督和制约；社会管理要有法治而不是人治；市场经济要贯彻契约精神而不是权力运作；道德规范要与现代社会文明相适应。可参阅：张国刚. 中国发展模式的"道"与"术" [J]. 南风窗, 2017（5）.

制需要能不断促进/保护/规制企业科技创新和可持续发展、优化经济社会生产/生活发展方式和质量（包括分工协同效率提升而致的产业升级①、提升国家信用度和吸引力、提供更多更好的选择、实现更加全面的小康等）、持续提高整个国家综合（全要素）生产率②、实现中国式国家现代化和民族复兴/崛起并长期强盛。

在建立和维持这种模式和体制的过程中，中国政府在确保政治（中国特色的尚贤/贤能政治，注重选贤任能）和国计民生部门（确保经济发展和民生改善决定着"民心向背"，为此还有必要反市场③地塑造外生性的要素禀赋和比较优势）可控的前提下，不断解放思想、坚持实事求是，向国内外市场逐步释怀/释放直接/越界掌握的关键资源/权力（所谓向市场和社会放权、让利并优化各自内部的权力配置和相互之间的关系互动）以形成和维持一个更可持续的自主创新力社会。④ 其中的政府和市场本就属于不同的"频道"和"赛道"，市场效能及其产权基础——包括所有权/使用权——本就存在绝对/相对边界，这意味着政府仍需要对市场采取适当的治理/监管。这种逐步释怀/释放以系统性/结构性、大规模地降低体制性交易成本（往往是特定主体的利益所在或来源）为基本抓手，应用"有形之手"（政府权力）提供设施（必要的硬件和软性基础设施，甚至必要的外生性要素禀赋和比较优势的塑造）、培育市场、激励创新、形成竞争、保障公正、促进发展。当然，从历史长河来看，考虑到历史上曾经高度的市场开放，这更像是一种螺旋式"回归"⑤。如此一来，市场

---

① 例如，国家发改委等五部委于2017年4月印发通知，提出支持辽宁中部（沈阳—鞍山—抚顺）、吉林中部（长春—吉林—松原）、内蒙古西部（包头—鄂尔多斯）、河北唐山等12个城市（经济区）建设首批产业转型升级示范区。

② 其中劳动生产率更是决定一国经济是否具有未来成长性的标志性指标。中国劳动生产率具有增长快和水平低的显著特征。按照国家统计局国际统计信息中心于2016年9月发布的国际比较报告，从1996年到2015年，中国劳动生产率（单位劳动产出）20年间增长近4倍，年均增速8.6%，大大快于同期全球1.3%的平均水平，明显快于美国1.6%的增速。从2005年到2007年，中国劳动生产率分别比上年增长10.3%、12%和13.1%。中国1996年、2015年的劳动生产率分别为1535美元、7318美元。但是，2015年中国劳动生产率仅为世界平均水平（18487美元）的40%、美国水平（98990美元）的7.4%。

③ 例如2017年上半年开始的房地产市场的限贷、限购、限售、限价、限用途等措施。

④ 按照拉斯·特维德（2017）的观点，人类文明繁荣发展所需的创新力源自五大要素的同时拥有：个体单元（小/多/奇思妙想，需要分权体制）、变革驱动者（内外部）、有效网络（内外部互联互通）、共同记忆（基因/制度/规则/成功经验）、竞争（阻止负面趋势、促进正能量传播）。可参阅：[美] 拉斯·特维德. 创新力社会 [M]. 王佩译. 北京：中信出版集团，2017.

⑤ 这可被视为哈佛大学社会学系教授马丁·怀特所称的"市场维护型分权"（Market–preserving Decentralization）。

（化）主体（企业）就可以为满足人口结构、消费结构转变所致更新/更高水平市场消费更自主、自由地决定如何创新性且负责任地（从而融合经济技术逻辑和人文社会逻辑）筹供/配置/整合各种资源/权力提供所需的足够、有效、优质技术/产品/模式［所谓市场导向（Market‑orientation）[63][64]，作为最为关键的市场经济基因］。

二、中国经济可持续性转变的关键议题

（一）两大关键议题的产生

社会技术体系转变多层次视角（MLP）下，1978年以来史诗般、波澜壮阔的中国经济可持续性转变（尤其是可持续性转变导向的体制创业）集中体现在促进经济可持续发展的体制变革和对外开放两项关键议题。这种广度和深度持续扩大的转变在"时代主题从战争与革命转向和平与发展"假设下从基本国策的高度正式启动、走向现代化理性经济社会（Rational Economy and Society）的进程。这种现代化涉及经济基础和上层建筑、生产力系统和生产关系系统、物质文明和精神文明以及市场社会和国家治理体系/能力协调的现代化，意在环境"治/乱"与市场"兴/衰"之间形成和维持建设性的关联。这体现为从政府、市场、组织/企业到个体在价值观/理念、制度/政策/规则、活动/设施等基本层面——包括"器物"和"制度"双重意义上——综合（避免幼稚、浮躁与浅薄）趋于沉稳、厚重、成熟、从容、文明、现代和进步。正如时任中央财经领导小组办公室主任刘鹤于2018年1月24日在第48届世界经济论坛上所称，"我们坚信，开放包容的制度安排、要素有序自由流动是经济长期增长的必要条件"。相应地，这也成为有关中国经济可持续性转变的两大基本宏观叙事框架，而且其内部还存在更加细分和不断演进的微观叙事框架。例如，20世纪80年代的深圳经济特区、20世纪90年代的上海浦东新区、不断扩容/升级的自由贸易试验区等是曾经的国家级背书；"推进体制机制改革，发挥市场在资源配置中的决定性作用，激发市

场活力""打造扩大开放新高地和对外合作新平台"就是当今常用的语境①。这是人类历史上前所未有的短时间内如此快速、如此大规模的变革（尽管眼下还面临着增速放缓、突破中等收入陷阱、防范和化解重大风险、精准脱贫、污染治理、提高发展质量等挑战）。

不同于西方花费200～300年的时间，中国仅仅花费近40年就基本完成从延续5000年的农耕社会向工业社会、后工业社会（其中北京、上海甚至已经跨入服务经济时代）独特而深刻的转变。②中国已经成为能影响全球治理理念、体制和秩序的世界第二大经济体（2015年、2016年、2017年、2018年GDP分别约为68万亿元、74万亿元、82.7万亿元、90.03万亿元，仅次于美国③）、全球最大贸易国（2013年取代美国；从1978年到2015年，中国进出口总额占全球的比重从约1%增加到11.9%。而且日益重视摆脱速度、规模和数字情结驱动下面向"短、平、快"的信贷扩张型外延式增长路径，通过以"长、折、慢"为典型特征的内涵式发展走向培育和具有外贸竞争新优势的贸易强国）、最大出口国（2009年首次，而且持续走向价值链的中高端环节）、第二大进口国、全球最大货物贸易国（2013年首次，连续三年。直到2016年，美国货物贸易总额达3.706万亿美元，超过中国的3.685万亿美元，占全球首位，复旦大学主张国际贸易强国的华民教授认为需要对此保持高度警惕）、第二大对外直接投资国（2016年达1830亿美元，首次仅次于美国）、发展中经济体中多年最大对外直接投资目的国（2016年印度吸引FDI约310亿美元，反超中国的约280亿美元和美国的约270亿美元）。

---

① 无论是体制变革，还是对外开放，都存在两个基本维度：一是市场行为系统（市场运作，包括需求侧、供给侧）/营商环境系统（治理体制），二是应急性/结构性变化。需要指出的是，1978年之前，中国也存在着体制变革和对外开放的课题。例如，中华人民共和国成立后的20世纪50年代面向苏联的开放，中美建交后面向欧美日的开放，以及中苏关系紧张情况下必须调整苏式上层建筑/官僚系统适应新形势下依靠基层民众"自力更生、艰苦奋斗"以及欧美日资本/技术/设备/管理（为几乎零起点情况下的复制/模仿性创新创造良好条件，契合实际，但因此也必要地付出高昂的服务成本和因为顺应西方企业生产线及其内在管理制度要求而扭转原有计划经济管理体制的心理和经济压力）搞经济建设的需要。

② 以江苏为例，按照时任红豆集团总裁周海江的说法，在这个过程中，江苏经济先后经历三次大转型："农转工"——乡镇企业异军突起；"内转外"——发展外向型经济；创新驱动"江苏制造"转向"江苏创造"。

③ 按照澳大利亚2017年11月发布的新版澳大利亚外交白皮书中一份经济形势预测饼状图，按购买力平价计算GDP，2016年中国与美国分别为21.4万亿美元、18.6万亿美元，2030年，中国将达42.4万亿美元，几乎是美国（24.0万亿美元）的两倍。可参阅：雷墨. 澳大利亚"焦虑"对华外交［J］. 南风窗，2018（1）.

这种转变下的中国经济，显然没有按照不少西方学者所期待的那样进行变化，从而根本上超出了西方学者理论主张的解释力范畴①。按照其期待，借由互联网等技术和国际化（内外向的国际贸易和投资）等手段的催化，中国要激进地走向西方话语体系下的根本方向。正如费正清曾经认为的那样，中国将放弃自己国家所有的传统和制度，然后把西方所有的文明和制度包括语言作为一个对应体。即通过快速私有化走向符合新自由主义者主张的华盛顿共识②、以私有产权为基础③、以等序格局下个体之间绝对平等和个人主义自利为核心假设、以资本/政治/知识精英自利/自肥以及庇护主义④（Clientelism）为中心、发扬古希腊"自由"精神——去监管化、"反社会"倾向明显的欧美资本主义制度⑤。不少转型和新兴经济体为此在经济社会增长和发展方面有所进展，但代价也不失惨重。相反（正如费正清后来承认的那样，中国的现代化具有自身的内在性和动力源），中国逐渐走向全球化背景下符合2016年G20杭州峰会公报所反映共识⑥（有人称之为"杭州共识"）、法制和私有财产保护制度更加完备基础上、以差序格局下个体之间相对平等和"人为为人"⑦为核心假设、光大东方浓厚的"仁

---

① 罗纳德·科斯在《变革中国》中提到，1978年以来中国的改革开放是"二战"以后人类历史上最为成功的经济改革运动，而且这没有办法用传统的西方经济学加以解释。

② 华盛顿共识（Washington Consensus）是指，1989年，美国国际经济研究所［约翰·威廉姆森（John Williamson）］邀请国际货币基金组织、世界银行、美洲开发银行和美国财政部研究人员以及拉美国家代表在华盛顿召开研讨会，以新自由主义学说为理论依据，针对拉美国家经济改革提出的以市场经济为导向的10条共识性的政策措施。主要包括：加强财政纪律，压缩财政赤字，降低通货膨胀率，稳定宏观经济形势；把政府开支的重点转向经济效益高的领域和有利于改善收入分配的领域（如文教卫生和基础设施）；开展税制改革，降低边际税率，扩大税基；实施利率市场化；采用一种具有竞争力的汇率制度；实施贸易自由化，开放市场；放松对外资的限制；对国有企业实施私有化；放松政府的管制；保护私人财产权。

③ 不过，越是在高度私有制的氛围下，人们对私有财产及其权利的分享似乎却更为推崇。这一点从西方国家早期对网络外部性的关注、近期社交媒体和共享经济的大发展可见一斑。

④ 按照时任北京大学国家发展研究院院长姚洋的看法，庇护主义（原文为裙带主义）是指，政客通过给特定人群好处获得后者政治支持而建立的一种交换关系，其腐化政治、分化社会，最终导致社会的不可治理性。

⑤ 所谓盎格鲁—撒克逊资本主义模式。这种资本主义本质上是一种"基于财产私有制度和法律上自由个体之间的交换，主要委托市场机制调配的商品生产和分配体系"。而按照美国经济学家杰里米·里夫金（Jeremy Rifkin）的看法，私有财产是当今司法体系的哲学理论基础，是自由民主的根基，是当今社会的支柱，也是解释人类社会为什么能走到今天的最重要理由之一，但其并非天然存在。

⑥ 集中反映在五大成果："决心为世界经济指明方向，规划路径；决心创新增长方式，为世界经济注入新动力；决心完善全球经济金融治理，提高世界经济抗风险能力；决心重振国际贸易和投资这两大引擎的作用，构建开放型世界经济；决心推动包容和联动式发展，让G20合作成果惠及全球。"

⑦ 复旦大学管理学院苏东水教授倡导的东方管理学理论的核心要点。

爱"/"和合"精神、激励—约束相互匹配/内部相容①（同时更有活力和秩序）、更加理性（尊重法制、契约和公平竞争原则）、更加文明现代和更可持续、得到良好治理（With Good Governance）、从而兼顾效益/普惠/绿色发展的中国特色社会主义市场经济体制②。2004年，"公民的合法的私有财产权不受侵犯"里程碑式地被写入宪法，2007年宪法修正案明确宣布保护私有财产，但城市和农村土地以及其他主要资产均一直为国有或集体所有。③ 不过，越是在高度公有制和集中共同的氛围下，人们似乎越是更为珍视私有财产及其分散自主的权利。对此，中国也正通过自身特色的社会主义市场经济体制下"地方政府公司主义"（张五常在《中国经济制度》一书中所提）以及"因地制宜"的竞争性举措（"让一部分人先富起来"，各地相互竞争上游，在社会主义中国存在约 2000 万家私营企业）等加以战略性地重视。

经历足够长的时间，这种交织着国内与国际、政府与市场、稳定与变革、封闭与开放、理想主义（"想做什么"为指导）与现实主义（"能做什么"为指导）等诸多因素的渐进过程却也累积产生十分激进的变化。这种渐进包括物价、所有制、户籍制度、外汇交易等方面的"双轨制"（尽管后来逐渐淡化甚至消除），充分体现出对新自由主义思想实事求是的建设性利用——既警惕盲目照搬，也杜绝盲目抵制。这种变化也伴随着相关主体关注焦点从要素成本到交易成本、从财务性收益到战略性收益、从操作性风险到战略性风险的基本转变。在这个过程中，市场参与者作为个体或共同体的主体性在受到必要限制（尤其是国家/政

---

① 按照威廉·伊斯特利（2016）的观点，没有"把激励搞对"是发展中国家经济增长的最大障碍。而实际上，要把经济增长搞好，不仅要"把激励搞对"（内部相容），还得匹配性地"把约束搞对"（内部相容）。请参阅：[美] 威廉·伊斯特利（William Easterly）. 经济增长的迷雾：经济学家的发展政策为何失败 [M]. 姜世明译. 北京：中信出版集团，2016.

② 这种市场经济体制不同于欧美自由市场经济体制，属于有管治（治理）的市场经济体制。按照邓小平的说法，这种经济体制下所追求的社会主义的本质是"解放生产力，发展生产力，消灭剥削，消除两极分化，实现共同富裕"。后次贷危机时期，自由市场经济体制遭受挫折，政府显著有为的社会或社会主义市场经济模式尤其引人关注。

③ 按照哈佛大学社会学系教授马丁·怀特的看法，尽管中国私有产权受限严格、诸多领域私人资本难以进入、私有产权保护仍不尽合理，但还能获得快速的经济增长，意味着私有产权保护制度本身对中国经济增长并非最为重要。其原因可能在于：中国改革日益尊重并保护私有产权，而非回归过去的重新国有化（Renationalization）；中国市场丰厚利润诱惑投资者值得在产权方面冒险；产权界定、制度安排相比过去好转很多，能为市场主体提供足够的激励。

府引导①）和必要公共设施支撑②的情况下日益彰显。这些个体或共同体日益基于独立性/法治意识/契约精神/普遍平等/透明度等原则——而非生存/发展于他人的价值观/制度规则之中——建立、发展和维持相互关系。国家和政府不再是唯一能动的主角。个体/实体（尤其是多元所有制/规模企业/事业单位/社会组织）的社会空间和私人空间得到扩充，其人性/权益/价值/尊严/自由得到更多的尊重。尽管在劳动力和土地等关键要素的市场化方面还任重道远、某些领域——住房、医疗、教育等——的过度市场化——"价高者得/价低者得"——还颇受争议。

另外，经济/文化/社会/环境民主确实也在不断推进。互联网技术（国内/跨境电子商务③）、市场化改革（向下看的商商关系密集网络而非向上看的政商关系密集网络更加主导）和国际化开放影响巨大。这些影响下，最为基础/基层/"平民化"的阶层也能凭借一线用户接触和倾听而来的宝贵的市场情报和洞见（从而是在适当给点"阳光雨露"就能"灿烂辉煌"的各显神通的"小宇宙"）而广泛深入地参与经济社会活动甚至体制创新和创业。于是，尽管土地私有产权并非成为市场正常运转的必要条件④，数量、结构和质量上爆炸性增长的多元化个体/实体在国内外市场上的自由生产力/消费力/潜力及其利益确实得以激发、

---

① 按照经济参考报2017年3月2日的报道，"遍地开花"的政府引导基金初衷意在放宽放活社会资本、引导和激发民间投资潜力和创新活力，但需要拿捏好尺度，既不缺位也不越位。

② 援引韩毓海（2015）的说法，马克思在《政治经济学批判（1857～1858年手稿）》中首次提出"亚细亚所有制形式"命题："由于土地和气候条件与欧洲完全不同，中国的土地生产必须依赖公共水利设施，这种以公共设施为前提的生产方式，不仅构成了中国长期'大一统'的条件，也使中国成为一个'天然的共同体'。因此，现代中国的命运或者使命便是：为了维护这个古老的共同体，中国人民就必须为创造一个新的人类共同体而斗争。"请参阅：韩毓海. 为什么要一起读马克思［N］. 光明日报，2015－05－14.

③ 近年来中国网络消费增长开始放缓。按照国家统计局数据，2016年1～9月中国网上零售34651亿元，同比增长26.1%（2014年、2015年的增速分别为49.7%、33.3%）。阿里巴巴集团2014年全年平台成交2.3万亿元人民币，同比增长47%，2016年财年（2015年4月1日至2016年3月31日）平台成交额同比增长27%。京东集团2015年全年交易4627亿元人民币，同比增长78%，而2014年交易2602亿元人民币，同比增长107%。

④ 很难被人想到的是，这却又将给日后中国企业进入土地私有制的国家/地区带去不可忽视的大挑战。土地公有制为国内企业提供了温暖的土地产权环境，但弱化了其进入土地私有制国家所需产权纠纷管理能力的培养。

爆发、膨胀，并产生非常显著的经济/社会/环境后果①。

必须承认，这些后果不全理想，而且与对"社会达尔文主义"做法的放纵（权力作用和市场竞争的绝对/相对边界失控）高度有关。"葛优躺"/"空心病"现象、《感觉身体被掏空》歌曲爆红和引起众多共鸣正是力证，环境污染、"大城市病"、房地产价格暴涨（增加通勤时间、被迫工作转换、挤压智力/社会资本投资、压抑创新活力/潜力）和"社会阶层固化"（收入差距扩大、贫富分化为主要表现）背景下诗意地栖居和工作以及慢生活/慢工作似乎更像是一种梦想和奢望。② 这个过程（很大程度上体现为市场效能及其产权基础的绝对/相对边界治理缺口/赤字）也产生了/存在着触目惊心、令有识之士愁肠百结、亟须综合治理的种种"恶果"③（核心技术薄弱、优质产能不足、腐败、失德、社会分化、生态恶化等）。这很大程度上是因为相关治理体制供给（外因层面，"要我……"型力量）和相关个体（尤其是个别不当获取/利用/显示权力和财富的个体）的素养提高/社会崇高价值观养成（内因层面，"我要……"型力量）没能跟上个体数量及其活动/活力扩张的进程及其所提的需要匹配的诉求。④ 正因为如此，

---

① 例如，尤其是制造业/国际贸易规模扩张、总体收入水平提升和财富积累、贫困人口减少等方面，速度之快、远超许多其他发展中国家/地区。2011年，中国15~64岁的劳动力人口占总人口的比重达到74.35%的峰值。按照2016年1月统计局发布的数据，2015年末中国16~59岁年龄人口达9.11亿人。2012~2015年，每年年底16~59岁年龄人口同比上年分别净减少约345万、244万、371万、487万。2015年，中国人均GDP接近8000美元，城镇化率约56.1%，约占世界GDP总量的15%。

② 总体物质条件更加优渥，但相较于物质条件简陋的年代，人们却在住房、就业、教育、医疗、养老等方面面临更多更大程度的困扰，价值认知和道德观念大受冲击之下的浮躁迷茫颇受关注。

③ 例如，2016年上半年，有媒体梳理出国务院点名批评的七个职业电信诈骗犯罪重点地区：经常冒充黑社会诈骗的河北省丰宁县、"重金求子"诈骗的江西省余干县、PS图片敲诈的湖南省双峰县、假冒熟人和领导诈骗的广东省茂名市电白区、假冒QQ好友诈骗的广西宾阳县、机票退改签诈骗的海南省儋州市、网络购物诈骗的福建省龙岩市新罗区。这些恶果根本上很大程度源于正确价值观的迷失。针对这种迷失，一种思路认为这源于私有化、市场化过度，要扩大公有制比例、发挥政府在经济和社会发展中的更大作用，另一种思路认为这源于私有化、市场化不够彻底，要减少政府干预，各领域、各行业尽可能市场化、私有化。中国看来更偏向第一种思路。

④ 按照朱旭东在《创新与转型的社会基础》（上海人民出版社2012年版）一书中所提，"国民素质的转型包括政府官员的素质、企业家的素质和公众的素质。素质又分为技能、眼界、思维、伦理操守和进取心五个层面。中国的国民素质中，传统的劣根性依然在阻碍着财富创新体系的进步。千转型、万转型，素质转型是根本。素质转型是建设创新型国家的基础任务，也是经济转型的最终保障"。解决"劣币驱逐良币、逆向淘汰；品德分裂症"两大顽症根本上要靠人的素质。（请参阅：孙宝强. 中国与创新型国家的差距在哪里——从《创新与转型的社会基础》谈起[N]. 东方早报（上海经济评论），2016-10-11.）其实，鲁迅在1927年的《文艺与政治的歧途》中也类似地提醒，"从生活窘迫过来的人，一到了有钱，容易变成两种情形：一种是理想世界，替处同一境遇的人着想，便成为人道主义；一种是甚么都是自己挣起来，从前的遭遇，使他觉得什么都是冷酷，便流为个人主义。我们中国大概是变成个人主义者多"。

中国将在相当长时间内坚持"两个没有变"的基本判断。尤其是党的十八大以来，中国共产党领导层及下属相关机构已经/正在为结构性地治理这些"恶果"和缔造华夏幸福而殚精竭虑、皓首穷年，新常态下的反腐倡廉、供给侧结构性改革、精准脱贫、污染防治如火如荼，并已经形成以新发展理念（创新、协调、绿色、开放、共享"五位一体"）为重要内容的习近平新时代中国特色社会主义思想及其集中统一领导地位，其中习近平新时代中国特色社会主义经济思想[②]又是其重要组成部分。

（二）两大关键议题的共同性和联系性

从共同性来看，其中的体制变革和对外开放：均依赖中国特色的政治体制（尤其是执政和政治协商及相应的人才选拔任用等方面更具贤能导向性、包容性/中性并与时俱进的体制）；均服务于整个国家的全面可持续性转变和中国特色社会主义的建设；均以发展市场经济为资源配置机制基本取向/以全民共同富裕为最终诉求；均涉及市场行为系统（供求方为主）和营商环境系统（政府为主）、物质力量和精神力量应急性和结构性的联动变革；均受制于中国社会主义初级阶段和作为世界最大发展中国家特定约束条件（土地国有、总体人口/劳动力/老龄人口规模庞大、人均物质资源/基础薄弱、农村/农业/贫困人口仍很庞大、商品/要素市场以及国内/国际市场还不够统一/完善、资本要素流动/定价受到严格垂直管制、地区/阶层发展不平衡、总体发展水平还较低）；均经历过两次大的经济周期（1978~1997年、1998年以来）以及器物意义上到体制意义上的转变、均需要协调好"高大上"/"阳春白雪"式改变与"低

---

① 也就是，"我国仍处于并将长期处于社会主义初级阶段的基本国情没有变；我国是世界上最大发展中国家的国际地位没有变"。不过，习近平总书记在2017年10月18日中国共产党十九大报告中提到，"我国主要矛盾已由人民日益增长的物质文化需求和落后的生产力之间的矛盾转化为人民日益增长的美好生活需要和不平衡不充分的发展之间的矛盾"。

② 2017年12月18~20日举行的中央经济工作会议上提出习近平新时代中国特色社会主义经济思想。即，坚持加强党对经济工作的集中统一领导；坚持以人民为中心的发展思想；坚持适应把握引领经济发展新常态，立足大局，把握规律；坚持使市场在资源配置中起决定性作用，更好发挥政府作用，坚决扫除经济发展的体制机制障碍；坚持适应我国经济发展主要矛盾变化完善宏观调控，相机抉择，开准药方，把推进供给侧结构性改革作为经济工作的主线；坚持问题导向部署经济发展新战略，对我国经济社会发展变革产生了深远影响；坚持正确工作策略和方法，主要是稳中求进，保持战略定力、坚持底线思维，一步一个脚印向前迈进。

小下"/"下里巴"式改变（例如更接地气的产权保护①/竞争中性/税费等营商成本降低等）之间的关系；均见证中国从资本极度短缺到储蓄/资本高度丰裕、从公有经济为主到民营经济成为重要组成部分、从农业为主到工业甚至服务业为主、资源/机会集中型城市化突飞猛进、从熟人/半熟人社会为主到生人社会为主、地方政府/各级城市激烈竞争、从全球最大制造/出口基地（提供更加多元/大量具有显性比较优势的产品）转向全球最大战略性市场②（但值得警惕的是，1960 年以来最终消费支出占 GDP 的比重总体在持续下滑、储蓄占 GDP 的比重总体在持续上升）以及大型企业的全球性崛起，从而也见证着中国特色社会主义进入新时代、主要矛盾的转变③、"中国经济从高速增长阶段转向高质量发展阶段、地区/产业/活动意义上传统动能出清和新兴动能崛起以及从富裕走向强盛"；均将中国的全球定位参照框架从偏地理物质性的"东亚国家"推向重精神文化性的"亚太中心国家"甚至"亚欧大陆中心国家"；均日益摆脱"跟随/赶超叙事"（对象先是苏联、后是欧美）下资源实力和责任担当低水平组合而致的匆忙和迷惘走向"自主/引领叙事"（先是国内、后是新兴市场及"一带一路"）下资源实力和责任担当高水平兼顾而致的从容和自信④；以及均推动着中国特色社会主义及其现代化建设（包括现代化经济体系建设）不断迈向新时代，从而从面向/融入现代化/世界/未来走向介入/共生甚至引领现代化/世界/

---

① 《孟子·滕文公上》曰："民之为道也，有恒产者有恒心，无恒产者无恒心。"加强产权保护也是中国建设社会主义市场经济体制的必然要求（尽管新形势下需要区分所有权经济和使用权经济）。改革开放初期，中国在农村建立家庭联产承包责任制（包产到户），20 世纪 90 年代，中国推进国有企业股份制改革。2004 年中国将"公民的合法的私有财产不受侵犯"写入宪法，2007 年中国出台物权法。党的十八届三中全会提出"完善产权保护制度，国家保护各种所有制经济产权和合法利益"。党的十八届四中全会提到"健全以公平为核心原则的产权保护制度，加强对各种所有制经济组织和自然人财产权的保护"。"十三五"规划建议指出，"推进产权保护法治化，依法保护各种所有制经济权益"。2016 年 11 月 27 日发布的《中共中央 国务院关于完善产权保护制度依法保护产权的意见》提出，按照坚持"平等保护、全面保护、依法保护、共同参与、标本兼治"五项基本原则完善产权保护制度。

② 时任国务院发展研究中心副主任王一鸣于 2017 年 3 月 18 日在中国高层发展论坛上提到，按购买力平价计算，2006 年中国消费额仅占全球消费总额的 6.6%，2015 年，中国消费额占全球的比重上升到 15%。增量上近两年中国都占全球的 1/3。预计今后五年中国货物贸易进口规模有望达到 8 万亿美元，服务贸易进口规模将超过 2 万亿美元，出境旅游将达到 7 亿人次。

③ 习近平总书记在 2017 年 10 月 18 日中国共产党十九大报告中提到，"我国主要矛盾已由人民日益增长的物质文化需求和落后的生产力之间的矛盾转化为人民日益增长的美好生活需要和不平衡不充分的发展之间的矛盾"。

④ 2017 年初，中共中央办公厅、国务院办公厅发布的《关于实施中华优秀传统文化传承发展工程的意见》提道："文化是民族的血脉，是人民的精神家园。文化自信是更基本、更深层、更持久的力量。"这充分体现出中国顶层性地反思西化实践，以及对优秀传统文化的回归和自信。

未来。

从联系性来看,两者从不同角度切入、一起相互联系(相互促动)① 却又未必确凿无疑地②明晰/增强中国市场主体和政府部门在市场化/国际化双重基本导向下的主体性③(定位、边界及互动),并降低局部/整体系统的熵值。例如按照中国共产党十九大要求,未来三年(2018~2020年)要重点抓好决胜全面建成小康社会的防范化解重大风险、精准脱贫、污染防治三大攻坚战。这种明晰和降低意在显著增强局部/整体经济系统(地区/产业经济、实体/虚拟经济、传统/新兴经济、国内/国际经济)生存发展可持续性④并促进整个社会本真意义上的内

---

① 例如,以国内改革促进对外开放、以对外开放倒逼国内改革。开放倒逼改革主要涉及,国家层面加入国际经济组织、与其他国家达成贸易投资协定,企业层面中外企业合作互动导致的对外来管理理念和制度的学习,这些将冲击高度保护行业及国有部门集中计划运作机制,促进形成国内统一的法治经济体制以及适应全球市场规则。尽管可能不如理想的那样各个局部在进程/内容上相互协调/配套。

② 毕竟面向未知进行探索,没有成功经验可供参考,其间充满国内/国际及其交织而来的各种变数,而且涉及个体到群体——尤其是政府和国有企业等——防御性思维及其既得利益格局的根本性调整,尽管形势急迫但又必须渐进推进。

③ 中国国有企业的主体性问题尤其引人关注。从理论上讲,如果国有企业(实际上也包括其他企业)的市场主体地位,以及作为市场主体的权利不能在经济和法律制度上得到充分保障和尊重,就容易出现政府对市场主体行为过度、随意的干预。在政策体制方面,2015年9月公布的《中共中央、国务院关于深化国有企业改革的指导意见》提出,"加快剥离企业办社会职能和解决历史遗留问题。完善相关政策,建立政府和国有企业合理分担成本的机制,多渠道筹措资金,采取分离移交、重组改制、关闭撤销等方式,剥离国有企业职工家属区'三供一业'和所办医院、学校、社区等公共服务机构"。2015年12月9日召开的国务院常务会议提出,"加快混合所有制等改革,剥离企业办社会职能,2016年在全国全面推开供水、供电、供热和物业管理分离移交,启动剥离医疗、教育等公共服务机构试点"。国资委于2016年2月披露的国企"十项改革试点"明确,"计划选择2~3户中央企业推进其所办教育机构深化改革试点,选择2~3个城市开展国有企业退休人员社会化管理试点"。2016年6月22日,国务院办公厅转发国务院国资委、财政部《关于国有企业职工家属区'三供一业'分离移交工作的指导意见》,明确国有企业职工家属区"三供一业"分离移交工作的时间表。按照时间表,"2016年开始,在全国全面推进国有企业(含中央企业和地方国有企业)职工家属区'三供一业'分离移交工作,对相关设备设施进行必要的维修改造,达到城市基础设施的平均水平,分户设表、按户收费,交由专业化企业或机构实行社会化管理,2018年底前基本完成。2019年起国有企业不再以任何方式为职工家属区'三供一业'承担相关费用"。该意见还要求,"国有企业不得在工资福利外对职工家属区'三供一业'进行补贴,切实减轻企业负担,保障国有企业轻装上阵、公平参与市场竞争"。与此同时,有关中国央行部门、财政部门以及其他重要政府部门的法律地位及其具体政策操作方面的主体性(自主性/独立性)也是一个广受关注/争议的话题。

④ 首在消除生存之虞,次在实现和保持追求包容(正直/健康/安全/环保/高效)为核心诉求的可持续性转变,例如可持续动能培育、经济结构优化和发展质量提升。

涵型/质量型/集约型发展和共同进步（增进人类命运/利益共同体①中的共同"获得感"）而固本培元②。正是基于这种充满挑战③的内外结合的体质提升和体制建设，中国及其企业和个体才日益以更加自主、自信、自强的气质介入国际社会并共生性地成为全球市场和全球经济治理框架中能够/正在/即将发挥重要作用和影响力的新兴甚至引领性力量。

（三）体制改革议题的侧重点和演进

从侧重点上看，中国的体制变革更多是在国家内部（From Within），重点关注如何处理好政府与市场、政府与社会之间的关系，如何转变政府职能（反思、统筹和协调政企和政社关系，尤其是突破行政化的决策、运行和管理体系，使得政府更好地履行经济调节、市场监管、社会管理、公共服务、生态环境保护等职能），为解放、激发、维持、增强国内更加广泛深入的学习、创新、创造激情创造制度成本更低的体制条件。即如何通过体制建设（包括新设和响应体制诉求突破瓶颈）助推在国家内部形成和利用交易方式上——包括市场交易、非股权交易、投资型——日益复合一体化的本土关系/价值网络。体制变革是指，在经济/政治/文化/社会/环境等领域，从理念（价值观）、制度/政策到活动（技术/产品/模式）层面，实现经济领域市场化导向和社会领域公正化导向下几组基本因素相结合的局部/系统变革。

经济领域市场化导向主要是指"使市场在资源配置中起决定性作用"，与中国在世界贸易体系中的市场经济地位问题紧密相关，往往还涉及"功利化""金

---

① 国际意义上涉及国家与国家之间形成的利益共同体［其中的共同利益（Common Good）和个体利益（Individual Good）相互交织、互动发展，共同利益主导就是和平/和谐、个体利益主导就是纷争/战争］，国别意义上则涉及特定国家内部各利益相关者形成的利益共同体。国别意义上的利益共同体一般涉及经济、社会、环境三层面利益相关者之间的利益共同体以及三层面内部利益相关者之间的利益共同体［例如，经济层面的实体经济/房地产经济/虚拟经济、三大产业、消费/投资/出口、东部/中部/西部等；社会层面的城市/农村、一线/二线/三线城市、富裕阶层（TOP）/中产阶层（MOP）/贫穷阶层（BOP）等；环境层面的水土/空气/固废等］。现实中，尽管共同利益和个体利益都客观存在，但是常常个体利益被强调有余、共同利益被忽视过度，这是出现可持续性转变困境的根源，也为多方协同治理可持续性转变困境提供启示。

② 杰里米·里夫金（Jeremy Rifkin）2014年9月在中信出版社出版的《零边际成本社会：一个物联网、合作共赢的新经济时代》（*The Zero Marginal Cost Society：The Internet of Things, the Collaborative Commons, and the Eclipse of Capitalism*）序言中提到，随着物联网基础设施和相应的协同共享机制的构建，中国向零边际成本社会的迈进将确保其在第三次工业革命时代中的领袖地位，并且为一个更公平、更可持续、更繁荣的后碳生态文明铺平道路。

③ 思想性/宣示性比较宏观/雄浑/显性/容易，操作性方面则更为细节/卑微/隐性/困难。

钱衡量一切"议题。但要力避"功利主义"尤其是积贫太久、乍富机会和传统文化被冲击情况下狭隘、赤裸裸的"功利主义"和不分场合的"市场化"。① 尽管因为经济危机、市场失灵和利于计划的技术涌现等因素,该领域内的"有形之手"常常似去还留、若隐若现、若即若离。何况不少表面看来市场化意味十足的举措可能实际上也在/就在增强政府的作用和控制。

社会领域公正化导向是指"使政府在资源配置中发挥更好的作用",往往涉及科学发展、和谐社会、"五位一体"全面发展背景下"去市场化""去功利化""均等化""生态化""绿色化"等议题。但要力避"威权主义",尤其是专制太久、民主觉醒和传统权威瓦解情况下狭隘、赤裸裸的"威权主义"和不分场合的"行政化",尤其是在平等对话/意见包容和信息自由流动非常关键的互联网和知识经济时代。尽管该领域内"无形之手"却常常似去还留、若隐若现、若即若离。

这几组基本因素包括②:政府(作用)和市场(作用)、统一与自治(尤其是中央/总部集中部署、地方/分部分散探索)、规制和自由、自主(自内而外)和被迫(自外而内)、自上而下和自下而上、传承(需要扬弃时间意义上的普适性——"竹子"式因素)与创新(需要扬弃时间意义上的当下性——"兰花"式因素)。中国的体制变革是促进经济可持续性转变的关键的内生型变量。其意在可持续市场化③导向下,超越政企及其内部各种边界(从而以先进与落后为分界),更加主动地自我革新,引导和助推更高效地打造更加统一、有序、文明、理性、有效的国内市场和价值链,增进从个体到系统可持续的内生动力、多样性、活力和生产力,并形成和维持各利益相关者合作共赢、共同发展、更加紧密/亲密的国内战略空间(国内人类命运/利益共同体)。这种国内市场和价值链往往涉及以珠三角一体化、长三角一体化、京津冀一体化、长江经济带、"一带一路"域内地区一体化、城市群发展、城乡郊一体化、深港通/沪港通等为典型的顶层性规划,从而助推相关企业/机构在更广阔、统一的国内市场单独或综合基于要素/交易成本、财务/战略收益、操作/战略风险等供/配置/整合资源。共同发展涉及至少不相互伤害、无无序膨胀、不失衡发展,尤其需要处理好因此而生的国内各地/相互之间破坏性的"外溢效应"和"虹吸效应",包括减少/避免

---

① 毕竟市场经济几乎只能解决有利可图之事,而几乎不能解决本就正确之事。而一个真正健康文明的国家/社会又必须同时处理好这两类事情。

② 这些二维因素构成该特定连续统一体的两个极端,特定时空的表现是两者之间的动态弹性组合。

③ 而非市场主义、物质/金钱主义及民粹主义,而且关键要处理好垄断经营与自由竞争关系以及政商角色定位、国企/民企角色定位及其相互关系等重大议题。

对弱势地区（乡村）/群体（草根）的制度性排斥。

大致以2012年为界，2013年以来这种进程正从市场化导向下以局部（主要在经济领域）、利用性（较低难度的"摸着石头过河"）、粗放性、应急性①的体制改革突破与企业为中心（特定集体自主权、积极性、创造性、权威权益为优先导向）的数量型市场运作，转变为现代化导向下以全面综合的（经济/政治/文化/社会/环境领域五位一体）、探索性（更高难度的"摸着石头过河"）、精细化、结构性（深化）的体制改革与用户为中心（特定个体自主权、积极性、创造性、自由权益为基本导向）的质量型市场运作。在数量型市场运作中，各主体注重高度竞争/零和博弈性的价值套利/寻租/攫取/汲取甚至榨取，各种内向/外向型的优惠/补贴/补助导向尤其明显。结构性的体制改革的阶段性重点涉及以"三去一降一补"——"去产能（在生产过剩的领域）、去库存（在房地产领域）、去杠杆、降成本（在全社会）、补短板（在整个经济结构中补上公共服务、基础设施和制度性短板）"为核心内容的供给侧结构性改革，其中的"去产能、去库存、去杠杆"还需要警惕"一刀切"对中国可持续性转变所需"产能、库存、杠杆"的破坏性溢出效应。在质量型市场运作中，各主体注重高度合作共赢性的价值创新甚至共创，各种内向/外向型的共享型赋能导向尤其明显。

目前这种结构性/彻底性的内部变革将更为有利，更利于经济增长方式、经济发展模式的转变与经济结构的转变优化②，更利于增强个体到系统的基于理性的内生发展能力及其日后应对多元/复杂冲击所需的复原能力/新生能力，也利于塑造新型政政/政商/商商/人自③关系格局（例如强化等序/弱化等级、弱化集

---

① 应急性和结构性是环境应对措施的两种基本属性。例如，从机遇管理角度看，应急性措施意在短时间内发挥作用并扩大其影响，结构性措施意在直达深层次根源并嵌入为结构中的要素。从危机应对角度看，应急性措施意在短时间内发挥作用并阻止事态恶化（治标），结构性措施意在直击深层次根源并清除结构中的痼疾。总体上，应急性措施往往具有更强的"形而下"性，强调战术上的勤奋，更有赖于粗、快而易错的直觉反应（所谓"小智治事"），而结构性措施往往具有更强的"形而上"性，而且还涉及理念层面的转变，强调战略上的勤奋，更有赖于细、慢而成的深度思考（所谓"大智治制"）。例如，在2016年G20杭州峰会背景下，一些中国学者提出G20的功能定位和运行机制应从应对危机型转变为长效治理型。按照G20杭州峰会公报中的深化结构性改革议程，九大结构性改革优先领域包括：促进贸易和投资开放；推进劳动力市场改革及获取教育与技能；鼓励创新；改善基础设施；促进财政改革；促进竞争并改善商业环境；改善并强化金融体系；增强环境可持续性；促进包容性增长。

② 集中体现为：从投资/出口为主的经济增长转向消费为主的经济增长、从制造业为主转向服务业为主、从工业化国家转向后工业化国家。

③ 时任国务院发展研究中心副主任王一鸣于2017年3月18日在中国高层发展论坛上提到，2016年，水电、风电、核电、天然气等清洁能源消费量占中国能源消费总量的比重已升到19.7%，单位国内生产总值能耗和二氧化碳排放量分别下降5%和6.6%。

中/强化分权、兼顾亲/清①)并促进其内部和相互良性互动(例如自上而下/自下而上、自内而外/自外而内)、建设性地共存(群策群力、碰撞智慧而非互相强制、彼此支配),从而为整个国家及其企业"走出去"更深介入国际社会和市场实现共生性地发展做好理性/法治化方面的准备。

这种从农村到城市、从边缘性的民营经济到核心性的国有经济领域的日益广泛、核心和深刻的体制变革影响巨大。这会天翻地覆地调整(尤其是涉及"有无"而不是"多少")国内既有利益格局。而且"稳定、融合、共同繁荣"的理想和"不稳定、分歧、分化发展"的现实常常此起彼伏、相互纠缠。为在国内社会结构逐渐定型甚至僵化,知识/资本/权力联盟不可避免的情况下提供中国国内治理方案,亟须通过现代国家治理体系和能力保障下的国内互动/对话/合作处理好与原有利益相关者集团(尤其是国内权力、知识、金融、资源垄断集团)之间的关系。正如中国经济体制改革研究会时任副会长孔泾源(2016)所称[65],深化改革要坚持奉行"市场主体平等竞争、公共资源平等使用、城乡要素平等交换、社会成本平等分担、基本服务平等享有、社会成员平等保护"等基本价值取向。这种治理方案至少要将国内"赢者通吃/先逃"现象及其国内后果控制在合理的范围,从而实质性地处理好国内改革、稳定与发展之间的关系并助推/保障更可持续的国内共同发展进程。"赢者通吃/先逃"现象包括城乡二元体制及其"阴影"下发达地区相较于欠发达地区、城市相较于农村、工业/服务业相较于农业、市民相较于农民、强势群体相较于弱势群体前者对后者内向型、体制性/市场化的资源/利益提取、成本/风险②转嫁以及相应的内向型资本原始积累和政治经济上依附/去依附关系的变化。国内后果控制涉及从国家治理和公共产品提供的高度强调民生共进、反哺反育(例如区域协调、城乡一体化、乡村振兴、建设性互动等)、减少甚至避免零和博弈进而减少不被主导性的既得利益个体/群体所待见。需要注意的是,从过去到现在以及到未来,中国国内对这种关系的处理质量还一直决定着本国国内的繁荣稳定与实力、本国国民的国际形象,并对塑

---

① 按照西方自由主义经济学传统,政府和市场要基于自主性而保持清晰的边界且彼此保持距离和独立,而基于一些亚洲国家崛起经验及社会学家彼得·埃文斯所提到的"嵌入式自主性"观点,厘清这种边界远远不够,政府需要与企业保持长期合作关系、获取有用信息以更好发挥自身作用。这就是哈佛大学经济学教授丹尼·罗德里克教授在《一种经济学,多种药方》中所提到的"政府在自主性和嵌入性之间保持足够的平衡"。请参阅:杨军. 林毅夫 vs 张维迎,一场关乎中国前途命运的辩论[J]. 南风窗,2016(20).

② 一般包括相关的要素成本/交易成本、操作性风险/战略性风险。

造、维持和提升周边地区(东亚、东北亚、中亚、东南亚、亚太)的治理秩序和发展环境(包括制约和应对不同程度的战争威胁)作用非凡。

(四) 对外开放议题的侧重点和演进

中国的对外开放则更多是从国家的外部(from outside),关注如何处理好中国与世界上其他国家/地区之间"器物"和"制度"双重意义上的关系,打开、维持和优化一片利于国际化学习、创新、创造、积累和展示国际竞争力的广阔天地,即反思、统筹和协调国内与国外、沿海与内陆关系,如何在全球范围内形成和利用交易方式上——包括市场交易、非股权交易、投资型——日益复合一体化的国际关系/价值网络。对外开放是指,在同样的领域,从同样的层面,实现可持续国际化导向下另外几组基本因素相结合的局部/整体空间拓展。

这几组基本因素包括:国内与国外、阻隔(闭环)和沟通(开环)、求同(融合同化)和存异(主体独立)、自主(自内而外)和被迫(自外而内)、引进来和"走出去"、国际一体化(强调时空意义上的整合度,需要扬弃空间意义上的普适性——"竹子"式因素,例如本土企业国际化,但要警惕国际/全球主义倾向)和本土响应性(强调时空意义上的灵活度,需要扬弃空间意义上的本土性——"兰花"式因素,例如国际企业本土化,但要警惕——尤其是狭隘的——民族/本土主义倾向)。

中国的对外开放是促进经济可持续性转变的关键的外生型变量。其意在开放和知识外溢/转移导向下、超越国家/地区之间及其内部各种边界(以文明与野蛮、先进与落后为分界),从而适度保护地、更加自主自信地基于更可持续的国内社会/市场和价值链铆入/融入/融合国际社会/市场和全球价值链、增进从个体到系统可持续的外生动力、多样性、活力和生产力,并形成和维持各国和平共处、合作共赢、更加紧密/亲密的国际战略空间(即全球人类命运/利益共同体)。这种开放意味着超越意识形态和社会制度差异进行相互审视、贸易自由化、投资便利化以及全球学习(global learning),而非开放主义/全球主义或民族主义/保护主义。在这一点上,中国很多关键行业/领域过度/过久"造不如买、买不如租"的"买办"理论/实践和浅层次/短视的"市场换技术"[①] 做法及盲目排

---

① 所谓"由欧美做研发设计尤其是高端研发设计、拥有品牌尤其是高端品牌,中国发挥市场、销售、第三方制造方面的优势"。事实上,中国从来没有出台过"市场换技术"/"技术换市场"的产业政策,某些人士不加核实、以讹传讹,给外资企业一直诟病的强制性技术转让做法授以口实。

外倾向都不足取。在价值链问题上,甚至可能在国内和"一带一路"域内一体化以及贸易摩擦多发背景下重构/新建全球价值链(包括更加完整/更高附加值的区域/国内价值链),从而在更广阔、统一的全球市场内、单独或综合基于要素/交易成本、财务/战略收益、操作/战略风险筹供/配置/整合资源。合作共赢意味着至少不相互欺压、无序扩张,尤其需要处理好因此而生的国际各地/相互之间破坏性的"外溢效应"和"虹吸效应",包括减少/避免对弱势国家/地区(欠发达国家/地区)/当地弱势群体的排斥。

大致以 2008 年为界,这种过程以前的基本特征是:发达经济体宏观政策比较单纯/稳定;美元主导地位强势;国际电子商务较少;国际经济一体化程度总体较强、主要经济体经济同步性较强(尽管不少人认为席卷天下的经济全球化肇始于 20 世纪 80 年代,而有的学者则认为这种全球化程度尚未达到一战前的水平);国际竞争压力较小;国际地缘政治相对简单稳定;中国在国际权力结构中主体性较弱(被纳入者、跟随者、接受者)、韬光养晦、实力/意愿较弱、冲突型战略文化较强①、较少全面合作伙伴关系成员;低位势情况下偏重接受/跟随国际事务治理规则("接轨国际社会"的话语体系盛行,尤其是全球性金融管控、战略资源定价、技术创新与服务、品牌/文化输出等方面的话语权);沿海率先开放视阈下的"面朝大海(辽东、山东、苏东、浦东、浙东、闽东、广东)、春暖花开"(2001 年中国顺应海洋秩序、海权势力的强盛、加入世界贸易组织开始将这种开放推向前所未有的高度);主要参与国际价值链分工和合作,制造业为主(服务业尤其是金融服务业等适度对外开放和高度管制)、国有企业为主、引进为主的局部性/浅层次/小规模/低水平国际化②(国际贸易和投资方面的"大进大出"/"多进多出"/"快进快出"为典型特征,出口换汇、中外合资、"三来一补"、资源类对外直接投资为典型形式,引进资金/技术/管理等要素为主,输出日益升级的产品为主,逐步形成"沿海为基、多点扩散、面向西方"的初步全方位开放格局,相应的成本/收益/风险结构较为普通和简单,内向/外

---

① 改革开放之后相当长时间内,冲突型战略文化仍然存在。按照 Alastair Iain Johnston(1995)的看法,战略文化是一整套国家决策者据以建立较长时期战略选择取向的宏观战略观念系统,涉及国家对战争、冲突和暴力功效的认识,大致可分为冲突型与合作型战略文化。请参阅:Alastair Iain Johnston. Cultural Realism [M]. Princeton, NJ: Princeton University Press, 1995.

② 需要指出的是,从进出口金额、内外向直接投资占 GDP 的比重上看,中国远高于美国(但比欧盟要低)。从这种意义上讲,中国已经高度国际化(尤其是加入世界贸易组织以来),从而对国外市场环境的波动高度敏感。

向型的要素成本即各种优惠导向尤其明显);可持续性治理体系还很薄弱;中外企业利用中国庞大而初级的要素和产品市场更多开展利用性创新;市场行为系统和治理体制被锚定在中低端水平;国内经济外需和投资驱动型高速增长;国际经济合作格局难以持续。

此后(2009年以来)则正/将转向:主要经济体宏观政策比较纠结/折腾(亟须结构性调整并全球联合治理和协调);美元主导地位弱化(人民币国际地位上升);国际电子商务大幅度膨胀;国际经济一体化程度总体走弱①(尤其是同时存在英国脱欧、美国特朗普上台及其新政②背景下反向发展的"碎片化""多极化"甚至"反/去全球化"现象,使得国际经济体系的融合与政治体系分裂之间的裂痕亟须采取新的理念加以反思、缩小/消除③)、主要经济体经济同步性较弱甚至分化;国际竞争压力很强(众多发展中经济体尤其是印度以及马来西亚、泰国、印度尼西亚、越南等东南亚经济体④基于劳动力成本等比较优势甚至绝对优势吸引并追赶资本化背景下地价/房价高企中国的中低端制造业、众多发达经济体基于更加先进、成熟和经济的自动化/智能化生产条件而致的比较优势吸引地价/房价高企中国的高端制造业回流/它流);国际地缘政治复杂动荡;中国在国际权力格局中主体性更强(强调"道路自信、理论自信、制度自信、文

---

① 尽管也存在对冲性的相关努力。例如,当地时间2016年10月30日,时任欧洲理事会主席图斯克、欧盟委员会主席容克、欧盟轮值主席国斯洛伐克总理菲佐和加拿大总理特鲁多共同签署《综合经济与贸易协定》,其目标是取消工业品、农产品和食品(如牛肉和鱼)等领域的约9000项关税,还准备在银行、保险等服务业开放竞争。欧盟声明称,该协定是欧盟、加拿大签署的最全面和最领先的贸易协定,将提高就业、促进可持续和包容性增长并为双方经济合作开启新时代。

② 按照时任麻省理工学院斯隆管理学院教授、副院长黄亚生于2016年12月中旬在三亚财经国际论坛上的演讲,特朗普的政治和经济纲领及政策具有相当强的民粹性质(例如倾向于强调积极的财政政策、提高进口关税逆转经济全球化趋势甚至全盘否认全球化、加强命脉部门外资管理、强调美国制造并限制美国企业资本自由流动、更积极地干预经济、抛开多方框架而单方面解决贸易争论等),这种几乎"零和博弈"的思维代表着人类经济思维的一个大倒退。2017年1月,特朗普宣布退出TPP,重新谈判与加拿大、墨西哥的北美自由贸易协定。但是将时间拉长到2001年以来,国际贸易投资自由就逐渐面临压力和挑战,因而特朗普政府发起的一系列贸易保护主义举动只不过是该趋势中的一个影响不小的特例。

③ 这需要人们重新认识数字化/互联网/智能化等新型技术条件以及民粹主义等新型社会条件下跨国企业价值链存量意义上的再次解构/重构——尤其是更多回归母国打造国内价值链——的必要性和可行性。但这也并不意味着全球化的中止,而是意味着需要更加包容/可持续的新型全球化(Neo - Globalization),并为区域一体化纵深发展背景下跨国企业价值链增量意义上的布局/整合和生产率提升创造新的国际市场条件。

④ 按照英国《金融时报》于2017年2月底的一份报道,中国的工资水平已经经历持续10年的迅猛上涨,达到原有水平的3倍。眼下中国制造业的平均工资已超过巴西和墨西哥等国,并正迅速赶上希腊和葡萄牙。

化自信"和"始终做世界和平的建设者、全球发展的贡献者、国际秩序的维护者",甚至建设性的塑造者)、奋发有为、实力/意愿更强、合作型战略文化主导、更多全面合作伙伴关系成员;位势更高情况下更多参与/甚至引领国际事务治理规则(中国已经成为世界第二大经济体、多年全球第一大贸易国、多年第一大利用外资国和第二大对外投资国、举足轻重的数字经济大国,"彰显中国特色/风格/气派"话语体系将更加盛行,尤其是全球性金融管控、战略资源定价、技术创新与服务、品牌/文化输出等方面的话语权);"一带一路"倡议(2013年9月由中国国家领导人提出,标志性文件是《推动共建丝绸之路经济带和21世纪海上丝绸之路的愿景与行动》)视阈下[1]、人民币利率市场化/汇率市场化及其本身国际化深入推动下兼顾"背朝大海、山高水长"["转过身去、后方就变成前方",代表着欧亚大陆世界岛秩序意识和行为的回归,适应甚至引领陆权势力回归性/协调性的上升,长期被视为地理/交通/通信/经济末梢(作为间接体验对外开放冷暖的神经末梢)和殊为封闭的内陆恢复性地转变为加速介入(有必要有可能超越融入的思维)新型全球经济循环系统的开放前沿(作为直接感知对外开放冷暖的偏远节点),中国日益形成东西两翼"比翼齐飞"的区域开放发展新格局,从政府到企业的相关主体理念也需要配套性地转变];更多行业对外开放(服务业尤其是金融服务业等更大程度的对外开放和合理规制);更多引领国际价值链分工和合作(包括建设面临更广阔腹地和前沿的自由贸易区和自由贸易港),民营企业和地方企业比重大幅度增加;"走出去"比重更高;全方位/深层次/大规模/高水平国际化(国内自贸试验区产生和逐渐扩容,国际自贸区/网络战略产生和大量落地,国际贸易和投资方面适度"优进优出"为典型特征,出口创牌、外来高质量——战略性新兴产业、先进制造业[2]、现代服务业等——直

---

[1] 援引韩毓海(2015)的说法,马克思在《俄国的对华贸易》一文中指出:"早在西方列强通过残暴的殖民主义、坚船利炮开拓出海洋贸易之路之前,中国就已经以和平的方式开拓出海洋贸易通道,而且,中国同时还开拓出了经蒙古、俄罗斯通向欧洲的大陆贸易通道。"马克思还预言:"如果中国能够通过革命实现复兴,那么,未来的中国就会重新恢复大陆贸易,并使大陆贸易与海洋贸易结合起来。"请参阅:韩毓海. 为什么要一起读马克思[N]. 光明日报,2015-05-14.

[2] 借鉴国家发展和改革委员会的相关界定,目前阶段相对于传统制造业而言的先进制造业实质上是这样一种可持续制造业:不断吸收原料、工艺、零部件、电子信息及现代管理技术等方面高新技术成果并综合应用于制造业产品的研发设计、生产制造、检测、分销等全过程及相应管理环节,实现生产的信息化、自动化、智能化、柔性化、绿色化,力争体现出智能制造那样在整个系统流程中需求发起与生产响应之间、人、环境和技术之间、虚拟与现实之间无缝隙、无时滞、可持续、自动化、自适应性的衔接,能综合取得良好的经济效益和社会效益(即兼顾优质、高效、低耗、清洁、灵活)。

接投资和大规模战略资产——公司股权/控制权、专利、品牌、分销网络、研发机构/专利运营机构/品牌运营机构/商业智能运营机构等——新建类/并购类对外直接投资以及多环节/全产业链非股权合作为典型形式),更多引进优质国际产品及其生产力(包括更加先进、高端、尖端的外资工厂等①),更多输出日益完善和系统的先进要素/能力,逐步形成"政企联动、海陆统筹、东西互济、内外互动、面向全球"的更可持续的开放新格局(相应的成本/收益/风险结构也将更加特殊和复杂,目的国/地区在安全问题上更加敏感,内向/外向型的交易成本即各种便利化导向/诉求尤其明显,例如在国内外需要开展或面临更加严格/综合的安全审查和规制);可持续性治理体系更加健全;中外企业利用中国庞大而更高级的要素和产品市场更多开展探索性创新;市场行为系统和治理体制方面突破原有"锚定效应"并进入中高端水平;国内经济内需和自主创新驱动型中高速增长;国际经济合作格局更可持续②。

这种转变有利于日益走进世界舞台中央的中国更好地展示富有中国特色、卓有成效的"和平与发展"智慧和解决方案(这也是对全球及各国可持续性转变最具基础性和战略性价值的公共产品)并实现整个国家和民族的复兴和"软崛起"。这种"软崛起"意味着在经济、军事实力可保前提下,以一种自然柔和的软实力路径和平发展而不是强行崛起,尤其是自己的价值观/道路、经济/技术竞争力的合法性、国家的地位要受到国际社会的真正尊重、信任、羡慕甚至效法(尽管这在不少学者眼中是很难甚至几乎不可能的事情)。其间如何协调好国际传播的技术和艺术、故事和事实,不乏挑战。做到这些,才有利于真正塑造"相互尊重、公平正义、合作共赢"的新型国际关系格局并促进相互良性互动、建设性地共存(求同存异、美美与共而非相互同化、相互改造),推动更加开放、包

---

① 随着中资企业市场和薪酬竞争力的快速提升,更多的年轻人和中高端求职者更加青睐国企和民企等中资公司。按照中国人民大学中国就业研究所基于智联招聘大数据的季度《中国就业市场景气指数(需求人数和求职人数之比)报告》,2015年以来,外商独资企业用人需求就呈现疲软态势,到2017年第三季度,用人需求最为旺盛的民企就业景气指数为1.68,外商独资企业就业景气指数为0.59,位列所有企业类型最后。

② 按照习近平总书记在2017年10月18日召开的中共十九大报告中的呼吁和论断,"我们呼吁,各国人民同心协力,构建人类命运共同体,建设持久和平、普遍安全、共同繁荣、开放包容、清洁美丽的世界"。"中国坚持对外开放的基本国策,坚持打开国门搞建设,积极促进'一带一路'国际合作,努力实现政策沟通、设施联通、贸易畅通、资金融通、民心相通,打造国际合作新平台,增添共同发展新动力。加大对发展中国家特别是最不发达国家援助力度,促进缩小南北发展差距。中国支持多边贸易体制,促进自由贸易区建设,推动建设开放型世界经济。"

容、普惠、平衡、共赢的经济全球化发展，从而反过来推动国内经济制度及企业的理性/法治化发展。

这种从沿海到内陆、从边缘性的一般行业/领域到核心性的关键行业/领域的开放影响深远。这一方面在很大程度上获益于既有的国际治理体制（尽管还存在不少尚待改进的空间），另一方面也很可能天翻地覆地调整既有国际利益格局（尤其是涉及"有无"而不是"多少"）。而且"稳定、融合、共同繁荣"的理想和"不稳定、分歧、分化发展"的现实（例如欧美主导国际秩序与中国主张的合作共赢国际秩序之间的争锋）也常常此起彼伏、相互纠缠（例如民间经济互相依存、政治军事安全上却难免紧张）。

为此，在国际社会结构逐渐定型/僵化、知识/资本/权力联盟不可避免的情况下，主动承担大国责任（而摈弃充当"搭便车者"尤其是摈弃充当破坏性的"搭便车者"，同时还需应对"中国崩溃论"和"中国威胁论"的持续干扰）的中国还将倡导合作共赢叙事/语境并创造性地提供中国国际治理方案。① 这一方面尤其要防范和化解传统国际势力理念和实践上的傲慢、偏见、误解、忌恨和攻击，另一方面还要避免过急和过激地从"弱势的受害者/失败者"叙事/语境转向"强势的胜利者/成功者"叙事/语境。中国正借由 G20 杭州峰会（推动构建创新、活力、联动、包容的世界经济）、APEC、世界经济论坛、"一带一路"国际合作高峰论坛等契机，通过新型全球治理体系（追求更为公平、合理、均衡、和谐，但中国主张对既有体系渐进完善而非大拆大建、另起炉灶、一蹴而就）保障下、综合实力后盾支持下的国际对话/合作处理好与原有国际秩序主导者（包括发达国家跨国企业巨头、跨国社会组织，尤其是国际权力、知识、金融、资源垄断集团）之间的关系。②

在后西方/后美国/后民主时代（美国内部重整经济格局和对外暂缓全球化进

---

① 按照习近平总记在 2017 年 10 月 18 日召开的中共十九大报告中的论断，"中国秉持共商共建共享的全球治理观，倡导国际关系民主化，坚持国家不分大小、强弱、贫富一律平等，支持联合国发挥积极作用，支持扩大发展中国家在国际事务中的代表性和发言权。中国将继续发挥负责任大国作用，积极参与全球治理体系改革和建设，不断贡献中国智慧和力量"。

② 近年来一些西方学者提出有关"中国冲击"China Shock 的看法，主要涉及出口膨胀、中国产能过剩和经济增长放缓等因素影响下对其他国家/地区产业、企业、就业、收入、基础设施及政治观念和格局等的影响。这些涉及成本/收益/风险方面的影响既有正面的（所以被"捧"）也有负面的（所以被"谤"，包括"中国威胁"论），两者往往同时存在且相互交织。令人啼笑皆非的是，发达经济体一边享受着发展中经济体"低工资""低福利""差环境"带来的丰富物资和低物价，另一边却咒骂着发展中经济体"低工资""低福利""差环境"带来的市场和就业竞争压力（其中还夹杂着对社会和环境问题的关怀）。

程、欧洲内部矛盾激化和对外扩张停顿),全球经济①及其治理格局趋于重塑,这种治理方案更易显得特色优势显著。中国将继续反思民族主义/工业主义/技术主义/军事主义的弊端,秉承天下主义/世界主义/人文主义/合作主义、基于顶层共识和基层项目协调整合个体/局部利益,倡导构建人类命运共同体、共同建设"持久和平、普遍安全、共同繁荣、开放包容、清洁美丽"的世界。中国推动贸易壁垒破拆、全球经济开放、发展机会共享的主张也得到 2017 年《财富》全球论坛(广州)的响应,其主题为"开放与创新:构建经济新格局",并聚焦"全球化"和"数字化"两大趋势。中国将更多作为推动新型经济全球化的重要领导者以及"一带一路"视阈内全球经济治理规则重要参与/制定者。其结果,至少要将国际"赢者通吃/先逃"现象及其国际消极后果控制在合理的范围,从而实质性地处理好国际开放、和平与发展之间的关系并助推/保障更可持续的全球化发展进程和更加良好的国内发展外围环境。国际"赢者通吃/先逃"现象包括发达/欠发达二元体制及其"阴影"下发达经济体相较于欠发达经济体,大型品牌商相较于代工商,前者对后者外向型、体制性/市场化的资源/利益提取、成本/风险②转嫁以及相应的外向型资本原始积累和政治经济上依附/去依附关系的变化。国际消极后果控制涉及从全球治理和公共产品提供的高度强调利益共进、反哺反育(例如共商共建共享等)、减少甚至避免零和博弈进而减少不被传统主导势力所待见。

三、中国经济可持续性转变的三大层面

更为特定而深远地看,"市场消费演变—企业发展转变—治理体制供给"正是中国改革开放中经济可持续性转变关键议题(政府与市场关系以及各自的职能定位/转变,涉及边界厘清、回归本位、良性互动)所涉及的更为基本和深入的三个层面。正如刘鹤(2001)[57]的看法,在有利于新经济发展的经济体制转制过程中,既有来自基层企业和消费者的动力,也有政府在发挥积极的主导作用。其

---

① 中国时任央行行长周小川于 2018 年 3 月 9 日接受记者访谈时谈到,"过去全球范围内的(货币)数量扩张和低利率可能逐渐告一阶段,中国未来经济增长将减少过去大量依靠资金支持的方式"。

② 一般包括相关的要素成本/交易成本、操作性风险/战略性风险。

中的企业发展转变包括边界内、跨边界两种基本形式，首先涉及是否转换发展框架和边界及其相应的游戏规则，其次涉及既定发展框架和边界及其游戏规则下的升级。这演绎着市场化背景下举世瞩目的"效益（效率×效果）、普惠、绿色"三大经济可持续性转变主题和"科技创新和制度创新双轮驱动"重大命题，见证着中国企业大规模系统性地从生死/存亡认知底线阶段、盈亏/贫富认知底线阶段迈向强弱/荣辱认知底线阶段（同时也需要留意局部的差异性以及警惕局部甚至全局性的反复/倒退）。这也是中国系统性地协同"改进生产生活消费、创新自主技术品牌、塑造经济治理体制"持续培育和发挥新型大国可持续国际竞争优势（尤其是保留性/升级性的效率优势、新增性的标准/质量/品牌优势）的过程。

其中的消费者、企业和政府需要明确和彰显主体性并互动性（嵌入性而非交易性）地为自身/行业/地区/国家甚至全球提供更多发展动能方面的结构性（而非仅仅应急性）绩效/贡献。彰显主体性意味着各方守土有能有责。例如，消费者的消费行为更加自主、个性化，企业因为基于自主经营管理权提供更加定制化的产品/解决方案而更具主体性，政府因为响应市场的体制诉求提供更加定制化的体制而更具主体性，三者超越主流经济学有关信息完全的严格假设并追求合理变化而非追求主流经济学所称的最优均衡。

如此一来，才能终极性地推动中国各地各级相对独立而又亟须密切互动（裂变和聚变相统一）的科技创新主体/中心/集群发展并体现出其在促进国家创新型发展中的结构性绩效/贡献。这种集群一般包括国家级（包括高校/科研院所）实验室、国有/民营/外资大型企业研发中心、草根研发力量等（所谓大型企业顶天立地、中小企业铺天盖地），涵盖基础研究、应用研发、大规模/小规模制造/分销等环节。国家级方面，《中国制造2025》提出，坚持"创新驱动、智能转型、强化基础、绿色发展"，到2020年打造15家国家级制造业创新中心/工业技术研究基地，确定在包括机器人、先进医疗技术、半导体和新能源汽车等在内的10个制造业领域中国要在国内市场占主导地位，且应当具备国际竞争力。深圳于2017年8月出台的《深圳市可持续发展规划（2017—2030年）》提出，"在核心芯片、工业母机、5G移动通信、石墨烯、机器人与智能装备等领域新建一批国家级、省级、市级工程实验室、工程研究中心和企业技术中心。培育一批本市企业进入世界500强"。

眼下"促进大众创业万众创新"（当然必须注意尤其是在非国计民生行业基于内生要素禀赋与内生比较优势进行专业分工并紧密合作，而不能"一哄而上、一哄而散")、"增加公共产品公共服务"(配置专业服务资源/能力并健全激励约束机制促进养成/发挥/保持公共服务意识、态度和能力将非常关键)正是中国通过体制变革打造发展"双动能"(改造提升传统动能①、开发培育新兴动能)而在治理体制方面配备的另一对"双引擎"。上海在示范性地将"自贸试验区的制度创新与科技创新中心的科技创新"相结合,其他自贸试验区也在进行类似的拓展。2016年9月23日开幕的"2016浦江创新论坛"则以"双轮驱动:科技创新与体制机制创新"为主题,强调"科技创新、制度创新双轮并驱,实现创新链、产业链、资金链、政策链相互交织、相互支撑"。在中国广阔的农村电商领域,企业和政府也正寻求更加有效的联接/合作方式。2017年中国有关部门采取增加消费领域特别是服务消费和绿色消费有效供给、开展加快内贸流通创新、推动供给侧结构性改革扩大消费专项行动等多项举措促进居民消费扩大和升级。相较于发达经济体,中国围绕这三个基本层面进行的特殊的经济可持续性转变实践(无疑也充满着浪漫主义的情怀和色彩)本身就尤其亟须高度本土化的理论性的总结/提炼/升华,并有助于响应前述社会技术体系转变多层次视角理论亟须拓展的诉求。

(一) 综合观察中国经济可持续性转变三个层面的基本视角

对这三个基本层面的观察需要综合考虑到有关经济社会系统发展转变实践和研究的两种基本视角:市场供求(本质上的核心主题是发展)和市场治理(本质上的核心主题是改革)。人们常常更容易主要、分别、单一地关注和考察市场消费演变、企业发展转变或者治理体制供给。但更要看到,任何市场经济体中,正是这三者之间周而复始的相互作用(所谓"市场"和"市长"角色分明/交相辉映②,尽管总是存在彼此的越界/压制及对此的应急性/结构性反思和调整)才决定着整个经济社会系统的发展动态和秩序。

这三个基本层面实际上(尽管可能比较隐性、难以发现)相互联系/联动的演进过程和路径明显体现着"惟改革者进,惟创新者强,惟改革创新者胜"的

---

① 所谓用新的技术/产品/模式展示"传统/旧事物"(甚至有企业称之为"创旧"),为满足并未消失甚至大量增长的实质性的市场需求提供赖以获取的新场景和新入口,体现为新技术/产品/模式在传统领域的落地。一些企业收购传统产业资产,并运用互联网等新技术/思维加以改造,也能取得不菲成效,但是需要协调处理好新技术文化(例如互联网文化)和传统技术文化之间的关系。

② 在个别地区甚至已经/正在上演着以"劝阻、罚款、围堵、驱赶"等为典型形式的非建设性的"猫鼠游戏"。

第三章　实务观察：基于 MLP 的中国经济可持续性转变

铁律，体现着"改革未有穷期，创新正当其时"[20 世纪 80 年代"中国城市经济体制改革先行者"（步鑫生语）]的紧迫。早在北宋时期，苏轼当时就盐业经营提出协调处理好"诱商"（进入市场）和"制商"（征税）之间的关系。这也集中渗透于中国眼下在"工厂/世界工厂"语境下为响应经济/社会/环境等领域深层次矛盾/问题/诉求的重大关切而做出的整体努力。深层次矛盾/问题包括传统的劳动力等要素成本优势削弱、创新发展尤其是内生型的探索性创新发展动力不足、收入不平等比较严重等。这种整体努力就是，为摆脱房地产依赖、迈向世界科技强国（中国制造发展转变赋予制造、质造、创造、智造更新的时代内涵和色彩，尽管面临房地产价格已经高企、社会消费增长乏力等巨大压力）而开展"大众创业、万众创新"及相应的供给侧结构性改革（不断扩容和升级的自由贸易试验区为典型）。

在这个进程中，无论是市场消费者、企业，还是政府部门，都需要在"游戏规则"/操作实施层面秉承"双元性"创新视角寻求"重启（Reset）/优化（Refine）""重构（Restructure）/新建（Rebuild）"之间未必是非此即彼的权衡。如此一来，不断完善中国特色社会主义市场经济体制，不断优化既有的或塑造新型的商业文明秩序，重塑/稳定中国经济增长模式（从寻租/价值分配型走向投资/价值创造型）和组合动力，拓展可持续的中国经济增长潜力（潜在增长率）及其整体国际竞争力，推动整个国家经济从高速度增长阶段（"镀金时代"）走向高质量发展阶段（"进步时代"）。按照时任中央财经领导小组办公室主任刘鹤于 2018 年 1 月 24 日在第 48 届世界经济论坛上所称，这意味着"从总量扩张向结构优化转变，就是从'有没有'向'好不好'转变"。

为达到这种根本目的，中国除了强调新型要素投入（尤其是质量型人口红利）和市场需求拉动，还对供给侧结构性改革视角下的科技创新和制度创新的协同互动寄予厚望，也就是要寻求高质量发展阶段高质量市场需求、高质量企业发展和高质量治理体制的协同。眼下，在渐进变革视角下，尽管仍受制于既得利益格局（社会阶层）固化的"窠臼"，中国已经/正在努力超越就产业政策应该"有无"（往往"非此即彼"）、实际成效（往往局限于财务绩效）甚至如何制定有效产业政策的狭隘争论，不遗余力地进行面向普惠现代化的发展方式转变和经济治理体制建设。也就是引导或者需要引导各界的智慧和精力尽快转向政府如何主导治理体制建设、市场如何主导商业创新及两者如何良性互动上来。就在 2016 年 4 月中旬，中国国家发展和改革委员会在 2016 年全国经济体制变革工作会议就提到,要"更好结合体制机制创新和科技创新,系统开展全面创新改革试验,完善创新驱动(innovation-driven)发展体制机制"。2016年上半年出台的《上海系统推进全面创新改革试验加快建设具有全球影响力的科技创新中心方案》也提到,要"最大限度减少政府对企业创新创业活动的干预""探索建立符合创新规律①的政府管理制度"。中共十九大报告提出"贯彻新发展理念,建设现代化经济体系"以及"必须坚持质量第一、效益优先,以供给侧结构性改革为主线,推动经济发展质量变革、效率变革、动力变革,提高全要素生产率,着力加快建设实体经济、科技创新、现代金融、人力资源协同发展的产业体系,着力构建市场机制有效、微观主体有活力、宏观调控有度的经济体制,不断增强我国经济创新力和竞争力"。为此,政府甚至还可以不惜继续利用"有形的手"从地理/经济/政策/法律等意义上跳出既有格局、开创近似"一张白纸"的试验基地,尽管通信交通条件的改善及相应新型"虹吸效应"的产生会使得期望效果的实现存在变数。

(二) 属于演进中市场行为系统的市场消费和企业发展

作为中国特色市场经济体制中市场行为系统(市场系统/生产力系统)的供求双方,那些小众或大众化的产品需求者/供给方本质上更多是市场中的内生/内控/自控型动力性力量。其好奇心、成就梦想、智慧、自由探索需要被"放手搞活",主要是"兴/衰律"的体验者及体制诉求的提出者与检验者,也是影响和控制作用最为深刻、体现市场激励/约束性(尽管相容性也存在变数)作用、自由创造/发挥资源/能力禀赋的关键力量。作为提出者,需要并可能参与建设一套能决定可被承受的商务成本的治理体制,与治理体制相关的这些商务成本一般包括要素成本和交易成本在内,但主要是制度性交易成本。作为检验者,尽管很可能存在一定的变数和时滞性,这往往取决于供求方的政治经济社会地位高低/权力强弱以及治理体制当局对这种地位/权力的认可和尊重程度。

市场供求双方在资源配置中要自由而有效地融合生产者(而非资本/生产主义,甚至"万事万物皆被资本化""彼此资本化")和消费者(而非消费主义/攀

---

① 实际上很多中小企业甚至小微企业才是原创、探索性创新成果(以及大型企业技术收购)的源头。如果政府管理上以规模方面的准入门槛进行政策和资源方面的配置,那就有违创新规律了。在各层级科研项目资助方面,多头分别立项(国家科技资源配置就涉及科技部、发改委、工业与信息化部、国家自然科学基金委、教育部等多个部门)、预算管理"重物不重人"、立项和拨款时间不衔接/一致、报销困境重重等都是不符合创新规律的体制瓶颈。

比主义,甚至攀比性地"万事万物皆被消费""彼此消费")的智慧。这种融合要为基于内生性的要素禀赋和比较优势、搭乘政府塑造的必要的外生性的要素禀赋和比较优势而发挥主导性(决定性)而非屈从性的作用。而且这要重在兼顾经济效益性(或财务盈利性)和社会合法性基本原则发挥无限且有效的作用,从生产流通层面为特定个体(个人/企业)、地区和国家的实力和信用创造可靠的基础。这当然还需要有利的治理体制条件①(或打破体制宿命,并通过各种形式参与体制创业创新②去争取)。这种努力意在打破/参与打破一切不必要的治理体制并重塑/参与重塑新的治理体制。需要注意的是,其中不乏企业通过资助相关研究及其成果发表去影响公共政策及治理体制的重塑。毕竟,在新形势下任何试图控制一切的体制意图/努力都不再奏效。而且,相较于治理体制供给方(治理体制的主要建设或者改革者)而言,市场供求双方是第一位的。因为,治理体制本身不是目的,治理体制供给方不能仅仅追求体制本身的存在感(Presence)、更应追求被市场供求双方需要的程度及其有效满足这些诉求的程度(Performance)。从这种意义上看,市场供求双方还可能成为治理体制创业创新的重要参与者/贡献者。

产品需求者③(主要包括生产消费者和生活消费者,包括科技等要素消费者及相应产品消费者)一般是来自国内/国外的个人/机构/政府/非政府组织等,其不断演变(包括升级和转型)的市场消费④实际上(尤其是在市场经济发达情况下)外生性地成为终极性的体制变革策源地、检验地(需要可靠的产品供给加以满足。相较于产品供给方而言是第一位的,毕竟产品供给本身不是目的,产品

---

① 在治理体制方面,企业也需要充分发挥企业家精神、准确地把握大势。例如,逐渐出台的《互联网诊疗管理办法》对互联网诊疗划定极其严格的准入标准,很多平台一旦预测不准、应对不及就将被洗牌出局。

② 在企业政治研究领域,这是企业处理外部关系的非市场战略(non-market strategy),涉及针对政策与监管的政治活动(corporate political activities)和政治战略(corporate political strategy)。可参阅:马浩.战略管理学50年:发展脉络与主导范式[J].外国经济与管理,2017,39(7):15-32.

③ 本书的市场需求主要是指使用价值导向的商品消费需求,侧重对应于实体经济发展;而股票、债券、房地产等方面的持有价值导向的投资需求,侧重对应于资本运作(虚拟经济发展)。需要指出的是,至少在中国,投资需求与企业发展转变甚至治理体制供给的微妙关系(所谓要素泡沫尤其是房地产价格泡沫诱导/冲击下的"泛金融""脱实向虚""避实就虚""重虚轻实"问题,大量精英人才、宝贵资源过度流向和沉淀于价值分配和利用性学习主导的"大钱""快钱"性的金融/"泛金融"等价值活动,亟须的价值创造和探索性学习活动在效率性和公平感方面被严重压抑和挑战)也非常值得深入探讨。

④ 按照中国贸促会研究院时任研究员赵萍的看法,消费升级的三大趋势在于"品质消费进入爆炸式增长阶段、品牌消费进入去符号化阶段、消费者还在追求品类消费"。在一些体育用品公司创始人眼中,中国体育消费已从运动概念式消费向专业运动消费过渡。

供给方不能仅仅追求产品供给本身的存在感)。只要合理促进、保护和规制,市场消费就能不断演变并源源不断地为企业释放出巨大而宝贵的市场机会和潜力。在不少行业,下游采购商甚至主动介入/帮助上游供应商进行成本/技术/产品/模式创新以满足自身更高的需求(例如要求并帮助供应商每年降低一定百分点的价格)。

以自然人消费者市场为例。机构消费者消费行为尽管显著不同,但市场消费演变趋势则基本类似。例如,钢材需求方日益普遍需要更专门、特种、精细、可持续的钢材,产业界日益普遍需要兼顾先进性、适用性、经济性的科技等要素及相关产品。中国市场消费演变的典型标志就是从数量型消费向精致型消费的转变。而且,其主体逐渐从"70后"转向"80后""90后";地区协调发展和交通通信条件改善推动下规模和增速重心逐渐从一线、二线城市/地区转向三线、四线等低线城市/地区;可支配收入增长/消费信贷和保险①/先进支付工具等推动下从必需品转向非必需品。同时,人民币币值和各种地缘政治因素的变动还会影响到这些类型的消费在国内和国际之间的分布,房地产销售/租赁价格和社会保障水平的变化也会影响到这些类型的消费在代内和代际之间的分配。

这突出表现在,城市化和消费拉动增长模式下,人均年收入迈向8000多美元、1万美元,进而迈向更高水平阶段,消费者的传统型/物质型/生存型消费向新型/服务型/发展型(享受型/品质型)消费的转变②,整个国家日益从一个偏物质性(有形物品)消费的中国转向重精神文化性(无形服务)消费的中国。这可能与更高的人单价关联,但是需要警惕仅用人单价测量这种消费的演变(毕竟存在税费、房租、物价、过度营销压力下的价格泡沫)。这往往与以下因素相关:可支配收入提高(金融资产、住房资产快速膨胀且住房资产数倍于金融资产③);教育水平提升、消费信息和知识更加易得/丰富;消费者主权更加彰显及

---

① 中国保监会于2017年7月发布的《保险销售行为可回溯管理暂行办法》要求,"通过对保险公司、保险中介机构保险销售行为可回溯管理,记录和保存保险销售过程关键环节,实现销售行为可回放、重要信息可查询、问题责任可确认"。

② 中国工业和信息化部于2016年8月5日发布的《轻工业发展规划(2016—2020年)》提道:"城乡居民消费结构正在由生存型消费向发展型消费、由物质型消费向服务型消费、由传统消费向新型消费升级。"光明食品集团与荷兰合作银行于2015年11月13日发布的"2016中国食品产业发展趋势报告"称,中国市场的食品需求增长由过去的"数量驱动"逐渐转化为"价值驱动"。

③ 在高杠杆驱动的情形下,这种短时间内的财富效应及其消费效应固然十分可观,但是一旦流动性状况及房地产价格水平和走势根本性/负面性扭转,则将产生同样巨大的反向效应。对此,中国政府、银行及消费者需要高度警惕、未雨绸缪。

网络购物渠道更加发达；等等。在这样新型环境下的中国消费者眼中，产品不仅要质量好、有效果，还要能满足消费者情感、美学、文化等更高层次的软性需求。蓬勃发展的文化消费和才艺培养需求就是力证。尤其是除财产保值增值之外，还有可持续/负责任的消费，注重包容 Inclusion 中的其他维度——正直/安全/健康/环保 ISHE——但是并非正直主义/安全主义/健康主义/环保主义——等日益主流的价值观。更进一步，消费者对产品本质有了更广泛深入的认识，更加注重产品本质上作为解决方案的服务理念，而且纵向整合化和横向一站化的解决方案（服务）备受推崇。

更大规模的消费者还愿意在创新采用（innovation adoption）的更早阶段、更高要素成本水平（从而在更高价格水平吸引和利用高端要素）上大规模/高频次地消费更具可持续（低碳、绿色、健康、安全）、高品质、高附加值和低交易成本特征（确定、公正、透明）的升级优质产品。例如，消费能级的提高；服务性/优质型消费（零售、手机、新能源汽车、智能通信、旅游、文化、体育、健康、学前和职业教育、养老、理财等）比重的上升；消费对经济增长的贡献率恢复性地提高；服务经济可持续性转变（服务业已经成为第一大产业）；以及传统产业升级/新兴产业发展对信息化/智能化生产性技术/设备/服务的需求上升。这要求供应商更高水平地通过"增加品种、提升品质、塑造品牌"以提高客户待遇并遵守职业操守。复兴国际集团 2007 年以来就开始紧盯消费者对"富足、健康、快乐"生活方式的需求。不过，需要警惕的是，市场化名义下一味"价高者得"的话，中低收入者却将更加无力、不敢消费，因而在规制优质产品供给和保障优质产品消费包容性方面政府和社会还需有所作为。

更关键的是，中国年轻一代消费者/生产者（Generation Y，一般指出生于 1977~1994 年）作为主流买/卖方的主体性［反映在自我—他人指向（self-other focus）］（Markus, Kitayama, 1991）[66]变得更加强烈。其更加独立性/自主性/个性化，即具有更强的自我指向（self-focus）、独立型自我构念（independent self-construal），而不是更强的他人指向（other-focus）、依赖型自我构念（interdependent self-construal）。这些消费者的产品需求（以及衍生而至的体制诉求）更具个性特质和质量高度（尽管仍需要必要的价值观引导/规制）、不容忽视并被荣宠，其甚至作为产消者（Prosumer）的价值共创绩效/潜力还将显著影响供给方的创新行为并直接/（通过供应商）间接地作用于并检验主要来自政府的治理体制供给。这种更具主体性/高层级的市场消费（从物品消费到服务消费、从生活消费到投资消费）固然不乏吸引力，但也将增强市场不确定性及其冲击力，这种更强市场不确定性及其冲击力下的产品/体制供给方的各方匹配效率/体验营造能力/细致服务能力/快速复原力/甚至新生力（反脆弱性）将备受严峻挑战。

产品供给方一般是来自本土/国外不同所有制及法律形式的企业等。在所在经济体/地区/行业市场化竞争机制比较/更加完善（从而市场供求互动而非政商互动更加关键/密集）的情况下，为实现经济可持续性转变，其需要在市场导向理念（市场驱动/驱动市场[67]）指导下，界内/跨界、开放性/创新性地运作"市场情报收集—市场情报扩散—市场情报响应"（Ajay K. Kohli, Bernard J. Jaworski, 1990）[68]三个基本环节之间的建设性循环并确保和提升生产力及产品附加值。这包括，企业在内部治理/管理方面进行制度创新（例如如何确保董事会/高管团队权力独立、责任落实、考核合理），利用移动互联网等手段开展技术层面①的可持续性创新、营销和运营（含智能化的研发/设计/制造/分销/服务）。

尤其是在移动互联网、人工智能等背景下，企业要汇集世界主要技术潮流、不断提升科技基础、聚合产消者的价值共创活动、加强"人本计算"，从而综合考虑计算机技术、消费者需求与社会、环境等因素开放性地提供解决方案。除此之外，企业还要在以政府为主的外部治理体制建设方面利用价值创造力、体制博弈力和资本影响力积极准备/参与（可能以正面/建设者的身份，也可能以负面/破坏者的身份）体制创业而非消极等待以免因为治理体制瓶颈（赤字甚至治理能力衰败）而陷于创新者窘境。例如，在政府引导下成立和运作产业投资基金；领先的民营企业联合创办和运营民营投资控股公司；领先的新能源汽车企业带头自建/合作建设充电站和充电网络；无人飞机研发、制造、分销及其驾驶人员培训开发方面的相关标准/规则/体制建设；一些高科技公司参与政党竞选募款甚至还设立专职争取政策体制支持的政府事务部或政治行动委员会；等等。当然，相应地，为促进和保护这种民间体制创业创新的积极性和创造性，还很有必要对相应的"搭便车"现象进行规制，对相关的引领者进行合理合适的补偿。也正是因为这样，大多外生性的治理体制（企业仅仅作为既有治理体制的接受者）将日益具有更强的内生性（企业还作为新型治理体制的建议者和建设者）。针对这一点上的重大转变，理论界和实务界都需要高度关注。

---

① 技术来源一般包括自己研发、投资/收购、非股权合作、市场买卖等。

企业不断创新技术和制度并转变创新模式以适应或者引领市场消费演变。当然也需要在洞察力、定力、执行力和自制力方面经受多重严峻考验，而且需要警惕技术主义、创新主义等技术/创新决定论。这意味着，只要得到有竞争力的营商环境下合理的促进、保护和规制，企业就能源源不断地释放出蓬勃的创业创新活力并持续提升现代产业体系及其竞争力的水平。如此一来，企业实际上还外生性地成为中介性（需要感知、反映和响应来自市场的需求并继续向体制供给方传递这种感知、反映和响应）的体制变革策源地、检验地。这样久经考验的高竞争力企业及其产业/产业链/产业集群也才能成为持续支撑对于中国而言日益重要的自主/内生性基础货币创造的坚强根基。这从而还利于助推中国摆脱基于外汇占款——尤其是美元外汇占款——的他控/外生性基础货币创造机制及被迫锚定美国财政金融状况和政策的困境，逐渐形成和巩固自主/内生性、他控/外生性双轮协调互动的基础货币创造机制。

（三）中国市场行为系统中企业发展的独特转变

随着特定行业、产品市场生命周期及所在国家/地区经济发展阶段的演进，市场供求双方的谈判地位（格局）在根本性地转换（大体上从数量/结构性的供不应求到数量/结构性的供过于求），企业主营业务主导性的创新模式及其驱动下的产品供给模式（甚至其背后顶层性的产权/治理/管理结构/机制）也在/要发生转变。也就是说，企业需要在更高要素成本（当然也需要积极争取公平竞争和利用技术进步提高效率），但更低交易成本水平上提供更具市场吸引力和高附加值特征①的产品（从成本导向转向价值导向，踏踏实实地创新技术/产品/模式，并加强集约经营与管理以有尊严地获取持续足够高额的市场认可）。这也就是英国学者查尔斯·汉迪所提到的要有机衔接"第一曲线""第二曲线"（"必须在第一条曲线到达峰值之前就开始，只有这样才会有足够的资源来弥补初期的投入"）。一些企业将典型地经历"选订单—找订单—愁订单"的基本过程，并需要及时开启另一个类似的过程。企业的这种转变并不容易，动力存在较多不确定性，而且很可能存在特定的时滞性。因为这一方面受益于不断进步的交通/通信/生产科技进步和市场的更加统一，另一方面又考验着企业"双元性"视角下在

---

① 这里有一个重要问题，究竟谁在从事低附加值活动？可以肯定的是，在任何企业都不可能从事全部价值活动而低附加值活动又不可或缺的情况下，高附加值活动从事者和低附加值活动从事者之间需要相互尊重、合作共赢，而不是相互榨取、零和博弈。

短期（低投入）/长远（高投入）、保有（传统引擎/动能/增长点）/开拓（新兴引擎/动能/增长点）、传承（扬弃）/创新、确定（低风险）/不确定（高风险）之间协调平衡的高超艺术甚至"壮士断腕"的胆魄。

一般来讲，对于现代原创技术/产品/模式的发生地（尤其是欧美发达国家/地区）产业发展而言，在产品/产业生命周期演变过程中，企业发展模式及其产品供给模式的组合存在以下转变。早期，更多是探索性创新（Explorative Innovation）（"飞天入地/天马行空、盛行理想/梦想/故事/概念，但也注重落地性的产品/技术/模式/产业"，尤其多发生在超宏观/微观世界，正如孔子所言"其大无外，其小无内"）和推式（Push Approach）供给模式的组合。这在欧美多轮工业化进程中的发明家/企业家（爱迪生、富兰克林、福特、比尔·盖茨、乔布斯、马斯克等）身上得到充分的体现。后来，更多是利用性创新（Exploitative Innovation）（"待在地球/脚踏实地、讲求实用/现实/事实/市场，但也不讳言梦想/故事/概念"，尤其多发生在中观世界）和拉式（Pull Approach）供给模式的组合。

但是，对于改革开放以来的中国而言，饱含危机和忧患意识，经历很久才逐渐走出起点低落/底子薄弱/百废待兴（甚至担心被开除出"球籍"），以及产品严重供给不足的困境（尽管至今仍存在很多优质产品的供不应求以至于海淘/代购盛行），其改革开放、企业发展（尤其是自主核心技术和制度创新）则经历过十分独特的转变。早期，注重由计划经济体制渐进地转向市场经济体制和对外开放。计划经济实际上是"命令经济"，真正的计划经济是厂长负责和专家治理。扬弃计划经济体制不能抛弃计划的灵魂。计划的灵魂更多是整体论下对整体合作协调的追求，其灵魂仍然可贵，其实现形式需要与时俱进。转向市场经济体制实质是政府/企业逐渐认知、接受和实行以"用户为中心"为核心特征的市场导向。走向市场经济体制则需要尊重市场的灵魂。市场的灵魂更多是还原论下对个体分工效率的极致甚至异化性的追求，本质诉求是需要开放和去除一切限制市场厚度和纵深度有效/高效扩展的障碍。对外开放意在西方资本过剩/重新配置/对外转移背景下出口换汇和大规模"引进外来资金、先进技术和管理"。这些资金、技术和管理当时具有重要作用，所不同的是，后续创新潜力方面有的技术和管理更大、有的则更小。其实，近代洋务运动时期中国的对外开放就已开始，20世纪50年代有立足内地面向苏联的开放，20世纪70年代有立足沿海/城市面向欧美的开放，但这都与中国历史鼎盛时期曾经的输出国地位反差实在过于悬殊。后来，则注重自主创新驱动和完善市场经济体制，在对外开放方面重视建设新型开放经济体制、参与全球经济治理、提高开放经济质量（适度"优进优出"）、应对全球高强度/高层次竞争。尤其是在国内需求庞大，但自主自给异常关键的战略性行业/企业，以及知识技术更新快、人才流动快、市场反应要灵敏的"四新"领域——新技术/新产业/新模式/新业态，包括新工艺/新材料/新设备等，特别强调自主探索性创新驱动（尽管会面临来自传统优势国家和企业的全面压制），一来可以提升自己的全球价值链地位，二来可以有力回击西方在知识产权方面的指责和贬抑。

因此，从总体上看，中国企业（尤其是国有独资/控股/垄断行业企业）主导性的发展模式倾向于从利用性创新（Copy to China/Now）驱动的粗放型发展转向探索性创新（Create by China/for Future）驱动的集约型发展（这就是本书聚焦的企业发展转变，也可称之为内涵式发展）。这可以从中国的研发投入强度和产出方面的统计数据上得到印证。① 粗放型发展在既定框架下决策创新（Innovation Decision within Existing Framework），侧重点在维持性和封闭性的"企"字上，注重在外在环境尤其是政府政策驱动下追求规模/速度/数字。集约型发展不仅是经济技术意义上的集约，而且是社会/环境意义上的集约，意味着在新框架下决策创新 Innovation Decision among/between Emerging Framework，侧重点在开创性和开放性的"业"字上，注重在内在战略资源和核心能力驱动下追求质量和效益。

由此可见，更准确地讲，中国的可持续性转变尤其是中国制造业的可持续性转变不仅是走向更新更高水平的中国制造、创造和智造，而且更大程度上是从利用性创新驱动为主到探索性创新驱动为主。其中的产品供给模式则倾向于从"推式"转向"拉式"（可称为产品供给转变），于是体现出中国本土"错配"型的特色组合：早期（政策驱动型经济增长阶段）企业主要采取利用性创新和"推式"供给模式的组合，后来（市场自主型经济增长阶段）企业则主要采取探索

---

① 1996~2013年，中国研发投入占GDP的比重从0.5651%升至2.0147%。2005~2015年，中国本土企业研发投入从12亿美元增长至394亿美元。世界经济论坛中国理事会于2016年10月发布的《中国创新生态系统》报告中提到，中国各类众创空间已超过2300家，科技企业孵化器、加速器超过2500家。时任科技部部长万钢在2017年1月10日表示，2016年中国研发支出约15440亿元，约占GDP的2.1%（实际为2.08%，在12年里从1%提升到2%）。时任科技部部长万钢于2017年1月10日表示，2016年中国发表SCI论文总数为29万篇，被引次数全球第四。2016年中国发明专利申请量世界第一；有效发明专利保有量超过100万件，位居世界第三。根据统计，2017年中国全时研发人员数量世界第一。2017年研发经费投入1.75万亿元（比上年增长11.6%，总量仅次于第一的美国），约占GDP的2.12%。2017年中国发明专利申请量连续七年全球第一。截至2017年底，中国国内（不含港澳台）发明专利拥有量共计135.6万件。

性创新和"拉式"供给模式的组合。早期的组合是一些在华跨国企业曾经凭借成熟技术/产品/模式以及当时还很稀缺/独特的"用户为中心"经营理念就能轻松攻城略地的基本原因。① 一些国内"山寨"企业及其配套产业链/群也借此异军突起、如火如荼。后来的组合也是一些在华跨国企业将来必须凭借新兴/本土技术/产品/模式以及更为独特的"用户为中心"经营理念才能可持续生存发展的基本原因。② 那些国内"山寨"企业及其配套产业链/群为此也不得不转变创新模式和供给模式。

不过,再加之中国市场上企业市场化导向的形成一般滞后于创新模式的转变。典型的例子就是高度集中的计划经济年代中国的电子、核电、计算机、飞机等行业也出现过大量探索性创新模式及成果。这种"错配"使得探索性创新阶段仍然需要正视"推式"供给模式和"拉式"供给模式并存的现实甚至需要创造性地扬弃"推式"供给模式。尤其是在"无人区"型的创新领域(正如海明威所言,"我们必须习惯,站在人生的交叉路口,却没有红绿灯的事实"),无人关注、"大鱼"很多的深水区域,"推式"供给模式几乎就是必然/唯一的选择。因此,这并不排除不少企业短期内需要在二者之间管理张力(传承/创新、重启/重构)、寻求协调。例如,对于医药行业而言,原创药的研发毕竟需要令人望而生畏的人力、物力、财力和时间投入,高质量的仿制阶段或许不可或缺;对于不少高密集度投资于传统制造业和房地产业的中国民营企业而言,眼下还同时面临着代际传承和可持续性转变的双重挑战。这意味着这种张力管理和协调寻求③很是艰险,但肯定也不是"非此即彼""一去不返"的简单选择。当然这也不排除某些中国企业(例如华为等)已经超前/超脱于这种总体趋势。华为很早就从依靠成本/价格优势、客户服务和快速模仿能力转向基于高额研发强度的创新驱动

---

① 在中国制造业占主体、本土竞争同行实力不济的经济形态下,"地头力"(本土知识和能力)似乎没有那么关键,足够先进的技术优势和足够大的市场规模相结合下的全球化/标准化/大众化研发、设计、制造和分销就很容易成功。

② 在中国服务业占主体、互联网服务业比重显著以及本土竞争同行实力大增(注重全球范围内的自主创新和品牌营销)的经济形态下,"地头力"(本土知识和能力)非常关键,一直先进的技术优势和足够大的市场规模相结合下的本土化/差异化/个性化研发、设计、制造和分销才可能成功。否则,企业迟早陷入"价值陷阱"。拥有技术优势、信心满满的谷歌,软件设计公司 Adobe、亚马逊、Uber 中国在中国市场的拓展并不理想,就是力证。

③ 看重自己独立性和个体价值实现的第二代强烈地倾向于逃离源自上辈/前辈的"阴影",通过自主而非跟随上辈/前辈的内部创业孵化(内部受哺/反哺)、外部创业孵化(通过合作、新建、并购等方式"另起炉灶",外部受哺/反哺)寻求传统业务发展转型和新兴业务培育开发之间的协调。

企业发展，不搞金融、不炒房地产，逐渐从"创新海绵"（innovation sponge）走向承担更高不确定性、探索未知领域、引领行业进步的创新领导者。而有些中国企业则拒绝实质性地（甚至永远不会）实现这些转变。在此还需特别指出，这两个基本阶段的创新模式和产品供给模式越是差异巨大（相应的基础水平越低），两者之间的张力管理和协调寻求越是艰险和富有挑战，就越是意味着中国经济/产业/企业的可持续性转变具有更充分的余地、潜力、韧劲、可能性和前景。对于这种从注重短期利益到注重质量型发展的转变潜力和前景，中国政府/企业/居民需要加以战略性的信任、重视、珍视并充分自信。

较具体地看，可将中国改革开放分为两个基本阶段（在此需要实事求是地看到，改革开放前近30年的工业体系建设和运行为之后的技术引进和重大技术突破准备了知识、能力和经验方面的基础）。一是改革开放初中级阶段。其大致时间段为改革开放（1978年）以来尤其是1987年土地制度改革，1988年外贸/住房/高等教育/大学生就业等制度改革政策陆续出台，1992年邓小平"南方谈话"，1992年中共十四大正式确立"我国经济体制改革的目标是建立社会主义市场经济体制"，1994年分税制改革，1998年从企业经营机制转变转向企业产权制度创新以来到2012年中共十八大的召开。该阶段聚焦于市场化导向下经济领域重大问题（追求物质性富裕和体魄扩张，催生大量"巨婴"）的解决。得益于市场化改革和旺盛的国际市场消费，1979年到2012年中国货物出口保持约20%的年均增长速度。其基本特征如下：政策驱动型经济高速增长〔也有国内学者称之为全能型/发展型/投资型政府驱动的经济增长，有西方经济学者称之为新发展主义视角下的发展型政府（Developmental State）以及政府主导型经济发展（State-directed Economic Development），税费基金以及政商关系密集型活动为主导〕；经济发展水平较低，尤其是城乡（郊）二元化明显（尽管仍存在频谱化分布）、行业/地区结构失调、工业化/城镇化/国际化/绿色化水平及其协调程度较低、大众富裕（中产）阶层体量有限、社会阶层分化显著；供给方绝对/相对强势（消费者收入水平较低、生产/生活消费水准要求较低，供给方主要关注生产的数量/规模、速度，热衷于进入国内外各种数量和规模标准主导的100强、500强排行榜）。需要指出的是，人们在诟病其核心技术缺乏、价值链环节地位低、产品价格和经济效率/效益低的同时也不要忘记，产品是用来用的，中国企业也因此为全球市场上尽可能多的消费者提供了尽可能买得起的更可能多的产品，因而中国企业在经济活动本来意义上实在也是居功至伟。该阶段，企业基本上/更多采取利用性（模仿性/适应性）创新①及相应市场供求格局下的"推式"产品供给模式（1997年的企业广告狂潮为证）和向"拉式"产品供给模式的转变（中国早在1993年就取消计划经济时代的票证制度，当年出现严重的通货膨胀。尤其是20世纪90年代中期以来市场总体上进入供过于求的格局），期末开始则亟须市场自主创新驱动（从而螺旋式地回归新经济中的"推式"产品供给）。

二是预期的改革开放更高阶段。其大致时间段为2013年以来（尤其是2017年中共十九大以来），聚焦于中国特色社会主义现代化和中华民族伟大复兴导向下经济/政治/文化/社会/环境领域重大问题（更追求精神性富裕，企业不仅要体魄强健，还要头脑理性、心智成熟）的协调解决。②该阶段的基本特征将是：市场自主型（实质上就是全球竞争力报告所指最新形势下的市场自主性创新驱动发展阶段，尤其是市场化发展导向的大众自主创业、万众自主创新，而且更多是探索性创新驱动。中国研发投入占GDP的比重自2009年首次突破1.5%以来到2013年首次突破2%）；经济增长中速；经济发展挑战更大（中国实体经济、进出口总体形势甚至持续"寒气逼人"，应该以民生福祉以及商商关系密集型活动为主导），尤其是城乡（郊）更加一体、行业/地区结构更加协调、工业化/城镇化/国际化/绿色化水平及其相互协调要求更高、大众富裕（中产）阶层体量膨胀、社会阶层分化亟须有效应对；需求方绝对/相对强势（消费者收入水平更高、生产/生活消费水准要求更高、不满足于多数量，还要求更高质量/更新/更独特的产品，供给方主要关注竞争压力下更高效率的生产工艺和更高的产品质量，包括借助各种合适形式和程度的金融杠杆开展大量国内外纵横向的存量整合/并购，实质性地追求更高水平的综合可持续性）。该阶段，企业更多/更需采取探索性创新（自主性/突破性，并要协调好举国体制/市场驱动之间及其内部国有组织/私营组织之间、消费类/生产类之间、基础研究和应用研究之间、技术/产品/模式创新之间的关系）及新型市场供求格局下的"拉式"产品供给模式，并兼顾

---

① 有学者关注到，中国在1986~2015年的国家自然科学基金中标项目中，绝大部分都属于跟踪研究，原始研究凤毛麟角。在食品饮料等行业和市场初级发展阶段，一些行业巨头依靠竞争对手模仿（而不是对消费者需求及其趋势的洞察）在短期内取得爆发式增长，但也为更高级发展阶段的可持续优质成长埋下隐忧。

② 在改革开放以来中国国家现代化布局方面，中国经历过"经济现代化"、中共十六大的"三位一体"（经济建设、政治建设、文化建设）、中共十七大的"四位一体"（经济建设、政治建设、文化建设和社会建设）、中共十八大的"五位一体"（经济建设、政治建设、文化建设、社会建设、生态文明建设）。中共十八大报告指出，"建设中国特色社会主义，总布局是经济建设、政治建设、文化建设、社会建设、生态文明建设五位一体"。

"推式"产品供给模式。作为对此的反映,传统资本密集型行业产能加速出清,对经济拖累减轻,"新经济/新产能"快速崛起、对经济支持提升。

更详细地看,中国改革开放进程中企业发展转变动态可被视为两型(Ⅰ型、Ⅱ型)正态化谱系式分布。无论是横向空间(不同地区/行业/企业)意义上,还是纵向时间意义上,其陡峭程度也很有意蕴(因为反映出特定时空下的内在整合性和对外差异性)。尽管最低水平/最高水平的极化现象可能一直同样大量存在,而两者之间的中间状态则更为普遍,且具备向上向下的强大张力和丰富可能,而且特定领域(地区/行业)治理体制的变化还可能催生在两大极化水平之间的摇摆。

其中,初中级阶段企业粗放型发展的典型特征如下。需要说明两点:一是特定地区/行业/类型的企业特定阶段还存在更加细节性的差异,甚至早已经具有更高级阶段和自主创新驱动型经济增长阶段的某些特征。① 例如,万科在成立以来多元化扩张10年左右之后聚焦专业化发展、重视关键人才、实施基于职业经理人制度的人力资源管理体系以及注重企业合规管理。1997年东南亚金融危机背景下一系列狂飙企业崩塌之后,不少企业开始主动步入理性(尤其是经济理性)发展的阶段。二是初中级阶段企业粗放型发展(尽管颇多狂躁和非理性扩张及崩塌)同样也在为高级阶段企业集约型发展提供相关知识、能力和经验方面的基础。

财富观上"理性人/经济人"假设主导(成功标准过于单一、物化,以外在价值和成功为基本特征的财务回报——经济可持续性——导向,"时间就是金钱、效率就是生命",甚至极端地表现出"拜物/主义""向钱看""拜金/主义""拜权/主义""食利/主义",严重偏离中国历史上长期的人本经济传统)、"偏重所有而非使用、偏重独占而非共享"(重资产型的所有权经济、独享经济、竞争经济大发展),相应的外部治理偏属怀疑式治理(自外而内的约束,重在"诊断和治病")、内部治理偏属委托代理范式(基于现代公司法和代理理论,假设管理者和所有者利益存在冲突、相互怀疑、管理者被所有者所支配)。

"以物为本"(土地、资金等资源至为关键,甚至物欲横流)、资本为尊(企

---

① 但是,长期适应于/沉浸入政策驱动型经济增长阶段企业/资产价值发现和实现范式的银行/债市/股市往往在相当长时间内在"异类"企业/资产价值发现和实现方面失灵(走心、失准、失手),甚至在其他相关因素——例如政策/信心面/资金面——的混合作用下造成严重打压/挤压,这种情况下监管者/市场参与者的长远眼光和操作智慧将备受挑战。

业普遍追求/甚至榨取最大利润——"浅淘滩、高筑堰"——涉及利润池的建造和利润分配,甚至资本至上,包括无监管、去监管、阻止/拒绝监管、简单的成本转嫁等——"万事万物"资本化,并力求金融资本和权力资本之间的结合达成利润最大化或成本最小/风险最小)、规模/速度/数字情结浓郁(以人口扩张型/社会—资源环境宽松型社会为根本前提,政策套利下投机型/无机型/外延式扩张,表现为行业的上游、中游、下游环节——主要在既有框架/边界内——经济规模意义上集中度的快速提升,容易短时间内"风光无限",但是长期而言则害怕失去、容易"过眼云烟"并且失去真正重大的机会)。

金融机构尤其是相关政府部门、商业银行在公平竞争审查薄弱背景下实际上规模偏好(重大轻小)/所有制偏好(重公轻私)/本地偏好(重内轻外)(传统激励机制下付之以金融/财务创新名义下超常规的信贷扩张——"铁/公/基"、房地产类固定资产信贷扩张、杠杆扩大和资产负债表膨胀,没能使得资金配置到社会回报最高的领域,并以牺牲其他相关部门的繁荣和效益为代价获取自身的寻租/分利型巨额利润)、风险规避和企业自身短期利益(短期收入/利润/市值/暴富等)驱动下做大——资产/产销规模——主导(往往对外昭示全产业链商业模式、一体化/多元化集团化发展模式以及其他诱人的商业概念,以至于多元化副业庞杂、主业不精不深、"巨婴"企业丛生,从而没能使得资源配置到社会回报最高的领域,并以牺牲其他相关成员的繁荣和效益为代价获取自身的利润),"外控论"(外部界定/外在规训/风习主宰)和外在压力下的跟随/跟风/跟跑/赶超,"粗犷论"下的粗放经营/外延式扩张,基于传统的人口/资金/土地等要素红利(侧重投入方面的测量计算,成本驱动为主)和数量型治理体制红利,从而低要素成本/但高交易成本地追求极致的"性价比"、低成本领先(甚而恐慌性地挤占发达经济体传统巨头的市场空间),催生大量体量巨大而心智不全、大而不强的"巨婴"企业,企业创造的经济/社会/环境效益所占比例与其获取和占有的资源所占比例不相称。

偏重归纳/高台/对称性思维(对标现有对手水平,争抢用户,往往虚假/虚伪地以用户体验为中心)。更多在界内/既有认知/价值框架中(不透明、不稳定、安全感弱的体制环境下企业倾向于短视性地待在比较确定或不确定性较为可期/可控的"舒适区",规避/限制创造性破坏/探索性创新,倾向于固守和不确定性冲击下的复原)管理"价值发现、价值定位、价值创新、价值攫取",沉溺/留恋于攫取(吸取甚至榨取)市场、单独抢占/合作分配既有的"蛋糕"(价值生态链/网/群）（"吃独食"），而且有形产品和无形产品大多分离（甚至弱化/缺失服务等无形产品）。

资源配置上倾向于基于传统要素优势的利/税/费/贴/惠密集型（高/快/多）活动，甚至存在大量分散性/寄生性的活动。倚重"输血性"的政策优惠，资金/技术/管理引入等外生性的资源/能力筹供和整合。偏跟随型发展战略、主要封闭性地实行风险规避型/基于过去绩效（Performance）的规则（重视单元性视角下对确定性研发/制造/营销的投入，注重低成本、低风险、弱能力、低收益，危机意识弱，对不符合战略方向的资源退出陷入"拖字诀"（风险厌恶/损失厌恶心理的陷阱和挑战巨大，而且这种"拖延"往往尽管不具有集体理性，但符合特定个体的个人理性），对必要的、不确定的新战略方向的资源配置常常长期陷入"时机不成熟、条件不配套"的争论，消极投资于新型先进技术设备和设施）。

历史/现实/未来的心理包袱沉重（较少失败，且不宽容/不允许失败）。快速成功和经验、跟随非常盛行。"Latecomer/附议"现象普遍，独立思考稀少，"辩论文化"薄弱①，服从和膜拜预设规则下的"权威""成功"，似乎成功者说的什么都对，不断重启/优化既有系统，抢获跟随者/后发优势，过度想赢，更多是一种防御性思维/行为惰性主导下的跨时空应急性/结构性求成过程——试对/拷对/参对（Trial and Success – Copy – Reference），寻求成功方案及其关键成功因素（Key Success Factors，KSF），只许成功、不许失败，似乎天生就是来享用世界上最好/最成功的东西，"失败了需要改变"被视为"改变即承认失败"，陷入古希腊历史学家修西得底斯（Thucydides）提到的证实偏差（Confirmation Bias）思维习惯②，因而容易犯经验教条主义和照搬照抄错误，实现封闭僵化、锁定性成长。

研发强度弱③、研发资源大多局限或集中于研发环节，且聚焦"短平快"方向以利用性学习/创新为主，多走寻常路。创业创新文化薄弱，创新创意需要提醒，且高度集中在部分成员和环节，尤其是陷入"不重新发明轮子"论，界内/成熟技术框架/路径下不甘寂寞地闪转腾挪、横向性/高仿制性的"1–N"式

---

① 需要说明的是，在这个阶段的早期（20世纪80年代）也有一段时间的例外。这个时期，谈起那种全国系统性的自由争论、梦想前景的理想气氛，至今不少人感慨不已。
② 该思维习惯下，人们在求证时倾向于寻找与既定认识相符的证据，并且忽略相反证据。
③ 根据中国社会科学院2017年4月发布的《法治蓝皮书（2017）》，就7000多家企业研发项目平均投入的调查发现，投入在100万元以下的企业数占67%，投入在500万元以上的企业数仅占4.1%。

（美国企业家和投资人Peter Thiel所称）、"二次"型的供应商便利/友好型的核心/边缘化创新，被卷入既有产业/产品/创新扩散生命周期欣欣向荣的中段或暮气沉沉的末段、短期满足/响应成熟或逐渐成熟的市场消费，缺乏核心技术尤其是基础材料、核心基础零部件/元器件、先进基础工艺、产业技术基础方面的核心技术，往往被迫为了核心技术、关键零部件而偏重于中外合资、进口及持续支付大量专利许可费，意图崛起打破国际垄断。

生产上偏以生产者为中心、界内或跨界快速/粗放/大规模标准化提供产品（用户参与/合作生产很少，大规模传播盛行，双方之间信息沟通严重不透明）以降本做大（业务运营导向）。

营销上以数量、结构和质量上爆炸性增长的供应商自身为中心（供应商更为强势，成本导向显著，推出/推销产品盛行），偏"投石问路"〔生产者和消费者分工明确、界限分明，商家"贩卖"① 情结浓重，从提供者角度（Request For Acceptance），在定价和收费创新方面颇费心机，企业更稀少/间接/滞后/低频地与用户互动提供产品/服务，尤其是在相关治理体制滞后情况下不必基于各种平台及其场景真正深谙经济/社会/环境/人才成长规律以及显性/隐性的用户体验需求〕，品牌资本运营大多薄弱，且偏重顾客获取、品牌知名度，顾客参与明显缺乏/不足，低频度地更新升级技术/产品/模式，渠道单调/多变，不过多/真正理会市场规则/规范，价值营销普遍不足（真正价值传递不足）。

人力资本运营方面，偏跟随型发展战略，高薪挖人风行（更偏资本雇用人才，来得猛、来得快），"大钱"、"厚钱"、"快钱"、"易钱"、价值分配性的行业/企业/岗位受到追捧、"纳平录同"、才源有限，培训开发投入、人力资本积累不足，且人难尽其才、物难尽其用，高级管理/创新人才（尤其是每年纳入的大规模优秀大学毕业生，初期那么的生龙活虎、意气风发）被埋没于操作性问题的解决和操作性业绩的获取（从而高智低聘/低用，利用性学习主导，认知严重盈余，即使在一些科技密集型行业和企业也是如此），不重用年轻人，加之巨大的经济、社会和精神压力，优秀才俊尤其是青年才俊的冒险和创新激情/潜力被压抑/磨灭殆尽，逐渐直至被废/自废"内功"，耽搁个人/部门/企业/行业/甚至整个国家探索性创新、内生性自主能力培养的战略机遇，很快陷入系统性产能过剩、"红海"/"血海"竞争而行业/企业内耗严重，甚至"山寨横行"（例如

---

① 贩卖政策指标、点子、概念等。

"康帅傅"方便面、"雷碧"和"娃恰恰"饮品)、底线竞争(Rush to the Bottom Line)、长期囿于固有的中低端价值链/网环节或节点,企业可持续性(尤其是成本地位、财务盈利性、技术自主性、营销竞争力、社会环保贡献度、市场价值成长性)偏弱。

财务上限于事务性管理,对战略性管理的参与很少,而且主要偏重要素成本、财务性收益、经营性风险的管理以及财务杠杆运作(实则大多债务驱动型增长①)。

国际化拓展方面政策性太强(政府政策驱动性强)、缺乏战略定力(战略驱动弱/资产投机性强)、被动卷入浅层次国际分工(出口/尤其是OEM贴牌出口为主进入国际市场,渠道控制不力,薄弱的全球资源筹供和整合——其实国内资源筹供和整合能力培养也严重不足②,企业具有较低的国际化水平以及较弱的国际张力、本土竞争力和全球影响力)、系统性差并被锚定为中低端市场/水平(政治风险、法律风险、金融风险、劳工风险、工会风险、文化宗教习俗以及人才方面的挑战较少/较浅,海外投资收益不显著。与此同时,核心技术研发、国际标准适应、营销/竞标理念转变、国际品牌塑造、关键人才支撑、同行竞争合力方面的基础工作还很薄弱)。

预期/期望的市场化及市场自主型经济增长阶段(尤其是在中国特色社会主义经济建设的新时代,要"更高质量、更有效率、更加公平、更可持续")企业集约型发展的典型特征需要/趋向如下。需要说明两点:一是这方面的实然描述将比应然判断更有意义,而且特定地区/行业/类型的企业在特定阶段还存在更加细节性的差异,甚至仍然具有初中级阶段的某些特征(产能过剩、库存积压、杠杆率过高等仍然存在的问题就是代表性的表征)。在这方面,深圳、杭州等地的诸多企业是非常值得关注、观察和期待的典型群体。这些群体代表着中国企业更具系统性地迈入全面理性的发展阶段。二是该阶段企业集约型发展要承认和超越初中级阶段企业粗放型发展已经准备的相关知识、能力和经验基础。

财富观上"社会人"假设主导[成功标准更加多元、无行,以内在价值和成功为基本特征的战略性收益——经济/社会/环境可持续性——导向、"向前看"、注重社会财富创造和分享,除了效益(效率×效果)之外,普惠和绿色两

---

① 加之长期的利率管制(确保轻易可得的不菲利差),中国金融业承载着中国绝大部分的利润贡献。但是在经济增速放缓、行业景气度下降及利率市场化背景下,中国银行不良贷款率高企、攀升并将耗损大量资金。

② 部分源于资本要素市场发育不足、水平有限。中国大部分大公司都是依靠内生/内涵式成长路径,外生/外延式的并购整合成长案例很少、经验不足。其间的资源/能力/体制瓶颈值得深入研究。

大"进步时代"典型主题更得以彰显,正如美国经济学家杰里米·里夫金(Jeremy Rifkin)在展望共享经济时所讲的那样,"我们是更具社会性和同情心的高智商动物。"系统回归中国历史上长期的人本经济传统]、"偏重使用而非所有、偏重共享而非独占"(轻资产型的共享经济/合作经济/租赁经济大发展),相应的外部治理偏属信任式治理(自内而外的约束,重在"促健和保健")、内部治理偏属联合共治范式(基于利益相关者理论,假设管理者和所有者利益存在协调、相互信任和赋能、管理者作为所有者的伙伴)。

"以人为本"(人才、用户需求至为关键,精神/物质协调、灵魂/肉身统一)、利益相关者共同进步的使命/普惠/共享情结浓厚(以趋于人口紧缩型/社会—资源环境紧张型社会为前提,使命驱动下价值型/有机型/内涵式扩张,表现为行业的上游、中游、下游环节——甚至跨框架/边界——社会价值意义上集中度的快速提升,企业普遍追求/甚至满足于合理利润——"深淘滩、低筑堰",正视和遵守合理监管,追求熊彼特式租金所需的创新和市场竞争,容易短时间内"默默无闻",但是长期而言不怕失去、容易把握真正重大的机会甚至"流芳百世")。

金融机构尤其是相关政府部门、商业银行及资本市场在公平竞争审查严格背景①下质量偏好(新型激励机制和合规约束下,按照效益评价标准,使得资金配置到社会回报最高的领域,并不以牺牲其他相关部门的繁荣和效益为代价获取自身的创富型利润,因此不管是大型企业/国有企业/本地企业,还是中小企业/民营企业/外地企业,都要超越身份论的局限,优化自身治理结构及其经营行为以符合金融机构更高的质量标准要求)、风险偏好和企业自身长远使命(长期能力/声誉/收入/利润/市值等)驱动下做强——追求质量/效益/可持续性——主导(多元化副业精简/相关生态化、主业精深,从而使得资源配置到社会回报最高的领域,并不以牺牲其他相关成员的繁荣和效益为代价获取自身的利润),"内控论"(自我界定/内在自由/初心主宰)和内在定力下的并跑/"弯道超车/换道行车"甚至领跑,"细节论"下的集约经营/内涵式发展,基于新型人口/资金/土地等要素红利(侧重产出方面的测量计算,效率和效果驱动,关键是从依靠高强度要素投入转向提高劳动力素质和其他要素质量,并借助科技进步开发人口质量

---

① 按照《国务院关于鼓励支持和引导个体私营等非公有制经济发展的若干意见》,"在投资核准、融资服务、财税政策、土地使用等方面,对非公有制企业和其他所有企业一视同仁,实施同等待遇"。而实际上这些意见的真正落地还障碍重重。

红利)和质量型治理体制红利以及数字化/自动化/智能化赋能,转向ODM/OBM(当然还必须处理好与原有商业伙伴关系质变相关的挑战),从而高要素成本但低交易成本地追求极致的"质价比"(更新/更高水平的中国质造、创造和智造)、差异化优势(进而从容地建立和维持蓝海型自主市场空间),催生大量实力强壮且心智健康、"专/精/特/新"的"长青"企业,企业创造的经济/社会/环境效益所占比例甚至大大超过其获取和占有的资源所占比例。

偏重演绎/原点(零点)/非对称性思维(所谓不断"归零"的心态,警醒经验的负资产性,真实/真诚地以用户体验为中心,心无旁骛,倾向于从用户角度出发完全重新设计)。更多在跨界/新兴认知/价值框架中(更强透明度、稳定性、安全感的体制环境下企业倾向于前瞻性地待在不确定性较难可期/可控的"非舒适区",拥抱/鼓励创造性破坏/探索性创新,倾向于突破和不确定性冲击下"凤凰涅槃"式的新生)管理"价值发现、价值定位、价值创新、价值攫取",醉心于营造新市场、打造新的"蛋糕"(价值生态链/网/群)(重创),而且注重强化服务等无形产品并实现有形/无形产品整合/联动。

资源配置上倾向于技术、质量、品牌、服务为核心竞争力,资本/技术密集,健康/可持续的利/税密集型活动,更多是专注性/生产性的活动。倚重自主"造血性"/创新、加强集约管理等内生性的资源/能力筹供和整合。偏引领型发展战略、主要开放性地实行风险拥抱型/面向未来潜力(Potential)的规则[重视"双元性"视角下对不确定性研发/制造/营销的投入,注重高成本、高风险、强能力、高收益,危机意识强,对不符合战略方向的资源退出实行"斩立决""断舍离"(当然必须应对风险厌恶/损失厌恶心理的陷阱和挑战,而且需要打破"个体理性汇集成集体不理性"的转化),对必要的、不确定的新战略方向的资源配置积极主动地推动"时机成熟、条件配套",积极投资于新型先进技术设备和设施]。

历史/现实/未来的心理包袱较轻(很可能失败,但允许失败)。分享惨痛错误和教训、成为推动/引领者更为必要和有益。"Latecomer/附议"现象稀少、"Firstmover/倡议"现象更多,独立思考很多,"辩论文化"强烈①,挑战和反思预设规则下的"权威""成功",不断重构/新建系统,抢获引领者/先发优势,不苟求赢,更多是一种创新性思维/行为活性主导下的跨时空应急性/结构性容

---

① 考虑到20世纪80年代那种全国系统性的自由争论、梦想前景的理想气氛,新时期对"辩论文化"的倡导更是一种回归。

错①过程——试错/查错/纠错,尊重/应用大数定理、实事求是地透过现象看本质,排除失败方案及关键失败因素,探求和尊重因果——条件/结果——规律,追求成功但不忌讳失败,似乎天生就是来创造世界上最好/最成功的东西,"失败了需要改变"被视为"改变即走向成功",超越古希腊历史学家修西得底斯提到的证实偏差思维习惯,实现开放灵活、突破性成长。对于中国大量异质性显著的地区、产业和企业而言,这种超越及其效应方兴未艾、潜力巨大,但是必须注意治理体制匹配和避免消极的创新性思维/行为活性。同时也不可否认,同样对于中国很多地区、产业和企业而言,一味地"出新出奇""有路不走"也不可取,原来那种模仿和追赶及其效应可能仍然很有潜力(尤其是在相互交流和信息传播更加便捷的互联网时代,很容易触发相互模仿的"羊群效应"),但是必须注意避免消极的防御性思维/行为惰性,毕竟 PC 时代的理念/经验不能被轻易/放心地复制到移动互联网时代。

研发强度更强、研发资源倾向于在产业链、创新链、资金链统筹配置,且在专精特新等"长折慢"方向以探索性学习/创新为主,少走寻常路甚至"见路不走"。创业创新文化浓烈,部分企业甚至设立首席探索官扫描、跟踪和把握重大经济/社会/环境议题的商业机会,创新创意大量深入人心、全员全程,尤其是超越"不重新发明轮子"论,界外/跨界/新型技术框架/路径下甘于寂寞地闪转腾挪、纵向性"原创"型的"0-1"式(美国企业家和投资人 Peter Thiel 所称)、用户便利/友好型的核心/边缘化创新,介入产业/产品/创新扩散生命周期风谲云诡的早期和暮气沉沉亟待跳跃的晚期两段、创造市场、引领需求,注重——甚至不惜"板凳一坐十年冷"——核心技术尤其是核心的基础技术、关键零部件的自主专利运营——布局、维护和运用,甚至战略性地购买专利、销售专利/收取专利许可费,意在实现技术自主控制甚至垄断。

生产上偏以用户为中心、界内/跨界适速/精品化/个性化地满足用户小规模定制化/集约化的价值/体验诉求(基于更多自主控制/直营的渠道/平台,双方之间信息沟通更加透明,在专业化/细分化/智能化领域的用户参与/合作生产较多,尤其是一些有专业消费能力、信息消费"碎片化"、注重品牌体验的新生代城市劳动人口与公司直接交流/互动、帮助企业革新产品和服务并推动合作创新)并优质创牌(用户运营导向)。

---

① 容错其实是人们认识/改造/保护世界的基本手段。

营销上以数量、结构和质量上爆炸性增长的消费者为中心［消费者更为强势，价值导向显著，倾听和关心用户更为盛行，有的企业甚至设立首席客户官（Chief Customer Officer）作为用户知识的权威及其在企业中的代言人。不过，有的企业可能口头上用户优先、实际上仍是产品驱动］，偏"应需而动"［生产者和消费者各司其职、界限模糊，产消者众多，商家"创造"情结浓重，除了充分战略性地发挥前瞻性的企业家创业创新精神，也"代入性"地高度注重消费者角度（Request For Proposal），在突破性的产品和服务创新方面颇费心机，企业更直接/实时/高频地与用户互动提供按需产品/服务，尤其注重在相关治理体制完善情况下基于各种平台及其场景真正深谙经济/社会/环境/人才成长规律以及显性/隐性的用户体验需求］，品牌资本运营普遍较强，且更注重顾客参与/保留/关系管理/忠诚计划、品牌美誉度，高频度地更新升级，渠道多元/稳定，高度/真正重视市场规则/规范，更注重价值营销（传递真正的用户价值，尽管存在阶段性地偏离用户价值、偏向资本利益）。

人力资本运营方面，偏引领型发展战略，平台育人盛行（甚至人才雇佣资本，来得更温和、更稳健），"小钱"、"薄钱"、"慢钱"、"难钱"、价值创造性的行业/企业/岗位更受尊重，"纳奇录异"、广纳英才，财税政策引导培训开发投入更多、人力资本积累显著，且人易尽其才、物易尽其用，高级管理/创新人才（尤其是每年纳入的大规模优秀大学毕业生，一直保持生龙活虎、意气风发）投身于战略性问题的解决和战略性业绩的获取（探索性学习主导，最小化认知盈余，尤其是在一些科技密集型行业和企业更要如此），逐渐强化直至显示"内功"，重用年轻人，经济、社会和精神压力得到体制性的缓解，最大程度地解放和发挥优秀才俊尤其是青年才俊的冒险和创新激情/潜力，为了个人/部门/企业/行业/甚至整个国家的可持续性转变而紧跟高度不确定的探索性创新方面的全球性战略机遇、培养内生性自主能力，努力开拓/维持"蓝海"型发展空间，企业可持续性（尤其是成本地位、财务盈利性、技术自主性、营销竞争力、社会环保贡献度、市场价值成长性）更强。企业甚至还为了借助这些人才投资于从基础到应用的商业科技并基于研发/服务网络（例如，华为已布局包括欧美国家在内的16个研发中心、45个培训中心及众多技术支持中心）和互联网、创客/极客空间等全球创新平台/网络（整合全球最具优势的人才培养、纯粹科研/实验室能力、应用研究能力、技术/产品鉴定、检验验证、标准控制、全球营销等能力）、全球高效供应链等技术设施，注重系统的专利运营，加强大数据运营（其实很多时候非常简单有力的数据分析就已足够,而且要深刻认识到基于大数据的决策还存在情景性的边界,那就是更适用于头脑/理性思维主导下的利用性创新,而难以支持心理/感性思维主导下的利用性/探索性创新)以了解用户①最为实时/真实的使用感知,充分运用互联网思维广泛众筹(尤其是面向全球范围内非正式的"民间顶尖高手")产品开发需求信息及其不断迭代升级的满足/解决方案(Customer Needs Solutions in Progress)。

财务上加强战略性管理的参与甚至主导,还兼顾/强调交易成本、战略性收益、战略性风险的管理以及经营杠杆运作(实则大多创新主导型增长)。

国际化拓展方面公司政策性弱化(政府政策驱动性弱化)、强化战略导向(自主战略驱动强化/价值投资性强)、更为主动地加入甚至主导/引领深层次国际分工(更多传统代工商塑造自主品牌进入国际市场,并购/控制海外专利技术、品牌及其分销渠道网络,更深的全球资源筹供和整合——国内资源筹供和整合能力培养更加充足,企业具有较高的国际化水平以及强大的国际张力、本土竞争力和全球影响力)、系统性更强、突破属于中低端市场/水平的锚定效应并迈入中高端市场/水平(政治风险、法律风险、金融风险、劳工风险、工会风险、文化宗教习俗以及人才方面的挑战更多/更深,海外投资收益——当然应该是实业运作而非资本运作——更显著。其中中国制造业竞争力就已经比较突出,已为全球最庞大规模的用户提供了支付得起的质优价廉的产品——这不能不说也是一项非常了不起的人类贡献。但还很有必要以高附加值为导向夯实核心技术研发、国际标准适应、营销/竞标理念转变、国际/国家品牌塑造、关键人才支撑、同行竞争合力方面的基础工作)。

同时,该阶段的中国企业还需要扬弃性地发挥"推式"供给模式的精髓/要旨(培育/创造/引领市场消费,但同时贴近消费者的个性化需求),实现探索性创新和"推式"产品供给的常规性组合。②也就是说,要在"基础技术、通用技术、非对称技术、前沿技术、颠覆性技术"等领域独立自主为主/兼顾开放合作(聚合/互动/融合/竞合)地为中国创新、为全球创新,加快相应的新技术/产

---

① 企业优质用户也是其重要战略性资产。例如,根据华为的最新年报,2015年,华为3950亿元人民币(608亿美元)营业收入中的58%来自海外市场,2014年,77%的运营商业务收入来自全球50强运营商,企业业务服务100多家世界500强企业。
② 在技术/产品/模式更加自动化/智能化的情况下,供应商具有更强的研究/设计/生产/分销/运行支配性以及运行过程的监控性(从而厂商能以更低成本/更快速度预防/避免产品问题的产生),这是否意味着这种情况下以供应商为中心比以用户为中心更为合适/普遍?

品/模式（例如北斗导航系统、超级计算机/中心等大科学、大工程、大项目方面的军民融合、军转民用、军用外溢等）从"旧时王谢堂前燕"（高大上——高成本、大规模、僵固化、小众化）"飞入寻常百姓家"（低小下——低成本、小规模、弹性化、大众化），并强化全球范围内的高线/责任/体面竞争（rush to the top line）以及知识产权（专利、品牌等；当然，当下需要区分是所有权经济下的知识产权，还是使用权经济下的知识产权，目前使用权经济下的知识产权问题将日益受到关注）运营。这样才能沿着成熟价值链攀高甚至独创本土/全球价值链/网，助推中国富豪及其他排行榜成员（尤其是前10位、50位、100位）从以房地产投资开发和金融机构为主逐渐转向以科技和商业模式创新者为主，并为国家开创新型经济/社会/商业秩序和文明。

（四）属于演进中营商环境系统的治理体制及其转变

营商环境系统中更加匹配和完善的治理体制（包括法治体制）是转向和运行市场经济体制的必要保障，所反映出来的国家治理能力及水平更是支撑国家财力和信用的重要基础。作为中国特色社会主义市场经济体制中市场行为系统中的重要参与者和营商环境系统中的关键/甚至主导治理方（属于生产关系系统），政府行政系统（当然，即使在中国，一些行业协会/企业联合组织/甚至国际企业等组织也可能提供民间型的治理体制）本质上是更具强制性的、外生/外控/他控型/制衡性力量。政府甚至要像"企业家"[①]那样正视民间创业创新及其企业发展转变的体制诉求和瓶颈，主要足够定制化地做好"建章立制"（也就是将分散的民众体制诉求提升到能够引导未来前进方向和目标的行政理论和纲领），这是市场化改革领域"渐进主义"和"休克疗法"争议的焦点话题。政府主要是"治/乱律"的体验者、市场行为系统合理体制诉求的满足者及体制设计、变革与供给者（尽管很可能存在一定的变数和时滞性），同时也是影响和控制作用（作为必要的调控型力量）最为广泛、体现体制激励/约束性（尽管相容性也存在变数）作用、影响民间资源/能力禀赋创造/发挥的关键力量（所谓民间期待市场"法无禁止即自由"、政府"法无授权不可为"）。

在任何国家/地区（即使是在高度自由竞争的经济体），政府绝非仅仅承担自由主义经济学者所称的"保护产权、加强法制和维持社会秩序"的作用。因

[①] 按照经济学家 Mazzucato（2011）出版的《企业家型政府》，发达国家的政府像"企业家"一样在国际上制定和影响产业发展方向并能够继续领先。

为有些情况下还需要政府成为某些"襁褓"型新产业（技术/产品/模式）的"助产士"和"助飞者"。这意味着，需要政府及其企业（例如国有控股企业）在国计民生、公共机关和公共工程等领域适度开展必要的主导活动甚至深度参与投资生产、通过军用/公用成为关键新兴技术/产品/模式的率先承认/使用/推广者及其市场和外生性要素禀赋/比较优势的培育者（当然希望最终形成内生性的要素禀赋和比较优势）。尽管这可能违反内生性的比较优势原则、选择错误的活动，甚至滋生低效和腐败，但需要同步加强林毅夫教授所称"增长甄别和因势利导"方面的公正无私、知识素养、专业能力、足够效率、权力监督以及债务风险管理，将参与领域、参与规模及其相应的负面作用和影响控制在合理的范围。例如，北京市规划和国土资源委员会于 2017 年 5 月正式转发《北京市公共移动通信基站专项规划（2016—2020）》，标志着移动基站纳入城市控制性详细规划，为北京市公共移动通信基站建设提供有效政策支撑，也为基于移动通信技术的新技术/新产品/新模式/新业态发展创造条件。工信部、国资委于 2017 年 5 月发布的《关于实施深入推进提速降费、促进实体经济发展 2017 专项行动的意见》提出，"加大电信基础设施投入，构建高速畅通网络；深挖宽带网络降费潜力，促进宽带普及普惠；鼓励宽带应用融合创新，加速经济发展转型"。

越是在产业环境简单/稳定（从而高度确定）、政府掌握信息充分、计划/决策技术够用、政府干预策略足够、政府干预成本较低的情况下，政府在特定领域的这种主导、深度参与和高调干预（所谓管制型政府）越是可能成功。而在产业环境越是复杂/动荡（从而高度不确定）、政府掌握信息不足、计划/决策技术不足、政府干预策略不够、政府干预成本较高的情况下，政府在很多领域的低调辅助（所谓服务型政府）则更为合适。不过，凭借与大数据、人工智能等相关的更加先进的计划/决策技术和制度的帮助，尽管不少经济学家仍然认为任何限制/压制自由市场主体性/自主性/独立性/分散性作用的努力（这种压制恰恰被市场化人士视为传统计划经济存在的根本缺陷）不利于社会，政府（尤其是高度智能化的政府及其部门和官员）因为接近"完全知识"状态而仍有可能甚至有必要在不少的特定领域（尤其是其本分领域）高度自信地强化从事不少的主导、深度参与和高调干预活动，从而趋于发挥更强的话语权和影响力，古典经济学所畅想的理想状态似乎指日可待，市场自我调控的理想则似乎更为遥远。国家于 2017 年 4 月初主导提出建设雄安新区，2017 年 9 月深圳部分回归土地划拨制度就是最新力证，也值得观察。

以政府为主的体制创新创业者（尤其是执政党领袖及其各级核心团队）在资源配置、社会整合（例如凝聚共识、引导社会情绪、设置亟须且重要的政策议程）及经济综合治理中任务艰巨。那就是要实行开放变革的政治过程，并负责地（而非不断折腾①或简单地付诸民主公投，否则将被视为无能、逐渐丧失信任，甚至被憎恨/抛弃/惩罚）、"和而不同"地引领/培育/动员/包容/融合（而非偏重）精英（而非精英主义）和平民（而非平民主义/民粹主义）的体制诉求和治理智慧。这样才能平衡好共同利益和冲突利益②（避免机遇把握和危机应对中出现规则碎片化、封闭化和排他性倾向以及共识稀缺化、社会脱节和社会分化），并为系统/结构性的集散创新要素资源/降本增效/择优汰劣/兴利除弊/惩恶扬善发挥引领/引导性（而非主导性）或响应性的作用。这种非主导性包括退出需要足够商业经营信息、能力和激励的国企直接管理以免助长国企过度扩张，否则效能低下甚至舞弊横行、贪腐肆虐。

对于政府行政系统来说，要重在外生性地主动站在公共服务者的本位/定位、公共服务创业创新（不仅限于重启/优化）/治理体制供给促进国家治理现代化和国民繁荣富强的高度。政府要超越效用论/术用论/好恶论（往往囿于"政策决定成败、规划造就未来"式的唯意志论，不遗余力地为自认为先进的事物/体制进行辩护）/情绪性的视角及妥善获取和运用公权力。正如刘鹤（2001）[57]所说，准确界定政府的公共职能、制定好的公共政策、创造比较好的外部环境是密切结合新经济发展目标、市场化改革和结构调整，从而充分发挥中国人力资本潜力、强化新经济现象的关键。这样才能外生性地（尽管内部也存在各种特定的矛盾积累和危机爆发）前瞻或反应性地真正满足市场行为系统在"降低要素成本/交易成本、增加财务性/战略性收益、减少操作性/战略性风险"方面集中/共性/切肤的体制诉求③，并通过创造各种必要的且具相当水准的公共产品（有形/无形基础设施④）助力市场主体充分效率、安全、公正、有序的生存和成长（也就是使得市场主体能够按照公认的伦理原则生产/生活）发挥有限但有益的作用。

---

① 正如老子所言，"治大国若烹小鲜"（谨守"无为而治"的灵魂，掌握火候、恰到好处和尽量减少妄为而致的折腾）。

② 例如，按照一些经济学家的观点，金融创新和科技创新使得整个市场添加了便利，但也将分别使得资本市场上的金融家和技术市场上的创新企业家以很少的人数比重占据严重不成比例的财富。

③ 要求以更低的交易成本抵消更高的要素成本以及对冲产品迭代快速和产业生命周期缩短带来的压力。

④ 加强作为支持性/赋能性的条件因素和能力建设，而非简单/粗放地指方向、提要求、传压力和补贴/处罚了事。毕竟只有直击行为者左脑及其右脑思维层面的理论/理念才能真正有效，而要直击左脑及其右脑思维层面的理论/理念，就必须为这些理论/理念的产生和维持创造具有充分条件性的土壤和条件。

这里的本位是指非偏重经济角色或经济角色/公务角色混为一体,更要力避只求利益自保、一味造租/寻租/与民争利、总是限制他人/公民权利,甚至"杀鸡取卵"/"竭泽而渔"。妥善获取和运用公权力就是要遵从信疑论/理性化的视角,了解/尊重市场主体性/智商水平及相应规则,认可/促进公平交易、发现/响应市场诉求,在合适有效的监督约束机制作用下摈弃狭隘自私、保有能力表现和诚实善良两方面的公众信任,公正无偏/竞争中性/行动论式地为公众利益负责①,而非只为己(政绩)负责、向上负责、唯资本为尊/是从、"口若悬河",并越界/深度介入企业微观决策②。这被经常发布年度《营商环境报告》的世界银行称为"聪明"的监管(营商环境排名前列经济体的重要特征)。

照此,才能逼近形成一套兼顾更高水平效率(有效降低实体经济发展的制度性交易成本)和公正(有效减少社会贫富差距、维护社会公平)、助力高质量发展的治理体制。不过,需要注意的是,尽管长期来看深思熟虑地建成这种治理体制非常重要,但是政府行政系统不能不应急性地警惕"马歇尔计划"提出者——马歇尔将军就当时欧洲形势"医生深思远虑,病人奄奄一息"的提醒。因而短期内尤其不能掉以轻心(或不负责任地)地任由野蛮生长横行、旧有秩序面临/已经瓦解、新秩序尚没形成、问题/矛盾越积越深、变革成本和难度越来越大。否则这将导致系统性的绝望甚至疯狂/癫狂/错乱/闹剧/悲剧并引致小的、局部的矛盾风险升级为大的、系统性的矛盾风险甚至危及国家整体安全(所谓"黑天鹅""灰犀牛"式的风险及爆发)。

这套政府主导的治理体制运行要具有明确的基本取向。那就是,正视并兼容市场行为系统中个体的利己本性与利他潜力(基本机理是将个体行为的外部性内化为个体决策的影响因素,因此并非仅仅简化为"休克疗法"视角下的仅仅鼓励私人利益和个人盈利),重视其被充分发挥所需的必要条件和能力,本真地(实质性地,而非看起来像、听起来像或者想当然像)、专业化而又协调性地、透明地、体制化(尤其是法治化/自动化,尽管相当长时间内还脱离不了关系尤其是政商关系的重要影响③,但最终必须实现所有政治权力对法治——尤其是宪

---

① 这影响到执政者及政治家的等级。老子眼中的政治家存在四个等级:"太上,不知有之;其次,亲而誉之;其次,畏之;其次,侮之。"
② 从而注重民生/共益(包容——正直/安全/健康/环保)、敬畏经济/技术/社会/环境/人才成长规律(而不以自己个人/部门意志/利益为中心/出发点、不"好恶论"当道、而要讲求"信疑伦"/"法理论")。
③ 如果只讲关系,或者只讲法制,决策者的决策都会单纯简单得多。但是,一旦决策者需要/接受在"讲关系""讲法治"之间进行集体性的选择性适用,群体性的焦头烂额和混乱不堪就势必难免。

法——的服从）地（而非长期政策性地①）运行。这样才能可持续地（而非临时"运动式"、过渡性地、随时可变地）塑造一个兼具国际视野和本土特色、可持续性导向的市场化、透明化（而非暗箱/黑箱操作——裙带主义/抽屉政策——横行，这为预期明朗所需）、便利化、安全化（尤其是产权安全②，这为稳定信心所需，毕竟再也不能被人认为在此所有权实际上可以被随意剥夺）、中性化（竞争中性，基于法治化不偏不倚、公正平等对待所有主体/实体）、国际化的营商环境。

这种治理体制环境要兼顾经济效益性和社会合法性双重基本原则。这种经济效益性是动态最优治理标准③影响下的动态最佳效率。例如，确定燃油/新能源汽车的能耗/排放标准就是一个动态优化的过程，但脱离特定时空的过高标准往往诱导虚假、统一的达标以及市场垄断。这样，才能为本真意义上和长远性的市场消费行为、企业自主/分散创新行为及其互动/相互对接持续创造公正无偏有利条件，并赋能和赋予/保障其社会合法性。这里的赋能是指，并非只是要求和施压，而是要帮助市场主体发挥出能动性，从而体现出治理的必要"温度"（包括避免过度体制化和弱化体制僵化性），毕竟"从外部打破鸡蛋"只能产生食物、"从内部打破鸡蛋"才能出现新生。源于此，无须额外的补贴和便利，面向真正优质的营商环境，优质的资本、人才、技术和购买力主体自然纷至沓来。这样才能形成和维持一个"理性、有序、可控和可理解的"商业经济秩序并在促进产业发展和保障合法性之间达成平衡，在增长 GDP（Gross Domestic Product）的同时确保包容（Gross Domestic Partnership）、"清洁"（Gross Domestic Purification），确保形成和维持彼得·德鲁克所称的正直社会并为其中的人们提供"正直、有意义、有成就感的人生"。这包括，如何促进和保护行政机制、社群机制、市场机制之间在实体经济/企业可持续性转变导向下的相互嵌入、相得益彰？如何促进和保护企业跨界整合成熟技术另辟蹊径地进入那些"沉迷"于基础研发而长期无法突破的行业？如何为真正热心和愿意默默无闻（而非被所谓的权威人士/部门公开遴选指定、光环加身）地扎实科研创新、孜孜以求（包括不断容错）本

---

① 不能为各届长官意志所左右，不能是技术官僚炫弄专业，更不能是官员玩弄政治权力并习惯于发布命令而自身不遵守规则。
② 2016 年 8 月召开的中央全面深化改革领导小组第二十七次会议审议通过的《关于完善产权保护制度依法保护产权的意见》全面部署了完善产权保护制度、推进产权保护法治化的有关工作。
③ 最优可持续性标准包括定量标准和时间标准。时间标准方面，应该为相关企业提供分步骤、分阶段达到的可持续性标准，而不是简单粗暴地要求企业一次性达标、否则关闭，反而无济于事甚至产生更多社会问题。例如，2017 年 5 月 1 日起，新疆将全面取消产能占比达60%的 32.5 强度等级水泥，淘汰能耗不达标的企业和生产线，全面推行高标号水泥（等级达 42.5 或以上），促进行业转型升级，化解产能过剩。

土原创基础技术突破的企业/机构/团队/个人的学术研究和行业研究联动（从而形成良性的科研生态系统）提供体制上的促进和保护①？如何促进和保护在协同演进的创新链/产业链/资金链/服务链上纵横向的众多（甚至中小微）参与者/配套者方面打"中华牌""国际牌"甚至"全球牌"（尤其是建设面向全国甚至全球的协同创新公共服务平台/体系、优化创新资源的配置/对接），而不是只打"地方牌"和"国资牌"（从而杜绝"看人下菜碟"的"势利店"现象）？如何促进、保护和规制企业卓有恒心地扎实抓好品质/传播工程以夯实国际知名品牌数量规模及其国内外市场影响力？

在该治理体制中，各地方政府（部门）（尤其在中国）主要作为中介性的体制策应地（很多情况下需要较强的自主反应权力和灵活性），而中央政府（甚至国际联合组织，例如欧盟正在推行"单一数字市场"计划和打算推行"单一专利"计划等）才是终极性的体制策应地，而且中央政府和地方政府还存在着集权/分权方面动态合适的组合。这种策应既包括建设/完善/维持适应市场行为系统市场消费演变/企业发展转变诉求的治理体制，又包括建设/完善/维持引导市场行为系统市场消费演变/企业发展转变的治理体制。就前一种情形而言，考虑到治理体制本身也具有特定的生命周期，原有体制（例如因为过度介入政治事务/经济发展而规制等公共服务功能不足）的作用往往逐渐从维持治理秩序（具有合法性）转为阻碍新兴产业发展（合法性弱化或丧失）。按照麻省理工学院经济学教授阿西莫格鲁（Acemoglu）的看法，一国与世界技术前沿差距较大情况下，垄断性较强的市场和制度环境有助于企业扩大投资规模实现技术模仿；而在技术差距较小情况下，竞争性较强的市场和制度环境才有助于企业选择更有效的研发路径来实现技术创新（尤其是探索性的技术创新）。

为适应/引领市场消费演变/转变及其引致的科技创新体制诉求转移，旧体制需要快节奏/雷厉风行地而非按部就班/官僚化的变革甚至废除（消亡），新体制需要得以快速定制化建设并辅之以必要的跨时空容错（试错/查错/纠错）机制以全社会系统性/结构性地营造保健且激励意义上的"鼓励创新、宽容失败的氛围"。例如，上海在出租车领域上线出租车信息平台、颁发全国首张专车平台牌照、试水出租车服务社模式，在鼓励冒险精神下新生事物发展和促进谨慎原则下企业合规运作之间力求平衡。随着投资者结构的转变和证券诉讼司法环境的完

---

① 而非忽视/无视科研创新/人才成长客观规律而实行信任淡薄、烦琐复杂的监控、限制与评审。

善，中国股票市场上的 IPO 被寄望于从审批制（重在事前监管，寻租密集）转向注册制（强化事中、事后监管）。至于市场还不够成熟情况下审批制是否真的不利于战略性新兴产业企业直接融资？注册制是否真的利于战略性新兴产业企业直接融资？甚至股票市场制度是否需要刮骨疗毒式的根本改造？这都仍然值得讨论，但是注册制本身也只有付诸实施并在"容错"中才可能完善进步。

另外，适应于治理环境的复杂性、动荡性而导致的不同程度的不确定性状况以及信息对称性情况，考虑到当时可用的治理技术和工具，体制供给模式也在发生转变。例如，在较为简单/稳定/确定而且相关主体信息不太对称但却不甚紧要的市场和治理环境中，政府采取"引致-推式"（Inductive and Push Approach，先动性的，精英主义主导）体制供给往往能够有效。

但在环境日益不确定情况下，则需加强前瞻性，这往往较难。如今的大数据技术在公共治理中的普遍应用或许可以缓解这方面的困难，甚至可能强化政府对"引致-推式"体制供给的信心。在更加复杂/不稳定/不确定但是相关主体信息更加对称而且甚为紧要的市场和治理环境中，政府采取"自发-拉式"（Deductive and Pull Approach，反应性的，草根主义主导，这成为人民/市场影响政府经济与社会政策的重要机制）体制供给往往才能有效，但个性化/弹性化的体制诉求日益普遍情况下则需加强响应性（例如针对不同的市场情势采取合适/分级的监管广度、深度和强度），而且借助最新互联网技术和其他工具，做到这点往往更加容易和有效。如今公共治理普遍应用互联网、大数据等技术设施或许就可以凭此起到"如虎添翼"的作用。

四、三大基本层面互动演进的主要路径

现在看来，中国各级政府在治理体制供给中逐步释怀/释放直接/越界掌握的关键资源/权力（尤其是行政审批、公平竞争、重要商品价格、金融/资本市场、户籍、国企改革、主要产业、财税、公共服务等领域的体制变革）并与市场消费演变、企业发展转变互动演进的过程总体上其实已先后或正在走过两种主要路径。

（一）"引致-推式"演进路径

改革开放以来的相当长时间内（尤其是 1992 年中国确定建立目标更加明确、

内容更加全面/系统的社会主义市场经济体制以来,直到2012年),中国更注重"引致-推式"(先动性/前瞻性)演进路径(所谓"强制性变迁")。这被西方称为显著不同于自由资本主义经济体(市场主导)的国家引导(State-led)的发展主义。也就是,在高阶视角/精英路线下(自上而下/自内而外)和"预测/计划—战略/战术"("改天换地")范式(Normal Approach)下"治理体制供给—市场消费演变—企业发展转变"(政府通过政府采购等手段创造/影响市场消费、市场消费引导企业转变—包括形成新的技术/产品/模式/产业)或"治理体制供给—企业发展转变—市场消费演变"(政府引导企业转变、企业转变创造/满足市场消费)。在地域意义上,计划经济和国有经济比重高企的北京、上海等地在这方面体现得尤为明显,相应的转变压力和探索将尤为激烈。

这种演进中,政府(及其精英官员)更为强势(其领导人的开明程度和现代化意识强弱非常关键),尽管趋向包容市场的自发行为,但市场主体性/自主性/独立性/分散性作用不是最重要的,关注焦点则在于政策执行的效率,明显体现出政府主导、企业参与、民间促进的基本特征,反映了宏观因素塑造微观行为或者微观行为响应宏观因素的基本机理。也就是,治理体制上快速为市场行为系统提供了什么,市场行为系统关键参与者的本性和诉求被考虑得相对不足,消费者和企业可以更多地考虑"能做什么",颇有政府部门/官员施予/恩惠的意味。表面上看,当年农村包干到户的出现和推广、民营工商企业限制的逐渐放开体现出政府对下层主体创新性探索的允许。但这仍实质性地突出体现在当时的政治气候/基调甚至政府领导人的讲话和批示对企业发展转变活动的沉浮所产生的巨大影响。这意味着,按照MLP理论框架,体制转变引导利基发展和情势变化,强调经济/社会/环境压力下"看得见的手"的引导甚至主导作用,更多体现体制供给方在思想/政策/战略方面集中性(但非一定专制性)的创造性(政府能在正式的决策议程中纳入反映市场心声的意见和建议)。相伴随的就是基于集中型政治权力的经济/社会/环境资源及其活动在特定主体(体制内的国有企业、大型企业等)、行业(政策确定的重点行业)、地区(北上广等一线城市)的超常规规模和速度的集聚(本身的自然、后天禀赋对此更是如虎添翼)。当然,因此导致的多样性低企、内生能力羸弱和内部化(转嫁/对冲)机制弱化将使得纾解由此而生的内外部各种现实/潜在破坏性的经济/社会/环境压力(社会阶层撕裂、大城市病等)面临非常巨大的挑战。

这种路径还包括两种分支路径:一是政府看到市场情势的变化,自上而下/

自内而外地体现出"体制—需求—产品"作用逻辑和路径。这一般源于政府主动/前瞻性地考虑到消费者/创新者同行等利益相关者可能在包容 I‑ISHEP——即正直/安全/健康/环保/利润——可能相互冲突方面产生的体制诉求。政府实行审批型（封闭性/标准化/分离性/跟随性/难期性是基本特征）治理（例如促进、保护和规制）—激发弱主体性下的大规模/模仿性/标准化/排浪式市场消费—更多引起企业利用性创新（复制性/适应性创新，尤其是在储蓄和外汇缺口下引进外来资金、技术和管理背景下）。例如，中国在"十五"期间鼓励轿车消费进家庭，国内汽车企业兴起引进国外轿车技术的浪潮。政府提高汽车企业节能减排标准，引起汽车企业对轻型钢的巨大需求，吸引钢材制造企业重点研发轻型钢。二是政府看到市场情势的变化，自上而下/自内而外地体现出"体制—产品—需求"作用逻辑和路径。政府实行审批型治理（例如促进、保护和规制）——更多激发企业利用性创新（复制性/适应性创新）——以满足弱主体性下的大规模/模仿性/标准化/排浪式市场消费。

该路径总体体现为，"政府看到经济/社会/环境压力—政府进行经济/社会/环境体制变革—企业经济/社会/环境响应"。这注重精英主义视角下理念、领导/专家的作用（热衷顶层设计），聚焦于"治/乱律"（意在设定/营造环境，不能说不重视发展，但是对发展的重视比较隐晦和间接，属于助动发展），局外人纷纷醉心于打听/猜测/揣摩/解读/演绎上层的治国理政思想/理念/政策及资源活动动向并利用（甚至滥用）信息不对称性（优势）获益，更常适用于计划/威权型/转型经济体及其经济发展初级阶段。

在这个阶段，中国经济可持续性转变的焦点任务是，在国内国际市场范围内日益发挥市场机制配置资源的基础性/决定性作用实现可持续性转变导向的转变。这是 1978 年以来中国启动、推进改革开放的重要导向。基本过程在于：在偏汲取型、集权化的政治经济体制下，企业面向较低层级的市场消费，大量投资于既有成熟技术/产品/模式，并整合庞大的廉价要素（利用从中西部、农村、农业转移而来的大量相对优质的剩余劳动力）。引进/整合既有/外国成熟技术（尤其是"以市场换技术"的名义）、实现技术赶超/进口替代、低端制造品出口，"习"之有余、"学"而不足，低风险（摸着石头过河，摘取"低垂的果实"——土地、数量型人口红利，科技、基础设施等方面的红利，很难容忍失败）、粗放型、爆发式地积累、分配和消耗财富（由此衍生出地区/行业/人群之间不小的贫富差距），领先市场发展有余、领先技术（探索性/破坏性创新）发展严重不足，累积甚至爆发经济、社会和环境压力（危机）。

从结果来看，该体制下的中国总体上物质基础的快速强化、跻身全球经济排名前列有目共睹、举世瞩目。但是，该路径下的企业利用性创新更多是归纳/高台/对称思维主导下的创新，在功能缺失、创新有无、营销效果方面亦步亦趋总结/归纳别人优点、类比/弥补自己不足。结果，企业实现产品功能的堆叠和优化，大多利用廉价劳动力、原料和其他要素制造主要由西方设计的产品并获取微薄的附加值（利润/加工费），整个国家在市场经济地位和国际贸易投资竞争公平性方面不断累积起亟须应对来自欧美的指责和诟病。而审批型治理体制存在"专业管理能力不足；审批时间周期漫长（经常超过法律规定的时间节点）；审批主体、标准、过程不透明；社会化审批（主体）严重不足"等诸多局限，一些强制/密集审批的行业中企业发展转变甚至常常落后于市场消费演变，治理体制（尤其是准入体制）变革又常常落后于企业发展转变，从而社会发展总体上滞后于经济发展。

治理体制（尤其是准入体制）变革相较于企业发展转变的落后，体现为：导向方面过于强调经济可持续性；主体方面过于强调政府；领域方面过于强调工业；地域方面过于强调发达地区及城镇；对象方面过于强调消费和消费者；环节方面过于强调事前（准入），以至"重准入轻监管"；空间方面过于强调（抱守）线下；功能方面过于强调促进、弱化保护和规制（尤其是事中事后监管）；逻辑方面过于强调身份论、关系论和潜规则；公正、协调与稳定三方面都不甚理想（民营企业和中小企业尤其呼吁提供同等开放、一体化监管的公正的竞争环境），尤其在财政/金融支持和研发补助等方面存在明显的国企偏好和规模偏好，针对国企和大企业（尤其是其背后的"婆婆"）的促进、保护更强、规制不力，针对民营企业和中小企业的促进、保护不力、规制更强（尤其是小微企业频仍的"融资难""融资贵"）；形式方面过于强调思想性和宣示性，操作性却较薄弱。于是，百姓急需的新药物/器械/植入物（尤其 3D 打印类）上市审批亟须提高效率，一些行业（例如 LED、转基因[①]等）研发投入巨大而"技术领先却产业化落后"，也就不难理解。不过局部情况也在好转：2017 年 9 月 11 日起，重庆市公安部门正式对 3D 技术及其应用行业实施信息登记制度，重庆成为中国最早将 3D

---

① 按照科技部 2017 年 3 月发布的消息，中国转基因重大专项实施已取得显著成效，已建立起涵盖基因克隆、遗传转化、品种培育、安全评价等全链条的自主研发体系，重大基因、规模化转化及基因组编辑等核心技术创新取得突破，具备参与国际竞争的能力。

技术及其应用纳入特种行业登记管理的省市之一。

该阶段政府治理体制的内在变化也很大。1987年土地制度改革，1988年外贸体制改革、房改、就业改革政策陆续出台之后，以及1994年开始的分税制下的财政刺激和压力，使得地方发展主义（尤其是依托房地产业等）迅速抬头。政府甚至成为经济增长发动机及基础设施/产业主要/唯一投资人，对经济规律/科技规律/社会规律/环境规律/人才（科学家、企业家、大学生、专业人员等）成长规律的尊重不足，更多实行软性财政约束下生产型政策体制（包括流转税制、生产导向、成本累加的刺激）。经济政绩驱动下（"Race to the Top"），各级政府往往不负长期责任地直接或间接大量举债（基于政府兜底的投融资平台、加之与国有商业银行的紧密关系），重功能轻基础建设（社保、公共服务设施及其水平滞后），公务（角色）不足商务（经济角色）有余，官员大多短任期制和普遍异地任职制下急功近利和短期化更为显著。对于处于关键地位的国家/地方发改委（及其他相关主管部门）来说，全能型/发展型/投资型政府背景下的"发展"职能（甚至"增长/发展主义"，"政府公司化"，作为"运动员"）有余、"体改"/"监管"职能（作为"裁判"）不足，国家/地方国资委（及其他相关主管部门）"管人/事/资产"有余，"管资本"不足。在这个阶段，中国增量意义上的"低垂的果实"（例如传统要素红利和社会/环境治理薄弱条件下的要素/投资驱动型经济增长）被摘吃殆尽、留下的"硬骨头"① 相对甚至绝对大增。

（二）"自发－拉式"演进路径

尤其是2012年中共十八大召开以来，影响或制约企业经营活动的因素实质上更多来自政治气候之外的经济、技术、社会、环境等多元综合领域。日益精益型市场化（尤其是个性化的生产和需求）的中国实际上需要"自发－拉式"（反应性）演进路径（所谓"诱致性变迁"），体现出"需求—产品—体制"或"产品—需求—体制"作用逻辑和路径。这是指，在政府更好引导下，更加注重在基层视角/草根路线下（自下而上/自外而内）和"冲击－响应"（Emerging Approach）（"顺天应人"）范式下"市场消费演变—企业发展转变—治理体制供给"（市场消费演变引导企业发展转变、企业发展转变呼吁体制变革）。这种路

---

① 包括政策/资源/利益长期过于甚至畸形地集中/拥塞于局部而导致社会/环境系统积累的诸多严峻压力/矛盾，例如贫困（Gross Domestic Poverty）、地区/行业/企业/社会阶层/个体破坏性的分化/固化（Gross Domestic Partition）、污染（Gross Domestic Pollution）等。

径在传统中国几乎不可能发生。不过,综合回顾毛泽东领导下的中国新民主主义革命历程及1978年来中国农村和城市地区的重要变革历程可见,这种注重更像是一种"回归"。在地域意义上,市场经济和民营经济比重高企的深圳等地在这方面体现得尤为明显,相应的转变压力和探索将更为温和。

这种演进中,中国政府的作用仍很重要,但市场(及其创业创新精英)相较以前则更为强势(其领导人的开明程度和现代化意识强弱同样也非常关键),市场主体性/自主性/独立性/分散性作用最关键,关注焦点在于切实的效果,明显体现出政府服务、企业主导、民间促进的基本特征,反映了微观行为塑造宏观因素或者宏观因素响应微观行为的基本机理。也就是说,市场行为系统对治理体制的诉求是什么和是否得到了满足,市场行为系统关键参与者的本性和诉求被考虑得更为充分,消费者和企业可以更多地考虑"想做什么",颇有市场主体利用民意争取/要求权利、施压政府部门/官员为其服务的意味。该路径下,情势变化下利基发展引起体制变革,注重经济/社会/环境压力下"看不见的手"的自发作用,更多体现体制诉求方在思想/政策/战略方面的创造性(反映自身心声的意见和建议能进入政府正式的决策议程)。相伴随的将是,基于偏分散型政治权力的经济/社会/环境资源及其活动在更加广泛的主体(包含体制外的更多不同类型的企业等)、行业(符合市场规律的更多行业)、地区(更多不同类型的城市)的常规规模和速度的集聚(本身的自然、后天禀赋也将对此颇有助益)。这样培育起来的多样性、内生化能力和内部化(转嫁/对冲)机制也正是纾解内外部各种现实/潜在破坏性的经济/社会/环境压力的重要保障。

具体包括:强主体性下的小规模/异质性/个性化/脉冲式市场消费需要得到满足①—更多激发企业探索性创新[自主性/突破性创新,尤其是在储蓄和外汇双缺口基本消失后,新型"多缺口"(高级技术缺口、人才缺口、质量缺口、安全缺口、生态环保缺口等)更受重视,引进高质量外来资金、技术和管理更具挑战性的背景下],政府自下而上/自外而内地(一般源于消费者/创新者同行等利益相关者因为I-ISHEP—正直/安全/健康/环保/盈利—利益冲突等原因而向政

---

① 这种情况下,需求不可预测/相互影响/需求易逝或风靡性/短周期性,企业需要采取时任北京大学符国群教授所提冲击营销范式下的草根路线:自下而上/自外而内/迅速动员资源/灵活配置资源/产品多而随机调整/应需而动/迅速调整/迅速收获/迅速延伸/探索性创新密集/开放/共创/决策执行一体/灵性人或全脑工作密集。而在需求可预测/相互影响/需求持久或非风靡性/长周期性情况下,企业往往采取经典范式下的精英路线:自上而下/自内而外/缓慢动员资源/均匀配置资源/产品少而长期固定/投石问路/慢慢调整/缓慢收获/缓慢延伸/利用性创新密集/封闭/单创/决策执行分离/橡皮人或无脑工作密集。

府施加的体制诉求)趋于实行注册型(开放性/定制化/协同性/引领性/可期性为基本特征)治理(例如促进、保护和规制)。该路径总体体现为,"经济/社会/环境压力—(施压于/呼吁)企业经济/社会/环境响应—(施压于/呼吁)经济/社会/环境体制变革",聚焦于"兴/衰律"(意在促进发展,尤其是对发展的重视更加明确和直接),注重大众(草根)主义视角下经验和基层地方(尤其是市场供求双方及其竞争同行)分散性地热忱探索未知世界的作用。尤其注重真正的企业家在发现、想象不确定性之后打破/创造性地破坏现有均衡并积极承担相应的不确定性。

例如,互联网租车平台出现之后,消费者有关生命/财产/信息安全的担忧、传统出租车司机的抗议、平台司机有关劳动关系的争议以及平台之间针对司机/用户的"割喉式"补贴竞争都在发生类似的过程。农业部 2017 年 3 月发布的《关于深入实施主食加工业提升行动的通知》明确重点任务是"以功能化、营养化、便捷化消费需求为主导,适应个性化、高端化、体验化消费需求,开发营养、安全、美味、健康、便捷、实惠的多元化主食产品"。2017 年 5 月 3 日国务院常务会议提到,要瞄准群众多层次多样化健康需求,推进医疗领域简政放权、放管结合、优化服务,大力支持社会力量提供医疗服务。这种路径下,尽管往往缺乏整体设计,但其相互利益格局的动荡及重新博弈和协调对于整体设计往往起到重要的推动甚至完善/建设的作用,更常适用于成熟市场/民主型经济体及威权型经济体的较高级发展阶段。

而眼下(2013 年以来,尤其是 2017 年中共十九大以来)中国更是处于全新的经济/技术/社会/环境氛围,开始迈入新时代。特别是中国达到中等收入国家生活水平标准之后,开始更加结构性地积极寻求经济/政治/文化/社会/环境协调发展和共同进步。但此时,世界经济深度调整、经济贸易低速增长、贸易投资规则重构、国内经济放缓至中高速增长、中国全面改革深化和可持续性转变加快(本质上将更多是新型的创新驱动,即自主探索性创新驱动)。为适应更加昂贵的要素系统和更加挑剔的国内外市场消费,中国需要的不仅是那些所谓填补"国内空白"、打破国际垄断、提升既有产业链地位的成熟技术,而更多是那些能够满足中国特质市场、填补"世界空白"甚至打造新型国际/国内价值链的全新技术。从而,中国要在"双元性"思维指导下、在传统阵地(升级为主题)和新兴阵地(转型为主题)之间的连续统一体(两型正态化"谱系",无论是横向空间意义上,还是纵向时间意义上)上动态确定最优的技术/产品/产业链位置。为此，中国及其领先企业需要更系统地高度重视主要由自主探索性创新驱动的经济增长和社会发展，企业需要采取"参透传统/竞争者/用户/未来，时新和传统有机结合"为基本特征的、真正可持续的有机创新和可持续性转变。

这种情势天然地就要求，政府/企业/消费者在创新性地适应/探索最新环境（尤其是彼此更加易达的移动互联网环境）的过程中，超越对于个体、局部、短期利益的关注，接受回归性的"互联网思维"（尤其是线上以及O2O"互联网思维"）和责任/利益/命运共同体理念（需要指出的是，从人类历史长河来看，这些思维和理念的实质都不是想象中的那样全新）的指导。在这些思维和理念指导下，企业要厘清自己本应的使命、价值观、战略和运营模式，纳入/整合/包容更多利益相关者的"三公"（公开、公平、公正）参与，并及时甚至实时真诚/真实地倾听/响应彼此的正当/合理诉求，以共商/共建/共享地增进更高质量、更可持续的共同成长和发展（共同"获得感"）。

在这个阶段，中国经济可持续性转变的焦点任务是，在国际国内新形势下确立市场在资源配置中的决定性作用，并完善市场治理体制实现兼顾社会、环境可持续性导向的全面转变。这尤其是2013年以来中国第二次全面深化改革、扩大开放甚至开创新型开放格局的重要导向。该阶段的企业探索性创新则更需要演绎/原点（零点）/非对称思维主导下的创新。企业不是参考现状（尤其是竞争者现状），而是回归/缩减到最核心的行业本质（存在的使命和理由，也就是用户需要/需求这一基本原点），推导出一个（套）最符合行业核心本质需要/需求，并嵌入关键成功因素的解决模型，然后才开源/封闭地从根本向外衍生/拓展。以至于企业能够像苹果（尽管不是探索性创新的先锋、却是成熟技术整合的高手）、特斯拉、飞贷等公司那样分别对智能手机、电动汽车和"手机APP贷款"进行重新定义。这其实是以用户为中心、更高层次的"引致－推式"产品供给——创造用户和市场，最能体现"企业家/精神"的真谛。

这种背景下，企业需要更偏包容型/更自由但又不失审慎性（尽管不少人主张以成本—效益原则替代审慎/预防原则，二者之间的取舍和权衡确实富有挑战）的政治经济治理体制以及更加"统一/开放/竞争/有序/全面"的市场体系。[①] 企业面向更高层级的市场（包括生产科技创新等"高/大/上"的市场、生活科技

---

① 中共十八届三中全会《中共中央关于全面深化改革若干重大问题的决定》提出要建立"统一开放竞争有序的市场体系"。

创新等"低/小/下"的市场）需求，大量投资于基于新兴成长/甚至不太成熟技术的产品和模式（尤其是基于"互联网思维"和工具的电子商务、基于自动化和人工智能的机器人业务/应用），并（甚至社会化地/跨界）整合更加庞大、更加昂贵的诸多要素。企业开发自主技术（日益清醒地认识到真正核心的新兴技术是引进不到的）、实现技术领先，国家鼓励中高端产品出口和本土中高级/精致消费满足，"学""习"协调、更强化"学"，高风险、集约型/可持续地积累、分配、消耗财富（实现更高水平的共同富裕），领先市场/领先技术（主要源于探索性/破坏性创新）更加协调，缓解甚至销蚀经济、社会和环境压力（危机）。

从政府治理体制层面来看，既要同时高度尊重经济规律/科技规律/社会规律/城市规律/环境规律/人才（科学家、企业家、大学生、专业人员等）成长规律等，又要实行财政可保但受控（强化预算法律约束）情况下的新型地方发展主义。政府成为经济增长助动者以及基础设施/产业投资参与者。也就是，实行阳光政府视角下社会民生和综合政绩导向的法治型、规制型、消费型政策体制（包括直接税制、消费者取向、价值累加的促进），打造并利用社会化、负责任的可持续的自主融资平台（包括地方政府负债、地方政府信贷、地方主权财富基金等，但对于债务性平台的使用要更加谨慎），鼓励基础、功能建设社会化（例如PPP），在全部官员合理任期制和合理异地任职制下偏重公务职能。对于处于关键地位的国家/地方发改委（及其他相关主管部门）而言，服务型有限政府背景下更应转变职能、简政放权、回归"体制变革"/"审慎监管"（作为裁判）的本分/本位并在有效条件下奋发有为，国家/地方国资委（及其他相关主管部门）也要回归到"管资本"的本有定位（例如名称上可以改为国有资本管理委员会）。所有这些做法将根本性地应对市场经济地位和国际贸易投资竞争公平性方面来自欧美的指责和诟病。

政府为此在强力推进（尤其亟须新的高层领导人直接主抓，事实上也是如此）的带有权力"自我革命"性质（不能只是"刀刃向外"，还要"刀刃向内"）的全面深化改革。中国政府正瞄准治理体制方面更具存量意义的"低垂的果实"（包括削减繁文缛节、降低行政税费、供给侧结构性改革、去除传统产能及其落后生产服务方式引起的"动奶酪"）、正视/啃掉"硬骨头"和打"攻坚战"（尤其是中共十八大以来防范化解重大风险、精准脱贫、污染防治"三大攻坚战"）、补"短板"并种植/摘吃"高悬的果实"（尤其是海归回流、自主探索性创新驱动、创业创新等新型要素红利以及相匹配的更加完善的综合治理体制），市场经济规律得到战略性的重视、企业家的创业创新以及广大社会公众的政治参与诉求得到战略性的尊重/信任/发挥/支持。2017年中共十九大和2018年全国"两会"以来，顶层设计、全盘计划和最高层推动很快确定和落地的国家治理现代化重大改革部署更是将这一进程推进到前所未有的高度。

（三）治理体制供给路径的转变趋势

从趋势上看，为促进市场作用和政府作用更高水平上的有机结合，中国在"市场消费演变、企业发展转变、治理体制供给"一起演进过程中，治理体制供给路径发生重要转变。那就是，由自上而下/自内而外式为主（当时市场环境确定、活动简单、政府信息/知识够用，往往伴生和培育着日后越来越"要不得"/"致命"的"等靠要"思维）转向自下而上/自外而内式为主（时下市场环境不确定、活动复杂、政府信息/知识不够用，往往伴生和培育着日后越来越紧缺和可靠的"自力更生/奋发图强"思维）。

对市场消费的率先响应者则从政府转向企业，市场在资源配置中的作用定位走向"决定"（"从跟随到响应到决定"），政府的作用定位则趋于"更好"（从决定到引领到响应）。而且，产品供给方更多以市场消费为导向、政府的体制供给更多以体制诉求为导向。两者各有适用于特定情境的优势和不足。至于何者更为有效，以及中国政府需要多大程度和多快地从决定作用转向引领、响应作用，则将主要取决于特定时空下何者信息基础设施更为优越、何者信息优势更为明显、何者决策成效更为显著。

例如，大数据技术的应用是否可以缓解政府转变作用发挥机制的压力，并增强政府坚持和优化计划管理的信心？最新房地产体制改革（自上而下的特色显著）似乎正在检测这一论断，并孕育着很多全新的可能。对于中国（尤其是特定地区和制造业企业）而言，"三高一低"背景下的经济可持续性转变需要在很有限的机会窗口里同时实现这些演进，因而挑战将尤其严峻。在该问题上不能太久徘徊/纠结于既得利益集团和新兴利益集团、"精英主义"和"大众/草根主义"、短期目标和长期目标之间的争论。而是要坚定地吸收市场供求双方参与体制创新贡献专业智慧，否则又将贻误中国体制以及商业创业/创新的战略性机会，并且不利于培育/强化护卫和平、保家卫国、强国富民所必需的综合实力。正如刘鹤（2001）所认为的那样，"政府和民间将有广泛的合作与互动，政府的作用并不仅是计划经济的影响,政府创造外部环境,主导经济发展战略,充分发挥民间的力量,推动新经济的发展,将成为未来中国新经济发展主要的体制特征。因此,一方面中国会高度重视界定政府的公共职能,另一方面也会进一步完善制度,发挥民间的作用"。

第四章 理论重构：市场消费演变、企业发展转变与治理体制供给协同演进

一、市场消费演变、企业发展转变与治理体制供给协同演进框架

本书基于 MLP 综合观察/分析改革开放以来中国经济三大层面一起演进的过程及其转变趋势之后有一个重要发现。那就是，中国经济的可持续性转变存在前面已经提及，分属于市场行为系统（主要是市场供求双方，实质上是以供给方或者需求方为中心的要素筹供/配置/整合系统，"无形之手"要大有作为）、营商环境系统（在中国主要是政府治理体制及其变革，"有形之手"将大有可为），但是密不可分、互动作用、闭合循环的三方面因素（"市场消费演变、企业发展转变、治理体制供给"，涉及用户选择、企业创新和政府治理三方面关键角色）。相应地，中国经济的可持续性转变可被拓展性地提炼为一个涉及这三大基本层面协同演进的顶层性、整合性的"谱系"式框架（见图 4-1）。而且，无论是横向空间意义上，还是纵向时间意义上，其还存在两型（例如Ⅰ型、Ⅱ型）正态化分布的特征（非常特殊的"连续统一体"）。

该协同演进框架明显体现跨边界（政府/市场、供给/需求）的利益相关者摆脱/突破"体制宿命"（即相当多的精力投入"能做什么"而不是"想做什么"）所进行的价值共创、体制共创及其密切互动的共同体追求。其中高密度地

第四章 理论重构：市场消费演变、企业发展转变与治理体制供给协同演进

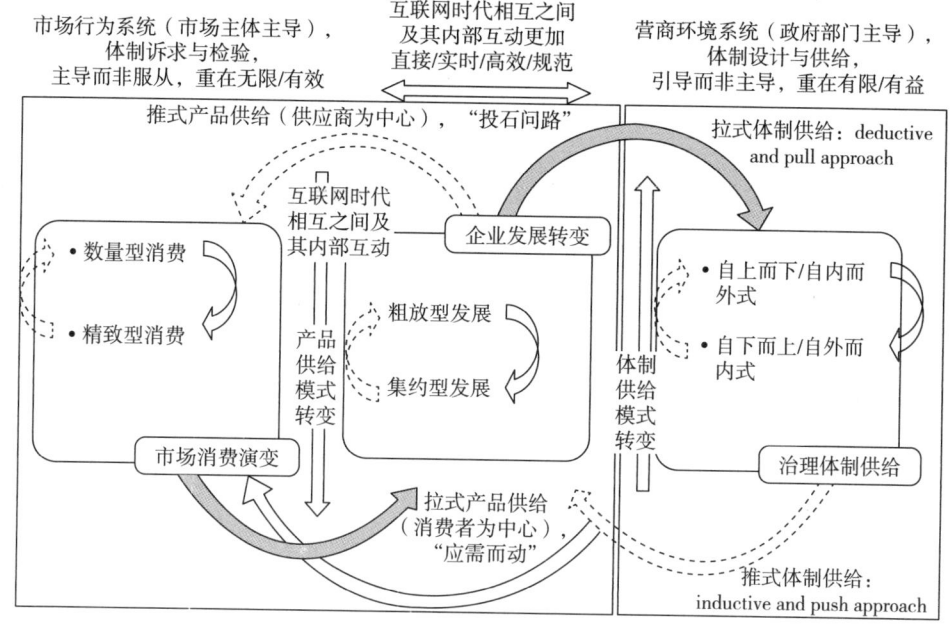

图 4-1 市场消费演变、企业发展转变与治理体制供给协同演进框架：中国经济的经验

分布着涉及多种因素的双重"双创"（创业创新）、双重供求互动以及相应的双重激励机制和容错机制，至少体现出企业层面制度能力和经营能力的协同互动。这些因素包括：全主体［政府/市场/社会、资本（Profit）/人类（People）/地球（Planet）］、全主题（效益/普惠/绿色）、全逻辑（经济技术逻辑/人文生态逻辑、经济效率逻辑/制度合法性逻辑）、全路径（供给驱动/需求拉动、自上而下/自下而上、自内而外/自外而内）、全绩效（经济可持续性/社会可持续性/环境可持续性）。双重"双创"包括往往经常/日常性、时间压缩不经济性较弱从而后发优势显著的商业创业创新，往往间断/非常性、时间压缩不经济性较强从而后发优势较弱的体制创业创新，这样在演绎科技和管理作为双轮驱动经济社会进步的永恒主题。双重供求互动是指商品供求互动/体制供求互动，实际上是市场自由和必要调控之间的互动，也反映出政府对市场效能及其产权基础（资源所有权、资源自由配置权、资源交易权、资源定价权等）的绝对/相对边界的治理。

该协同演进框架普遍存在于中国的金融、零售、制造业等主要行业，可用于刻画市场（有效性，反映"兴/衰"从而企业的市场地位/权利）和政府（有益性，反映"治/乱"从而企业的制度地位/权利）之间以及市场中供求之间关系

（从而生产者地位/权利和消费者地位/权利）的协调程度。这种协调基本体现为新效率（新技术、新产品、新模式等）和新秩序之间及其内部关键因素之间的匹配程度。2018年11月5日到10日在上海举办的首届中国国际进口博览会的台前幕后就集中地演绎了这种互动场景。其结果可能是演进协同得力而致的供求平衡（"兴/衰"所在）和治理协调（"治/乱"所在），从而实现"惠民、兴业、善政"之间在"命运共同体"框架下的良性循环；也可能是演进协同不力而致的供求缺口（"兴/衰"所在）和治理缺口（"治/乱"所在），从而体现出需要力避的"损民、抑业、苛政"间的恶性循环。

进一步地，这些结果还有更深层的意义。这也能打造出产（业）城（镇）融合程度不一/各具特色的多层次/多形式区域经济社会系统；体现出大国心态下对清晰统一被尊大国形象（大国国民、大国企业品牌、大国公共政府、大国国际责任等）及其美好生产/生活方式（兼具精度和温度而致的灵性）的协同塑造；能反映国民品牌与企业品牌、企业品牌与国家/政府品牌之间的联接；可用于全面系统动态阐释/推演中国经济有关"消费新常态—企业新发展—政府新体制"（例如，可能技术更加成熟、经济更加合理、市场更加成形、企业更可持续、体制更加开明）从而各行业市场地位和制度地位（及其内在因素）互动/协同演绎的宏阔图景。当然，作为这一互动/协同演绎的一个结果，加之一些可能的运气因素，有的行业在衰落，有的行业在兴盛，相应承载的综合红利（机会、资源、利益、福利、前景的分配）在重构中有的在失去，有的在释放，各相关个体/群体的综合（政治/经济/物质/精神/社会）利益、价值观偏好和价值链地位（包括市场地位/制度地位）也因此而此起彼落（一定时间内还存在"马太效应"）。

还要特别指出的是，一方面，这反映了新制度经济学鼻祖、1991年诺贝尔经济学奖的获得者罗纳德·哈里·科斯所担忧的中国思想市场的特殊运行机理。中国实际上确实存在和运行着一个隐形的思想市场，体现出国家总体目标和基层地方积极性之间的互动融合。实际上这也是中国特色政治体制（政治权力及相应的资源和能力）和市场经济系统（经济权力及相应的资源和能力）互动的典型过程，体现出对中国特色社会主义经济的坚持和发展以及对中国特色社会主义生产力的发展和解放。

另一方面，在互联网时代，市场行为系统、营商环境系统相互之间及其内部互动还将显得更加直接/实时/高效/规范。尤其是在以使用权经济为典型特征的服务经济时代。其中一个重要原因就是整个过程本身互动性更强且互动过程的透

第四章 理论重构：市场消费演变、企业发展转变与治理体制供给协同演进

明化程度在增强，并体现出对更多利益相关者参与和分享的包容（服务业比重的提升/高企及其劳动力密集的典型属性使得相较于资本所得劳动者收入比重能得到较大程度的保证，尽管存在"无人"技术的替代以及基尼系数上服务业高于制造业的情况，这可能利于缓解收入/贫富差距和降低整个经济体的基尼系数），再加之整个社会和政策体制部门日益重视。

再一方面，以上更多属于所有权经济背景下的观察、思考和发现，而在使用权经济（Access-based Economy）背景下市场消费演变、企业发展转变、治理体制供给之间的互动关系可能还具有全新的特殊内涵与性质。这需要理论和实务界予以高度的重视。这方面，意在重塑政商距离/关系、产权经济——例如走向更加系统广泛的使用权经济/分享经济——以及经济发展方式的雄安新区建设很可能就是一项绝佳的观察样本。

二、市场消费演变、企业发展转变与治理体制供给协同演进关系

按照上述框架，在中国，市场消费的强主体性特征需要探索性创新驱动的企业发展相匹配，而探索性创新驱动的企业发展则也需要能匹配的治理体制条件。毕竟，器物意义上的新技术、新产品、新模式、新治理、新管理固然层出不穷，但是其影响却不仅局限于浅层次的器物意义，还深入到相关主体行为心理、行为价值观及行为制度等深层次的体制意义。

也就是说，在中国，适应于市场消费从数量型消费（弱主体性下的大规模/模仿性/标准化/排浪式消费为主）向精致型消费（强主体性下的小规模/异质性/个性化/脉冲式消费为主）的演变，企业发展需要从以利用性创新（复制性/适应性创新）驱动为主的粗放型发展转向以探索性创新（自主性/突破性创新）驱动为主的集约型发展，而治理体制供给则需要从"引致-推式"路径转向"自发-拉式"路径。"引致-推式"路径为自上而下/自内而外式，属于偏重具有封闭性/标准化/分离性/跟随性/难期性等特征的审批型治理体制，"自发-拉式"路径为自下而上/自外而内式，属于偏重具有开放性/定制化/协同性/引领性/可期性等特征的注册型治理体制。

更具体地看，该框架构成要素还可以进一步细分。例如，该框架中的市场行为系统中的需求系统还存在着自然消费者主导、企业消费者主导、政府/非政府组织消费者主导之分，供给系统的创新存在需求拉动型、供给推动型之分，而营商环境系统领域的治理体制供给则存在政府主导和民间主导之分。同时还要特别指出，随着三个层面及整个系统发展演变到更高级的阶段，加之出现特定的合适制度和技术条件（例如大数据/人工智能等）的配合，这种趋势还将出现"螺旋式回归"意义上的逆向转变（见图4-1）。这意味着，市场消费、企业发展和治理体制供给的新模式周期一旦启动，"螺旋式回归"意义上的原有模式反而可能会变得更加重要。例如，市场消费方面精致型消费的数量型扩张、企业发展转变方面集约型发展的规模化扩展、更高统筹和全面深化体制改革背景下治理体制供给方面（因为新阶段治理体制重点在执行而不是创新）从"自发－拉式"路径回归到"引致－推式"路径。而且很可能看起来"引致－推式"路径特色浓厚、实则将体现出更多"自发－拉式"路径下的基层参与。这意味着这些路径的应用基于特定情景演变存在绝对或者相对的边界。

其实，这种"市场消费演变—企业发展转变—治理体制供给"协同演进/互动的两型正态化"谱系"式表现也明显体现出市场行为系统和营商环境系统（尤其是政治经济治理）的双重包容性①，并已经引起中国高层的重视。例如，按照中国共产党第十一届中央委员会第三次全体会议公报："实践证明，保持必要的社会政治安定，按照客观经济规律办事，我们的国民经济就高速度地、稳定地向前发展，反之，国民经济就发展缓慢甚至停滞倒退。"1984年《中共中央关于经济体制改革的决定》提到："正在世界范围兴起的新技术革命，对我国经济的发展是一种新的机遇和挑战。这就要求我们的经济体制，具有吸收当代最新科技成就，推动科技进步，创造新的生产力的更加强大的能力。"2015年11月10日习近平总书记主持召开中央财经领导小组第十一次会议时就强调，"在适度扩大总需求的同时，着力加强供给侧结构性改革，着力提高供给体系质量和效率，增强经济持续增长动力，推动我国社会生产力水平实现整体跃升"。时任中财办主任刘鹤在不少场合也强调，"深入研究市场行为和社会心理预期变化，增强政

---

① 按照Daron Acemoglu和James Robinson（2012）的看法，包容性（Inclusive）而非汲取性（Extractive）的政治经济制度是一个国家/经济体经济长期可持续增长的必要条件。可参阅：Daron Acemoglu and James Robinson. Why Nations Fail: The Origins of Power, Prosperity, and Poverty [M]. Crown Publications (Randon House), 2012. 而要实现长期可持续的经济增长，还需要配备一套限制价值攫取/汲取、鼓励探索性创新甚至创造性破坏的市场行为系统。

第四章 理论重构：市场消费演变、企业发展转变与治理体制供给协同演进

策透明度和可预期性，加强同市场行为主体的沟通融合。"国务院于2017年1月印发的《"十三五"市场监管规划》提出，"到2020年，初步形成科学高效的市场监管体系，构建以法治为基础、企业自律和社会共治为支撑的市场监管新格局，形成便利化、国际化、法治化的营商环境"。

本书观察也发现，伴随着工业化、城镇化、国际化背景下的中国经济快速增长/收入增加，中国消费者可支付能力在增强，其知识在增加（因为教育投资、资讯消费、网络社交等因素的影响），消费者消费素养在提升，但相关的重大经济、社会和环境问题也在累积。不过，在中国经济增长减速、重大经济、社会和环境问题纷纷暴露的情况下，重大经济问题（经济效益/自主技术/自主品牌方面）、社会问题（包括诚信/安全/健康/公正等，包括个人隐私、信息安全、人身健康安全）、环境问题有多严峻，利益相关者（尤其是政府和消费者）对这些问题就会有多关注。他们对这些问题有多关注（加之消费者本身及其消费条件大幅度改善），对更能高效解决这些重大问题的可持续技术、产品和模式的期盼（市场消费演变）就有多强烈；消费者的产品质量期望水平就有多高涨（包括最低可接受水平和最高理想水平，尤其是消费的个性化、体验性、健康化、迅捷化、民族性、高端化、责任化），这些可持续技术、产品和模式的市场消费及其潜力就有多庞大；企业进行可持续性创新（尤其是探索性创新）驱动发展的压力和机会就有多明确（正如联想控股所做的那样，通过财务投资和战略投资寻找和把握实业和服务消费升级、经济结构转变中的机会）；相应地对治理体制的特定诉求及其满足就有多迫切；治理体制响应市场行为系统的这些新诉求而进行探索性创新并转变变革路径的压力和机会也就有多显著。所有这些市场行为系统和营商环境系统因素协同递进/互动的效果将从根本上决定着中国优质生产/生活方式创造/交付系统的生产力，从而也最终决定着影响中国未来国际地位和实力（包括人民币币值及其信用等）的基本面。

在这种转变过程中，动能转换（尤其是在传统动能长期强劲的资源型地区、老产业基地等）无疑潜藏着甚至已经爆发诸多原生性/次生性的"地震"。如果传统（动能）业务技术、产品和模式质量太低、提升太慢（"包袱沉重"/"门庭如旧"），新兴（动能）业务技术、产品和模式质量很高、提升很快（"身轻如燕"/"另起炉灶"），从而产生两大质量缺口（传统业务本身的供求缺口，基本源于"循旧怠惰"甚至"挑三拣四""满腹牢骚"；传统业务/新兴业务之间的同行缺口，基本源于"水涨船高"），加之新兴技术、产品和模式的采用使得用户

转换成本（风险）大幅度降低（退出/抛弃传统业务及其模式、接纳/拥抱新兴业务及其模式都更加容易、决绝），不满意的用户纷纷转换门庭（"怒其不争"/"此山望见那山高"/"趋新避旧"），导致传统业务"门可罗雀"（市场份额下降、销售收入萎缩、单位成本上升、技术创新停顿）、新兴业务"门庭若市"（市场份额上升、销售收入膨胀、单位成本下降、技术创新兴盛）。

不难发现，对于国家、地区、城市而言，其新旧发展动能之间也在呈现类似的演进格局。尽管如此，国内食品、日用品、医疗、教育、文化、体育等领域大规模精细/精致的优质产品需求却长期难以被足够多的高质量研发、生产和营销投资所满足（从而海淘/代购/跨境电商繁盛不止）。而已有的那些新兴研发、生产和营销投资却亟须寻找/得到正式治理体制的认可和保障。这种现象的资源瓶颈（赤字）和体制瓶颈（赤字）究竟在哪里？

于是，这里的关键问题将是，适应升级的中国市场消费，企业如何改造提升传统业务（"见贤思齐"/"改弦更张"，而不是"破罐子破摔"、黏/坑/蒙/拐/骗以"苟延残喘"）？如何确保新兴业务可持续性转变（"居安思危"/"如履薄冰"，而不是"鱼目混珠"、吹/坑/蒙/拐/骗以"先下手为强"和"打一枪换一个地方"）？一方面，新兴业务如何才能被纳入正式的新型治理体制，也就是如何为开发培育新兴业务创新性地准备好匹配的治理体制？上述行业领域的潜在优质供给是否被现有体制（例如严格且不公正的进入壁垒）管住了？另一方面，新兴业务本身如何在新的治理体制下应对模仿创新、需求转移及模式衰减保持创新发展活力及可持续性？

基于中国经验的这套协同演进框架对于 Geels Frank 所提的 MLP 有着重大的拓展。在中国市场上，"市场消费演变—企业发展转变—治理体制供给"双向/共同/不停演进（转化）的可持续性转变在诸多方面都有本质性的拓展，从而能够显著超越和发展 Geels Frank 所观察到的更为狭小的视角、空间和范畴。这些方面包括：地域（情势）包容性（即涵盖发达经济体和发展中经济体）、主体广泛性（即微观主体涉入）、路径循环性（即纳入了闭合循环的正向、逆向及其组合的演进路径）、系统整合性（同时纳入市场微观运行机理和宏观体制运行机理）、发展动态性（即整合了特定经济体中国的过去、现实和未来趋势）。

加之在移动互联网时代（中国拥有全球最多的网民群体，而且网络、社交媒体已成为民众最容易、最愿意使用的获取信息、表达诉求、参与治理的渠道），源于"互联网思维"/技术/设施/治理的支撑，中国市场行为系统（主要是市场供求系统）和营商环境系统（主要是政府系统）这两大系统创新之间（及其内部）的这种联接/互动（尤其是有关各方相互之间在根本假设上的理解、解读和判断方面的沟通）还将变得更加直接/及时/实时/高效。这样将更能促进三方协同性的适应性（adaptability）或韧性（resilience）导向的自我革新，体现出威权型、单向度的"引致－推式"路径到包容型、多元化的"自发－拉式"路径（后者情况下企业的创造性破坏才可能更加繁荣和持续）的转变，并且在体制变革上兼顾政府一元主体自上而下/自内而外、市场多元主体自下而上/自外而内协调互动（复兴和大兴调查研究之风，从而与时俱进地演绎"群众路线"），这将给该协同演进框架及其运行打上极富中国地域特征和最新时代特色的印记。

三、中国经济源于三大层面协同演进不力的供求缺口与治理缺口

三者（及其内部）协同演进不会轻松。尤其是在有着悠久的"引致－推式"体制/产品供给传统的中国，适应创新驱动下的使用权经济、数字经济、平台经济、服务经济等的发展趋势，若要快速有效根本性地转向"自发－拉式"体制/产品供给路径，而且要动态/针对性地把握其中治理体制尤其是监管体制方面的力度/强度，挑战显然不小。况且，其中演进而来的那套治理体制还要能驾驭（而非放纵）企业家的私利追求并全天候/整体/全周期/专业/公正/高效地促进、保护与规制企业（家）创新活力及其宝贵的工匠精神，从而能实现整个经济/社会/环境系统的协调进步。毕竟，经济增长和发展的终极性意义绝不是资本腾挪和运作所追求的资本增值，而是用户等利益相关者福利/幸福水准的提升。

这种并不轻松的协同演进往往结果难料。如果演进协同不力（包括源自既得利益集团和新兴利益集团之间的非良性竞争）就会出现生产者、消费者、政府两两之间甚至三方之间的各种合作困境（Cooperation Dilemmas），并导致两种亟须弥合/消除的基本缺口（涉及相关的认知、意愿、行动和结果缺口，这可以被称为相关者之间协调方面的外部性，也亟须应急性或结构性地加以应对）。眼下这些基本缺口明显体现在柳昌清所称"五期叠加"（经济增长换挡期、结构调整阵痛期、前期刺激政策消化期、社会矛盾增多期、思想理论混乱期）背景下的

"四升一降"（经济增速下降、工业品价格下降、实体企业盈利下降、财政收入增幅下降、经济风险发生概率上升）[69]。任何一方任由这些缺口的长期存在甚至恶化无疑都是在无情透支自己的商业/公众信用，任何一方努力弥合这些缺口都在促进消费升级、企业转变和导致更加精密有效的治理体制，并在增进自己的商业/公众信用。考虑到中国商业市场和治理体制在商业创业创新和体制创业创新方面绩效还差强人意，历史包袱很轻的新型经济形态发展异军突起、如火如荼，相较于成熟发达经济体在这两方面的"1%"现象及其难题，中国在这两方面蕴含着不容忽视、需要倍加珍惜和自信的巨大潜力，因为低水平/零起点就意味着数倍于"1%"的提升都不是太难的事情。需要特别指出，很多情况下还亟须跳出人口扩张型/社会—资源环境宽松型社会、所有权经济、物理经济、产品经济、物品经济（物力密集型经济）、减式生产的框架和窠臼，正视/面对人口紧缩型/社会—资源环境紧张型社会、使用权经济、数字经济（自动化/智能化经济）、平台经济、服务经济（人力密集）、加式生产等新经济社会形态以及互联网思维等新思维。而且，不论是在前一种情况下，还是在后一种情况下，都仍需要跳出对这些缺口本身/现象的过度关注，采取"围城打援""声东击西"的理念找准/对准这些缺口产生的最终根源。

一种是企业发展转变与市场消费演变之间的供求缺口，属于产品供给体系与需求体系的变化不相适应。尤其是中高端产品领域的供求缺口，包括全面的和结构性的供求缺口，往往与市场性的或体制性的不当激励——扭曲/过度激励有关。正如时任中央财经领导小组办公室主任刘鹤2018年1月24日在第48届世界经济论坛上所称，"经济发展的主要矛盾在于供给体系难以适应需求体系的变化，供求之间存在结构性偏差，需要及时调整"。这种缺口一般主要依赖前瞻性或反应性的市场供求规律（尽管也会受到治理体制的限制和干扰，但主要与内在的资源/能力基础有关）的协调。中国已经为弥合全面供不应求背景下的这种全面供求缺口花费不少时间。如今这种缺口更多是结构性的。弥合这种结构性供求缺口，需要超越去低端产能、去低端库存的被动性视角，转向主动性视角下协同供求双方及政府力量更加精细精准地提供中高端产能、库存以适应、创造甚至引领中高端市场消费。例如，在中国大型和支线客机行业，要实现跨越式发展并迈入国际中高端市场且得到认可，除了需要来自政府政策和企业在飞机及发动机研发设计方面的努力，也需要具备强大科研能力和需求定义能力的本土航空公司参与推动。

第四章 理论重构：市场消费演变、企业发展转变与治理体制供给协同演进

另一种是治理体制供给与市场行为系统体制诉求之间的治理缺口，属于治理体制供给体系与需求体系的变化不相适应。该方面供求缺口往往是不少商业乱象丛生的体制性动因。例如，不少企业仍本质上持续地以数量型/粗放型甚至粗劣型扩张和"不务正业"、大搞官商勾连/勾结和政策投机地应对/忽悠质量型/精致型市场消费，并引起市场和公众不满/抨击。这首先集中体现为有效优质商品供给不足。例如，因为质量不过硬、成本高再加之种植结构与市场消费不匹配，农产品大规模种植户出售难和农产品加工商优质产品收购难并存，校园"毒跑道"事件等。针对这些乱象，除了要求相关商品经营者反思自己的价值观、经营策略、资源/能力瓶颈之外，往往也很有必要深刻反思体制方面相关规则体系供给是否存在治理缺口〔即治理失败/失效（Governance Failure），其本身也可能与另一重意义上的资源/能力瓶颈/赤字、体制瓶颈/赤字相关〕并做出优化调整（例如真正执行好眼下中国供给侧治理体制层面的结构性改革）。不难想象，基于所有权经济、物理经济、产品经济、物品经济的传统治理体制如何能够适应更多基于使用权经济、数字经济、平台经济、服务经济的企业发展转变诉求？习近平在博鳌亚洲论坛2018年年会的主旨演讲中再次提到，"坚决破除制约使市场在资源配置中起决定性作用、更好发挥政府作用的体制机制弊端"。

一旦市场行为系统方面必要的体制诉求和营商环境系统方面必要的体制供给之间演进协同不够，就必然产生二种限制（或不利于）企业高水平创新和高质量市场消费满足的基本治理缺口/赤字。这种不够往往意味着，在"政府没有正式规定的事情没有政府部门会做"的情况下，旧有治理体制供给不力，或新型治理体制建设缺乏/不全以及治理体制内部思想性/宣示性/操作性不相一致。这些缺口/赤字其实也就是新一轮治理体制供给亟待秉承"激励—约束相互匹配/内部相容"的基本原则加以突破的体制瓶颈/赤字/短板。这属于治理体制和生产流通之间效率和/或公正方面的不协调性。在整个国家自主探索性创新驱动可持续性转变背景下，其实质上则更多体现为治理体制对市场行为系统科技创新的制约、生产关系变革不适应生产力的发展。这也相当于经济学上所称的市场不完全，这需要相宜改革加以突破，而在极端情况下甚至被人采用行贿/腐败的形式加以突破。

需要指出，企业自主探索性创新驱动可持续性转变活动越是活跃，企业对这些体制瓶颈/赤字/短板的感知和不满就越是强烈和显著，突破这些体制瓶颈/赤字/短板就越是关键和紧迫。不可否认，不利的治理体制环境一方面在锻造这些

企业具备特殊的能力和优势，另一方面也迫使一些企业（尤其超级竞争行业的企业）通过对外直接投资等手段利用这些能力和优势、规避不利的国内治理体制并同时拥抱更有利的国外治理体制环境。这种环境包括更有利的要素条件、更优惠的税收条件、更优越的行政效能等。例如美国特朗普团队于2017年4月底公布的新税改政策草案决定将企业税率从35%下降到15%，其后显然隐含着国家之间在治理体制方面非常激烈的系统性的国际竞争。

这里的治理体制缺口/赤字一般包括以下三种基本情形①：

（1）治理体制供给和市场行为系统创新的体制诉求之间的缺口。这涉及相对于来自市场的新的必要的体制诉求新体制供给方面明确的"有无性"（包括应然意义上的"有无"和实然意义上的"有无"）和实质性的"对接性"（尤其是"精准对接性"——是否持续稳定地击中"痛点"，谨防"苛政猛于虎""越改越糟糕"甚至实效有悖初衷/初心的现象），涉及有无响应（而非脱离）市场和群众诉求的有效的治理体制。要满足必要的体制诉求，显然涉及对自由主义经济理论主张和实践的反思和调整。因为在自由主义经济学家眼中，干预需要尽量减少。而哈佛商学院的 Rebecca M. Henderson 和 Karthik Ramanna 将这种必要干预下的市场称为政治性市场（political markets）——包括高度（thick）和低度（thin）两种类型，毕竟有些治理体制本身可能已经成为限制市场行为系统创新的障碍。

这种"有无性"往往基于治理体制的"存在"（Presence）。这还影响到市场行为系统创新主体在治理体制诉求方面的形式性获得感/满足感。主要体现在治理体制阻碍小众/大众互动市场行为系统的创新，或者治理体制供给滞后于小众/大众互动市场行为系统创新的体制诉求。与此相关的两种重要现象分别是治理过度（所谓过度体制化），或是治理（监管）"漏洞"甚至"真空""盲点"，实质上就是有的政策体制供给过剩（甚而可能扼杀宝贵的创新），而有的政策体制供给却严重不足（同样不利于创新的可持续性转变）。

前者如政府常常在意/侧重明文规定的、政策性的、官僚层级性、局部效率性导向的体制供给，尤其多限于节点性的准入环节。例如，探索性创新（无论是科技方面、商业模式方面，还是组织管理方面）都需要"自由畅想、大胆假设、认真求证"。在这方面，重资产/制造业等领域的服务化转型如火如荼，对用户而

---

① 2019年4月下旬，国务院面向服务型政府建设推出国家政策方针方面的"互联网+"督查：发现线索/提出问题/提供建议，这些问题往往涉及"不作为/慢作为/乱作为"，"不完善/不配套/不协调"。

第四章　理论重构：市场消费演变、企业发展转变与治理体制供给协同演进

言轻资产型的使用权经济（租赁经济、共享经济、合作经济、服务经济）以及亲环境的再制造（remanufacturing）在大规模系统地发展，传媒领域基于算法、人工智能的自动化/智能化大行其道，社会企业群体也在壮大。国务院于2018年1月31日发布的《国务院关于全面加强基础科学研究的若干意见》继续倡导科技创新的理念，并突出原创性，"突出原始创新，促进融通发展。把提升原始创新能力摆在更加突出位置，坚定创新自信，勇于挑战最前沿的科学问题，提出更多原创理论，做出更多原创发现"。

不难想象，这些背景下，如果仍像对待所有权经济和工业经济那样一禁了之，或通过歧视性（特别是基于社会关系和个人关系）/纪律型/强制型/驾驭式/惩罚式（"治病"导向而非促健/保健导向）以及"一刀切"（举国上下、过去现在"一把尺子"）式的机械性/行政化治理体制，如何才能促进和保护这些自由型/创新型的企业（机构）及其科研人员持续主动提供优质原创技术/产品/模式的活力？尤其是准入和过程环节，存在大量必有大量国外学术期刊文献支撑——殊不知真正的原创性研究很难有很多既有参考文献——排斥"异质"原创从而跟随式/跟班式的专项/计划/项目/行动、出成果——尤其强调和鼓励短期出能发表于国外主导的SCI/SSCI期刊的英文成果，盲目倚重国外科研审美和判断/严重打压国内科研审美和判断，还得花钱发表自己的成果、公共开支购买才能阅读自己的成果、花费精力翻译成中文再加以使用——名义下的单一的、死板制度和行政干预，也存在偏重/甚至完全针对自然人而非非自然人的相关政策。更进一步，特定产业这些原创性的知识创造/创新往往具有显著的正向外部性，发挥这种正向外部性对弥合产业范围内相关知识缺口/鸿沟、提升整体可持续发展水平又非常关键，现有产业、贸易、竞争、财政和金融、投资等方面的政策以及知识产权制度建设能否倾斜于新兴产业的孕育和发展，能否有利于促进就业、保护环境、减少不平等为导向的知识生产、积累和扩散？

后者如相关市场主体——外资企业、有竞争力的企业——常常在意/侧重超出明文规定主动开展的、法治化的、民间平等性、全周期合法性/三公性导向的体制供给，在准入开放情况下尤其关注业务开展过程和结果环节的三公性。

例如，市场自主创新驱动发展模式下，为实现"择优汰劣"而非"劣币淘汰良币"，体制创业/变革的"钟摆"需要摆向兼顾科学、效率（低要素成本和交易成本）以及自由、民主、法治、公正（起点性/程序性/结果性公正）、开放

（例如准入开放、公共数据开放①等）、包容、尊重、安全、谨慎、自律，从而为优胜者腾出更大市场空间。现在那套亟须的以"环保、能源、质量、安全尤其是产权/产品安全、技术"等方面标准为核心要素的专业而公正的体制是否已经存在并有效运行？实际运行情况及成效究竟如何？

新形势下，企业（国有企业/民营企业/外资企业）新兴业务/市场开发培育（尤其是基于移动互联网和新能源、出口导向型企业转向内销以及大量的探索性创新）及其传统业务/市场可持续性转变在诸多方面具有更为显著不同、多元化灵活的体制诉求。这些方面包括：关键领导人任职周期、劳动用工（劳动雇用、劳务派遣、劳务外包等）、宽带等通信基础设施、信息/通信服务、交通运输、财税政策/体制、统计数据、市场准入、资源筹供（包括人员从业资质/投融资/风险投资、科研设备/设施共享等方面）、生产运营、产品分销、品牌评价、品牌统一推广、后市场运营（例如汽车共享/分时租赁服务、废旧电子设备回收、汽车动力电池梯级利用回收）、自主科研仪器设备研发、长期原创研究人员保护、研究成果开放（例如国家对高校院所开放、高校院所对企业开放、企业对社会开放等）、知识产权安全和保护（例如中国专利维权方面长期存在取证难、周期长、成本高、赔偿低等问题，国家正在加强建设快速维权中心，并将快速维权和快速确权有机结合，促进知识产权注册便利化、信用监管和运用国际化，2014年还开创性地在北京、上海、广州设立知识产权法院；企业知识产权维护方面的海内外律师费用如何在税前进行合理抵扣，国家财税部门也需要尽快有效响应）、研究成果转化、大国工匠经济社会地位认可和保障、容错机制（Mechanism of Failure Inclusion）运行、媒介传播、优秀企业吸引/留存/服务、反不正当竞争、反垄断、约定交易各方权利义务的格式条款和"一揽子授权"模式、个人信息保护、发票开立制度以及社会综合保障等。这种情况下，政府照搬现有主要面向传统企业（尤其是传统国有企业）及其技术/产品/模式的治理体制加以治理往往容易收效甚微，甚至使得非国有企业为主的新兴业态在人员职业资格、资金筹措、实际运营、税收处理等方面长期面临不公平竞争甚至处于"接近合法"（实际"违法"）的"灰色地带"。

为此，政府在考虑是完善现有治理体制还是定制/新建一套治理体制。例如，中国亟须强化衔接基础研究与大规模生产/分销的应用研发以及技术转化服务环

---

① 中国公共部门的数据开放一直备受期待。随着"互联网+"背景下中国服务型政府的建设深化，中国分散在税务、海关、外管、工商等部门的数据将更加整合和公开。

第四章 理论重构：市场消费演变、企业发展转变与治理体制供给协同演进

节/系统，相关体制上要超越跟随/模仿国外先进水平时代的传统做法对此再给以足够的促进和保护，真正尊重科学本身的逻辑和原则以及本土的创造力形成内生性的自我创新判断和汇聚机制。在股权分置改革问题基本解决背景下更多上市公司竞争的焦点正从要素、商品、管理转向更顶层性的公司股权及其控制权（尤其是股份分散但股价颇有吸引力的公司控制权）竞争，现有的证券监管体制在调整适应。医疗业为提升病患体验进行的服务创新，在体制上就专业人员权益/价值认可/尊重、人员编制/配置弹性、医保经费支付/报销等关键问题进行保障。为高附加值的进出口贸易、高质量的外来/对外直接投资（尤其是研发投资）配以高效能（透明/便利/稳定/可期）的贸易投资促进、保护和规制体制。国际化、开放型、数字化、平台型经济背景下，肇始于本土化、封闭型、物理型、单体型经济体系的税收/监管等治理体系在调整以适应新形势下企业可持续性转变的需要。

（2）治理体制内部思想性、宣示性和操作性层面之间不同时空下的纵向缺口。这属于体制自身思/言/行之间实质性的不协调性。固然存在制定者（及其内部）和操作执行者（及其内部）之间目标的一致或冲突，也需要考虑到制定者和操作执行者是否匹配相应的专业能力素养。这涉及必要的新体制供给的"落实性"和"实效性"，表现为亟待满足的体制诉求（难点）被淹没于文山会海和学术讨论而出现纵向性的"制度陷阱"①、体制供给存在类似内部掣肘（例如在"一揽子"放权/扩权的企业改革文件中既有针对放权/扩权的文件、又同时存在几个对权力行使进行严格限制的文件）、"牛栏关猫"、"没长牙的老虎"的现象。

这种"落实性"往往基于治理体制"绩效"（Performance）。这种缺口影响到市场行为系统创新主体在必要的治理体制诉求方面的实质性获得感/满足感。其弥合需要从上到下各必要的治理体制内部操作性环节在内生性驱动下就一套统一的治理标准/规则达成持续的共知/共识/共执，强化共识性的上级尤其是中央政令执行督察/督查。这样才能避免"有头无尾"/"虎头蛇尾"的"烂尾楼"现象以及"违法不究""有法不依""执法不严"等导致的纵向"肠梗阻""断头路""孤岛"（例如，没有完全落实或落地，审批事项下放后一些基层部门不

---

① 按照时任世界银行首席经济学家兼高级副行长考希克·巴苏的看法，对于政策的执行，很多经济学家的暗含假设是"执行政策的都是拥有绝对理性并严格执行决策的机器人"。而实际上，这种假设有问题。而且，对于政策的推行，不能仅仅考虑到政策的目标，还必须考虑到实际推行部门及其人员的实际利益（尤其是其右脑思维）。请参阅：朱鹤. 经济识途 | 经济学家，你们该走出经济学的象牙塔了 [EB/OL]. 澎湃新闻，http://www.thepaper.cn/baidu.jsp?contid=1535776，2016-09-28.

愿接/接不好）。① 否则就会出现官方形象塑造和民众自我认同之间的巨大反差，并进而损伤治理者及其体制的公信力。与此相关的一种重要现象是跨时间的治理（监管）套利，即典型的"抽梯效应"及其影响之下的抢先/抢跑行为（尤其是高污染成本和高社会成本的发展行为）。固然，随着各地区、各体制操作性层面的更大程度地真实落地——说到做到，后来者将面临更为有实效性、有权威性、纵向"无缝可钻"的治理体制。如此一来，外部性的污染成本和社会成本真正内部化了，后来者再也不能高污染成本和高社会成本地获利/致富，相较于高污染成本和高社会成本的抢先者而言就被抽离代表捷径的"梯子"，其相应的发展权利受限还应该得到体制性的可靠弥补。

例如，一些治理体制建设/变革需要避免仅仅"只说不练假把式"，或者只有战略性框架/蓝图/路线图而无操作性的实施细则/路径（如破产/退市制度是否落在实处）。产业可持续性转变（包括界内/跨界）需要更多基础/应用研发投入和人力资本投资，这些投入要得到真正升级/配套的人才工作生活/投融资/资本/财税等方面体制的有力支撑。新技术（例如新能源汽车/微信/社交媒体/无人机/无人驾驶/区块链等）创新效率需要真正有实质上相匹配的新技术规制效率。

企业需要真正面临高水平质量标准/消费者个人及集体诉讼权益保障/产品全程监管（追溯及召回）/商品质量惩罚性巨额赔偿/市场退出/退市等方面体制施加的创新压力。中国证券业准入放松之后的证券业如火如荼的金融创新要能真正满足优质实体经济/企业（跨界）创新所需的首次/定增型直接融资需求。中国要让储蓄规模速升且高企的国民高效分享优质上市公司带来的财富效应（因而首先要优化信贷制度和IPO制度吸引这些公司——尤其是硬科技领域探索性创新敏感的蓝筹公司/"独角兽"——在国内融资、上市或回归国内上市，否则只会继续将这些公司赶往国外，表现为创业成长期和上市阶段股权高比重国外化），并避免股票市场成为大股东（先是国企大股东、后是私企大股东）"圈钱器"和小股民"绞肉机"（偏重其面向大股东的融资功能而不是其面向大量社会投资者尤其是中小投资者的投资功能）。中国证券业的（依法/从严/全面）监管和投资者（尤其是中小投资者）合法权益保护体制（包括高效的证券业诉讼机制）要能真正有效满足直接融资市场融资方和投资方本源性的协调发展需求，即双方志在真

---

① 习近平总书记在第四次中央深改组会议上强调狠抓工作落实，提出"实施方案、实施行动、督促检查、改革成果、宣传引导五个'要抓到位'"，"让人民群众感受到实实在在的改革成效，引导广大干部群众共同为改革想招、一起为改革发力"。

金白银、多赢式的分红创造而不是所谓市值管理名义下零和式的股票买卖差价，从而建立和维系股票市值与实体经济之间紧密的良性关联。

另外，需要在中央政令和地方执行之间达成合作互倚的协调/平衡。需要消除"处长治国"中的"上面放，下面望，中间有根顶门杠"的"走样、变形"现象。消除一些治理举措束之高阁、养在深闺无人识的现象。上海市时任市长应勇 2018 年 1 月在政府工作报告中提到，"政府是制度供给的主体，要把经济管理权放到离市场最近的地方，把社会管理权放到离老百姓最近的地方，使审批更简、监管更强、服务更优"。李克强总理在 2018 年 3 月 20 日的媒体见面会上也提到，政府"要把改革的突破点逼近离市场、群众最近的地方，把民之所望，做改革所向"。一些治理举措要弱化/消除"运动式""一阵风"的政策（长官意志）导向性，并上升到常态化、实操作的法律和制度规范层次。要避免治理机构本身的"灯下黑"、确保"打铁还需自身硬"。

对于这些缺口亟须弥合，否则就不能精准对接市场所需所盼，并且将在国家体制创业创新方面因为贻误战略时机（重要的机会窗口）而导致整个国家/民族及相关产业及其企业承担巨大的战略性机会成本。为此，国务院还出台相应的激励措施，并开展落实方面的督查。将来，这种工作还需要自动化/法治化地开展。

（3）跨界情况下各必要的治理体制之间操作性层面不同时空下的横向（跨空间配套/互补性）缺口。这属于不同必要体制供给之间（固然存在多目标之间的一致或者冲突）在相应情报收集、扩散（共享）和响应方面的不协调/非协同性（往往是政府部门之间的合作困境）。这涉及必要的新体制供给在整体过程视角下的协同"落实性"（即体制的协调/配套性），往往基于跨界视角下的治理体制"绩效"，并影响到市场行为系统创新主体在必要的治理体制诉求方面实质性的协同获得感/满足感。但这往往超越各单项治理体制本身的视野，更多的现实是出现地区/部门层面各自界内的"零敲碎打""空转"、界外横向性的"制度瓶颈"以及整体性的"条块化"/"碎片化"。在中国的新能源发展中，能源生产和电网规划（加之输出地和输入地）之间长期协调严重不足。政府和社会资本合作项目（PPP）方面财政部统筹 PPP 公共服务领域、国家发改委统筹 PPP 传统基础设施领域，但是公共服务和基础设施又不能完全切割。关于新能源汽车发展，工信部主抓油耗管理，财政部推出积分制，国家发改委主张碳配额制，政策使用和政策适应方面的企业管理成本大大增加。这种整体性的"条块化"甚至可以追溯到革命战争年代的"红色割据""山头主义"、20 世纪 50 年代"全盘苏化"带来的科层等级制度以及后来很长时间内的城乡分隔、"本位主义"。

例如,市场消费和企业发展方面的市场竞争、行政治理、司法治理、社会监督之间及其内部关键环节操作上要实质性协同。市场竞争方面的要素市场、产品市场、产权市场机制之间及其内部关键环节操作上要相互协调。相匹配的各地产品安全监管、劳动政策体制(劳动者工资政策、科研评价体制、劳动时间/劳动者权益保护、聘任、退休等环节)、股权激励办法、智能制造领域跨行业边界标准统一/开放程度、进出口监管等要实质上协同有利于企业发展转变并提升/保障实体经济和科技创新研发的回报率(例如是否太超前、标准太高而导致更大的企业成本压力,甚至实际操作上的虚假)。

营商环境支持、行政治理内部在操作上要避免分离割据(而不是真正互联互通、数据开放、一站式告知、审批、备案、办理以确保最少/足够的环节并最大程度便利各方发展一站式商业模式、办理事务并接受/参与治理)、"九龙治水"(各管一环、整链失守)。中国制造强国战略规划的实施以及企业的创新发展要能得到相关政府部门的协调性响应。基于(跨界)新创企业生命周期的多层次资本市场(主板、中小板、创业板、新三板、区域性股权市场、私募基金、创投风投体系)在操作意义上要进行系统性建设(从发行、重组到退市全链条的市场化/规范化协调发展以促进、保护和规制价值投融资)。

移动互联网时代商业银行可持续性转变和综合发展需要可操作的高效能治理体制的保障。按照时任银监会主席郭树清于 2017 年 3 月所提,部分交叉金融产品跨市场层层嵌套、底层资产看不见底、最终流向无人知晓,针对银行业务的现有金融监管制度要能胜任。面向移动互联网背景下的金融领域跨界发展与"一站式"服务,类金融机构和类金融产品等表外业务大量出现,而且单项现代金融产品就出现大量资金通过异常复杂的交易结构跨行业、跨市场高频流动,往往涉及更多法律关系(网络),"一行三会"协同网络化而非分离式治理才可能有效,央行、银监会、证监会、保监会、外汇局之间要能在操作意义上从目前还很松散的联席会议制度发展到更加整合(整体、关联/穿透、系统)的金融综合治理。银行、信托、保险、资本市场联系日益紧密,新型证券交易工具(包括沪港通、深港通等跨境证券交易等)日益普遍而多元,要能在操作层次上站在多个环节进行治理以有效促进和保护金融高效健康发展——包括防范和应对更加复杂和一体的金融风险。医疗卫生事业的投入体制、住房保障体制要能满足自主探索性创新驱动背景下国民(尤其是创新创业年轻人才及其后院/家庭中的老龄人)的更高

第四章 理论重构：市场消费演变、企业发展转变与治理体制供给协同演进

水平的需求。

另外，司法治理方面的立法、司法、执法要操作性协同。个体各个场景的守信记录要能真正联网/共享而与个体信用挂钩。试想，无论是"有形之手"下设计精致的单个政府部门/多个政府部门，还是"无形之手"下精巧运行的单个市场/多个市场，组合之后在操作上要名目精简、相互协同（从而敬民/静民），而不是名目繁多、相互掣肘（从而烦民/扰民）。这影响到多元化扩张新业务的企业是否需要为此投入更多人力/资源设立/运营政府与公共事务部、合规部门等机构。

为达到这种操作性层面空间意义上的整体性/关联性/系统性配套/互补，各必要的跨界治理体制之间还需在思想性/宣示性/操作性环节进行协同。那就是，各方至少应在明晰和尊重各自主体性/独立性的基础上就一套统一的治理规则达成共知/共识/共执、形成和运行联合促进/保护/规制体制以避免横向层面的"肠梗阻""断头路""孤岛"（例如缺乏相互配套细则，没有相应的协调和配套措施）及横向过度体制化而导致的"叠床架屋"和冗余繁杂。上海市市长应勇于2018年1月在政府工作报告中提到，"完善综合监管机制，把部门监管事项全部接入综合监管平台，强化跨部门、跨区域执法联动，加快实现违法线索互联、监管标准互通、处理结果互认"。

也就是说，针对这种瓶颈/赤字，中国需要在顶层（国家部委层面）统筹安排的框架下赋予/协调地方和相关部门自主集成创新和协同提供体制的机会和权力。否则，就容易出现跨空间治理（监管）套利的现象（即"双重/多重标准"现象）。对此，中国全面深化改革领导办公室的设立和运行就意图整体性地确保各地各项体制变革方案的制定、实施和成效在时间和实质上的相互协调和配合。中国共产党第十九届中央委员会第三次全体会议于2018年2月28日通过的《中共中央关于深化党和国家机构改革的决定》确定的一个改革原则是"坚持优化协同高效"。相应地，随着各地、各体制在操作性层面更加协调配套、互联互通、水平一致，后来者将面临横向更为统一、无缝的治理体制。例如，中共中央全面深化改革领导办公室（2018年3月开始改为委员会）下属的六个专项小组中经济体制改革和生态文明体制改革并列同组；守信联合激励/失信联合惩戒；国家环境空气质量监测事权上收；环保机构监测监察执法垂直管理、跨区域/流域环境管理；环境保护部改革为生态环境部；促进区域协同创新；土地制度/财税制度/金融制度/房地产行业本身制度及其完善协同发力而非乏力才可能确保房地产

业/企业长效可持续性转变；中西部地区新能源产业还需要上网定价/跨区输电/跨区售电/能源价格等方面体制的协同配套（包括同步市场化）才可能避免出现大量令人痛心的"弃风/弃光/弃水"现象；煤电行业上下游去产能/国企改革需要同步市场化；限塑问题上需要限用/限售/限产全链条的配合；等等。

更进一步地看，在这方面还需考虑到中国城市和农村、发达地区/欠发达地区以及一、二线城市和三、四线城市在治理体制缺口方面的特殊表现和后果。这些地方尤其要重视如何在总体上体制/资源集中布局导向下壮大体制/资源方面的内生发展能力（实现聚变和裂变相统一）以抵消或远或近的外生"虹吸效应"。此外，中国除了坚持和发展自身特色的治理理念和实践，还日益广泛地对标其他国家的优秀做法并加入国际治理体系。这还有助于弥合统一治理体制方面国内与国际之间的缺口（这也是限制在华跨国企业实行歧视性双重标准的根本手段）。

第五章　成效展望：中国经济三大层面协同演进成效影响因素与改进方向

在中国的"市场消费演变、企业发展转变、治理体制供给"协同演进成效的实质是市场供求双方能否无限/有效发挥作用、政府能否同步有限/有益发挥作用。在那些看似更加优越的技术（例如高速交通、移动互联网、社交媒体等）等外在条件帮助下，为确保这种成效，还需政府率先高度顶层性地重视影响成效的关键因素并采取得力措施加以保障或改进。

一、中国经济三大层面协同演进成效关键影响因素

首先，企业领袖（群体）、消费者意见领袖（群体）、各级政府首脑（群体）是否各自/协调性地开明。这种大众性的开明集中体现为他们在与物质条件和社会保障改善相匹配的劳动力/消费者素养提升①和结构优化过程中共同增强了对自主探索性创新驱动可持续性转变价值观的认知、情感和行动。在素养提升方面，尤其要成为格局高远、思维开阔、思想自由、思考深刻、人格健全、明辨是非、正视批评、言行理性的高智商国民——尤其是大量作为整合而非撕裂整个社会的中流砥柱的中产阶层，而不是成为基本特征相反的"巨婴"。在认知、情感和行动上，不能是可持续性转变问题方面喋喋不休的旁观者、指责者，而要是矢志不渝、自主创新性地解决这些问题的很可能默默无闻的参与者和贡献者。显

---

① 这些人除了在财富上晋升到更高阶层（包括中产阶层），还需要在精神/公共/公民意识上具有相称的担当。

然，长远来看，这最终直接取决于中国本源/终极价值意义上（而非盈利手段意义上）的人才综合培养体制建设、改革及其运行效能。

例如，可持续性转变从来都是社会力量戮力合作的结果。为确保系统性地进行善意/合法/专业的参与/互动，相应的市场素养教育的对象重心要足够涵盖除消费者/投资者/雇佣者之外的生产商/管理者甚至监管者本身，内容重心要能足够实现软科学和硬科学之间的会通平衡。在中国工商界，谈论财富信仰和健康财富观甚至突破性创新不能显得有些奢侈，不能容易/普遍遭到明里或暗地的讥笑/嗤笑/哄笑。市场系统中所有利益相关者的使命意识/敬畏意识/敬业精神/集约意识/精益意识/工匠精神/科学素养/法制意识/责任意识/规则意识/底线意识/人文素质/公民气质/组织领导能力/沟通表达能力等要达到足够的程度。

政府、企业和消费者对可持续技术/产品/模式的真诚/真实认知/认可/接纳不能"口是心非、言行不一"。政府和企业能否/是否/怎样持续真诚/真实地坚守各自的初心/使命/本分？尤其是政府能否/是否/怎样持续地从体制上为企业仅专注于足够、优质产品创新和供给而创造高度匹配的规则体系和外在环境（包括开明合理的税费条件、办事流程），企业创办人/当家人能否/是否/怎样持续珍惜宝贵的市场机会并体现出"自愿冒险为社会创造福祉"为本真特质的"企业家精神"及其"创新精神"？

其次，他们各自的特质是否各自/协调性地匹配。志在自主探索性创新驱动可持续性转变的开明群体需要匹配特定的性质，这尤其体现在其各自/相互使命、价值观系统中自利/私益与他/公益、创新和传承、财务盈利/社会责任协调统一的程度。这决定着相互是否能达成创新、开放和共赢的共识，否则就难以确保能在同一个"频道"（尤其是根本的共同利益）上对话协调。

例如，行政部门官员是否系统性地使命般地敬畏/担当/胜任公共服务职责并忍受个人利益受损（甚至牺牲）？消费者可持续性消费的知识和素养是否发展到足够高的水平/影响力——从而真诚/真实地关注/关心/支持那些开明企业/机构创新性地解决国家重大的经济、社会、环境问题？

企业对新一轮颠覆性技术突破及能带来整个行业/国家爆发性业绩增长/潜力培育的"杀手级"/"现象级"（大量/广泛/系统性存在）新产品的态度如何？在国家和企业（认知底线上升）亟须探索性创新驱动以及国家采取研发投入加计扣除、重点扶持高新企业和技术先进型服务企业所得税优惠、将研发投入纳入GDP统计的政策导向下，有多少关键企业摈弃局部利益精致计算精神/理念（尤

第五章 成效展望：中国经济三大层面协同演进成效影响因素与改进方向

其是摈弃虚假研发、泡沫化劣质研发进行研发政策套利的行为）、拥有近似于信仰、思辨理性（而非生活哲学/好恶性）突出、关注/解决全球/国家人类重大问题/挑战、促进经济/社会/环境不断进步的纯粹梦想？在这种梦醒驱动下，企业愿意耐着性子（"板凳一坐十年冷""十年磨一剑"）为此联合"白帽黑客"般地在中高端、中高附加值的知识/技术密集型领域努力挑战人类智能的极限。

有多少盈利良好的超级大企业或者实力雄厚的个人信念坚定、行动扎实地面向"世界科技前沿、国家重大需求、国民经济主战场"，"人/事合一"、耐心地大量投资于真正能塑造/提升/巩固企业、地区、国家竞争力的中高等教育、科研院所及非即时性（从而高风险）的基础理论/抽象科学研究/行业难点共性技术开发/员工促进/品牌运营/专利运营/标准竞争以打破国际控制/垄断并实现自主？有多少企业（尤其是引人关注的重要国有企业和民营企业）的领导（团队）愿意以人格为企业、技术和产品紧密背书，依靠真实/扎实创新，缓慢而健康地发展？

有多少大型企业拒绝热衷于土地财政、高财务杠杆及其传播驱动下的地产（地王）炒作（往往"贷贷贷"—"炒炒炒"—"涨涨涨"内在循环，进而以高地租、高物价的形式碾压新生代的消费/创业/创新活力及潜力）、概念跟风/炒作、IP抄袭、虚拟经济（及其内部"空转"）？有多少企业拒绝浮躁/急功近利地获取/赚取"泡沫"般、速食快餐主义式的技艺及其"大钱""厚钱""快钱""易钱"，甚至"唯利是图"且"不择手段"地"看空"/"做空"自己的企业/行业/地区/国家（例如采取疯狂减持股票等手段）来挑战人类伦理的底线？是否存在，强化暴利（短期拼人员、拼设备、拼市场）而非增强生产力，强化利润分配（碾压、取出和分掉所有利润，避免利润全部计税/充公）而不是再投资，强化眼前克扣/欺诈/勒索而不是企业家冒险精神，强化来自官方/政策体制的行政垄断权力和行政指令而不是市场自主的本真思想和公平竞争？等等。毕竟，不难发现，眼下中国还有太多的消费者仍旧沉溺于弱主体性下的大规模/模仿性/标准化/排浪式消费，还有太多的企业仍旧沉溺于自外而内/自上而下的指挥（包括政府主导的优惠政策、资助计划、产业基金等）和归纳/高台/对称思维下的模仿性创新。

最后，他们各自的地位是否各自/协调性地强势。开明群体如果地位不够强势/具有威望（从而很容易遭到不开明群体的反扑/压制），就难以真正发挥出其特质所具备/潜含的、引领经济社会环境进步的巨大影响力。

· 109 ·

例如，民主决策制度方面是否真正确保政府官员、企业高管、消费者、专家学者、民间团体等利益相关者公正有效地（而非民粹主义地）表达诉求、互动博弈以共同参与治理体制（业界共治）的变革决策？消费者、社会和政府是否能公正对待民营企业与国有企业、大型企业和中小企业？协同演进中消费者、企业、政府等利益相关者的可持续性转变涉入及其知识是否协调性地达到较高水平？

政府及其相关部门能否坚持自己本真的战略初衷/监管定位？如证券市场的定位是"融资助困、不虑归还"（甚至对股东傲慢）还是"融资助飞、敬畏回报"？政府能否敬畏/坚守自己的公共服务天职？企业能否敬畏/坚守自己的可持续性运营责任？知名媒体能否敬畏/坚守自己的客观传播职责？用户能否敬畏/坚守自己的消费责任？否则彼此一日不搞清并敬畏自己的本分——政企不分、企业/组织行政化、官/商角色灵活转换，"一放就乱、一收就死"的折腾和困局就一日不会消停。

二、改进中国经济三大层面协同演进成效的基本方向

在政府对市场运行影响巨大（甚至仍然非常强势）及近年来来自官方背景的科研投入和产出（尤其是专利产出）扩张举世瞩目的背景下，不少有关"中国（政府/企业）以前从来不（或更加）注重自主创新"的说法其实并不客观。在不少人士眼中，似乎中国近几年（甚至眼下）才开始系统性地高度重视自主创新驱动经济增长。

实际上，中国近年来在"现代叙事"语境和"和平建设、国家强盛"背景下对自主创新的重视更像是一种"螺旋式"回归（"走向过去"）。20世纪30年代，张学良等买进国外汽车并复制出国产化率高达70%的中国第一部汽车（民生），张仲明研发制造出木炭作为燃料的汽车。按照中国共产党第十一届中央委员会第三次全体会议公报，"毛泽东同志早在建国初期，特别在社会主义改造基本完成以后，就再三指示全党，要把工作中心转到经济方面和技术革命方面来"。20世纪五六十年代以上海为典型的技术革新运动尽管更多是"革命叙事"语境和"政治/政策挂帅"背景下的一场持续时间长、参与范围广、影响力大的群众

运动（吴静、李如璱，2016[70]），但其已充分早地彰显中国在技术上独立自主、自力更生的战略初衷/雄心。1986 年起，中国也进行过"发展高科技、实现产业化"的创新运动。

特定行业/企业层面，京东方、一汽集团、上汽集团等重要企业也很早就重视为自主创新做储备。老牌国企京东方经过国企改制、自主颠覆式创新和跨越式发展在超级技术和市场竞争的全球半导体行业异军突起，并成为领军中国工业的龙头企业。1953 年 7 月 15 日，第一汽车制造厂破土动工。1956 年 7 月，第一辆国产解放牌汽车诞生。1956 年 9 月，台湾的裕隆公司生产出第一辆吉普车。1958 年 5 月，中国一汽纯手工仿制法国西姆卡轿车生产出新中国第一辆轿车东风 CA71。1958 年 8 月 1 日，中国一汽以借来的 1955 年克莱斯勒高级轿车为蓝本手工试制出产红旗高级轿车 770。根据顾文涛、李东红和王以华（2008）[71]就 1955 年到 2006 年政府规制直接/间接影响上汽集团自主创新历程的研究发现，在 1958 年，上汽集团前身参考波兰华沙轿车底盘和美国顺风轿车的车身造型试制出上海市第一辆乘用车——凤凰牌轿车（未能投产），1964 年该品牌被更名为上海轿车（实现量产，直到 1991 年停产）。1983 年，上汽与德国大众集团合资建设的上海大众投产。1985 年，上汽战略性地提出并艰难地实施自主创新和国产化的构想（特别有意思的是，中德合资之后中国才正式制定和颁布《中外合资企业法》，大众集团董事长甚至参与提供立法咨询）。1988 年，中国一汽与大众汽车集团签署国内汽车工业史上首个标准的高档车技术转让协议，随后一汽—大众奥迪率先开启高档汽车品牌深耕本土市场的进程，逐步建立起、培养着和刷新了中国消费者对高档车的认知与期待，长期主导/引领中国高档车市场的发展格局和方向，带动中国汽车工业和东北地区经济的发展。在电信领域技术标准上，中国通信设备企业已经走过"2G 时代的跟随者、3G 时代的参与者、4G 时代的规则制定者、5G 时代的引领者"的历程。在盾构机、钢铁、海外工程承包、熔岩区高铁科技、量子通信、移动互联网/移动支付等领域，中国已经或正在走过类似的历程。只不过这些重视更多局限于某些行业/领域、不太具有系统性/全面性，而且企业发展更多属于外汇短缺背景下跟随/模仿/适应性创新驱动、产业化规模和工艺水平还很有限，但也充分说明目前中国对创新（甚至探索性创新）驱动的重视更多是一种"回归"。

尽管这样，中国治理体制领域确实至今仍然太多沉溺于"好恶论"（"劳逸论"）主导下的复制性/移植性/赶超性（Catch – up/Copy – cats）供给的思维和路径。甚至可能根本无视/拖延/延误重大情势变化——例如与搜索引擎竞价排名密切相关的互联网医疗广告争议事件显著增加等——所引起的针对治理体制供给的结构性反思/行动。这种跟踪模仿表现在直接应急性地采用过去的/国际的标准或参考过去的/国外的先进标准（所谓填补相应领域的"国内空白"）甚至内外有别。例如，直到最近，中国《2016年促进消费品标准和质量的提升规划》才开始要求内销和外销的日用消费品实行"同线同标同质"——同一条生产线、按一个标准生产、确保质量一样。这往往"知其然不知其所以然"（其实，如果做到内化而非外化复制也很有水平和益处，内化复制即复制别人/过去的精神/精髓，而不是简单的照搬）或"知其然不知其所应然"（即掌握和运用适应经济/技术/社会/环境/人才成长规律的治理规律）。

还需注意，这不仅无益为本国企业国内高水准创业创新活动保驾护航，而且还将把某些高附加值的创新性的企业活动赶往/推向其他雄心勃勃地进行体制创业、体制竞争和营商环境重塑的国家/地区（尽管标准不低、但规章更少而且更简便）。在那里，企业将可以享受更具生产力、竞争力和友好性的体制环境。例如，美国特朗普于2017年执政后就雄心勃勃地表示将公司税减到能与世界上任何地方进行竞争的水平。毕竟这些企业完全可以更多利用全球化的机会转移/重配相关资源及活动以规避甚至逃避不利的母国/他国治理体制环境。

好在中国已经基于大国优势开始在突破这方面的锚定/锁定困境和效应。尤其是在关键的新兴技术/产品/模式创新领域参与全球经济治理标准的制订/修订/竞争，并争取开创性/引领性/领导性/非对称性（而非迎合性/跟随性/并行性/对称性）地位。在这些领域，往往很少存在人们习以为常的边界高度清晰的行业格局，而是体现出"技术上跨学科、经营上跨行业、管理上跨部门"的基本特征，政府宏观引导和市场微观主导方面的结构性、创新性、突破性发展潜力很大，但亟待加强和优化。例如，在一些关键领域的领先市场创新治理（即经济/技术/伦理/环境意义上的标准/政策/法律/法规）上，中国就需要且可能"敢为天下先"（不必"妄自菲薄"，也不必"夜郎自大"）突破相关治理体制瓶颈/赤字、争取/把握（国家/全球）标准体系甚至该领域全球贸易投资规则体系/重构话语权，从而跨入全球经济治理体系的重要领导者/引领者行列，并为此提出中国自己的解决方案。按照中国经济网2017年3月20日的一则报道，国际电信联盟正式发布中国自主原创、主导制定的手机（移动终端）动漫国际标准（标准号T.621），这也是中国文化领域（手机动漫产业）的首个国际技术标准。全国家用电器标准化技术委员会正推动《空气净化器用滤网过滤器》《空气净化器用静电式集尘过滤器》两个净化器行业核心零部件标准制定。国务院于2017年4月印发的《贯彻实施〈深化标准化工作改革方案〉重点任务分工（2017—2018年）》提出，基本建立统一的强制性国家标准体系，加快构建协调配套的推荐性标准体系，发展壮大团体标准，进一步放开搞活企业标准。按照国资委于2017年6月发布的消息，"中国材料与试验团体标准（CSTM）委员会"和"中国材料与试验团体标准共享平台"宣布成立，其旨在适应中国制造业国际化、标准化的改革要求，完善材料与试验标准体系和平台建设。中国工信部电子信息司时任副司长乔跃山在2017年7月表示，2017年电子信息司在智慧健康养老领域拟开展的重点工作就包括推进智慧健康养老标准体系建设和重点标准制定，制定信息技术支撑智慧健康养老产品及服务推广目录，推进智慧健康养老应用试点示范建设。2017年7月，中国主导制定（参与制定的贵州钢绳股份有限公司是全球单个厂家产量大、规格全的钢丝绳厂家）的钢丝绳分类、材料等规范《钢丝绳——要求》正式成为国际标准，并成为国际钢丝绳行业的基础标准。工信部2017年8月印发的《移动互联网综合标准化体系建设指南》提出，"到2020年，初步建立起基础标准较为完善、主要产品和服务标准基本覆盖、安全标准有效保障、符合我国移动互联网产业发展需要的标准体系"。

这意味着，尽管中国曾经长期较少是新技术/新产品/新模式/新治理/新管理的原创国，但主要因为市场规模的原因而很可能是这些新技术/新产品/新模式/新治理/新管理的最大应用国，进而还可能是这种应用所需的治理体制的原创国。在市场相似性很强的其他新兴市场还可以根据实际情况复制和推广这种体制。这也意味着中国将很可能成为双重意义上（产品和治理体制）的领先市场。这些领域重点将包括：服务经济及其企业发展转变大背景下互联网信息搜索、网络交易模式；共享经济模式代表领域中网约车平台及其与司机间的角色/关系定位；普惠金融/P2P、网络小贷等互联网金融/金融科技/金融信息服务；绿色金融（绿色股指、绿色债券、碳交易等）；第三方支付；网络直播；通用航空；全域旅游；互联网教育；低碳城市/智慧城市/清洁能源/绿色建筑/绿色矿山/循环发展/能源互联网/工业互联网/智能电网/互联网汽车/无人驾驶/区块链等典型新兴领域中的知识产权（专利）运营；移动互联网/生物科学（人类基因编辑等）/生物工程（转基因）/中医药/医疗设备/智能制造/重大装备（核电装备、高铁机车、燃气轮机、大飞机等，包括新机市场及后期服务市场）/新能源/新材料/

纳米技术/清洁技术/3D打印/大数据/云计算/云服务/机器人/人工智能/AR/VR/量子计算机/量子通信等重要科技应用。

中国正切实认识到，如果在这些蓬勃兴起的新兴技术/模式领域仍然使用跟踪模仿性的传统治理体制及其建设，真的很难适应克莱顿·克里斯坦森所提到的、对中国而言更加关键的"破坏性创新"对"自发－拉式"治理体制的根本诉求。这种不适应已经直接蕴含着或间接发育着严重阻碍（直接就是压缩用于创新的宝贵时间和资源）中国自主探索性创新驱动发展进程的重大瓶颈/赤字。这些瓶颈/赤字主要包括税费沉重、物流费高企、地租高昂、流通环节叠床架屋、消费环境混乱、社会保障不完善，以及其他各种难以名状/揣摩的壁垒，等等。

也要知道，人们往往很快/很容易就会忘记是谁造成了这些瓶颈/赤字（而且经常"闹哄哄""你方唱罢他登场"）但不太快/不太容易忘记是谁（在中国尤其是相关主管/部门）没有突破（尤其是结构性地突破）这些瓶颈/赤字。要结构性地突破这些瓶颈/赤字，就必须在市场行为系统和营商环境系统两大相互关联的领域协调发力、推进协同创新。而在完善生产流通领域的市场化、创新化以及营商环境系统创新方面，依照中国父权型的治理传统，政府建设/完善治理体制对于突破这些瓶颈更为关键，而且必须尽快就"为何、对象、到哪、如何"等关键议题达成"一针见血"的而非虚幻的共识并采取切实行动。

目前，中国治理体制层面针对新兴技术/产品/模式的准入和其他环节的治理，就亟须反思体制/资源性方面的原因，高度重视完善治理体制、降低交易成本以应对高要素成本时代的到来。在这种时代，要充分利用移动互联网、大数据等新兴技术工具（尤其是用以监测、呼应市场消费演变、企业发展转变引致的体制诉求并创造社会参与体制变革的条件），尽快走出以"冷淡、傲慢、偏见、政策（而非制度）导向、折腾、摇摆"等为基本特征的体制建设困境。要从"严厉惩罚/冷眼对抗"型的纯负强化型的外驱逻辑转向"鼓励激励/支持合作"型的正强化型、外驱和内驱相联合的综合逻辑。尤其是要结构性地在营商环境系统方面形成对企业内在的、自主性/探索性创新更加友好的促进、保护和规制体制。也就是，要加快走出"有/无、强/弱之间的反复/折腾"［而且"有/强"（注重质量）的时间常常短于"无/弱"（注重数量）的时间、"有/强"的印象常常弱于"无/弱"的印象］、走出一条"从无到有、从政策导向到市场导向、从易变到稳定、从难测到可期、从弱到强的提升"的良性轨道。

眼下，中国还需要适应全球贸易投资规则体系正在重构的现实。中国尤其需要从顶层体制创业的高度而非偏安一隅/自我中心/长官意志的角度构建和不断完善一套行为主体明确、可持续性导向、跨行业/环节整合、系统的市场消费和企业发展行为标准体系。中国甚至要建设性地吸纳新一轮全球经济治理体制重构背景下欧美等国有关市场经济地位标准及责任竞争的理念界定。中国还需要塑造一套经济可持续性转变（包括创新/运营/营销等关键环节）风险协同监测、准确评估、快速预警与动态响应机制，帮助赋能而非仅仅要求企业逐渐成长为能够真正应对全球责任竞争（效益、普惠和绿色方面的综合竞争）的选手。

例如，针对新技术/新产品/新模式市场准入的监管原则或许可以确定为：公共利益/竞争中性/足够谨慎（也就是适度引领性，利用新兴技术开发领先市场/满足更高需求/提升民生福利）/足够透明/标准培育。对于企业/社会组织/政府部门而言，还可以采用大数据/云计算等手段等对于新技术/产品/模式准入之后大规模/长时间/高强度使用过程中出现的（经济/社会/环境）可持续性表现/影响事件/案例进行统一/及时/全周期的监测/计算/发布。这些监测/计算/发布并可用于共享性的检索以引导市场消费、优化消费体验、改进企业可持续性研发/运营/营销以及回溯到体制的根本性反思和变革（即体制创业创新）。在创新所需体制响应方面，中国需要可持续地进行综合调理、施策，甚至需要寻求全球范围内的协调。中国不能仅限于"运动"式"以罚代管""以罚代法""清理/停止代替治理""以堵代疏"等具有应急性基本特征的"头痛医头、脚痛医脚"式的行政干预，不能奉行"鸵鸟"思维或者"事不关己"、拒绝"反求诸己"，更不能坐等/坐视/甚至纵容一些惨痛的安全/健康/环境事故/事件爆发/肆虐。

同时，也需要特别考虑到，根本性转变（尤其是转向探索性创新，本质上是另一种特殊的容错/学习过程）本身更易面临更大程度非常规的不确定性。尽管大数据/社会化生产有利于增加"第一次/快速做对"的机会，利益相关者仍需要就可能出现的非常规性错误进行跨时空容错机制方面的安排（例如继续建设试验区、示范区积累和复制成功/成熟体制经验等），对应对新技术/新产品/新模式/新治理/新管理引入（例如自动化/智能化转型等）后可能引起的新的就业机会/收入分配动荡等不利后果（包括新的地区/行业/企业/社会阶层/个体破坏性的分化/固化等）进行体制上/结构性的统筹应对。

另外，还需警惕/消除以下一些不和谐的突出/典型现象：避免公共服务部门局部性/系统性的本职缺位/错位/越位/惰政/怠政/懒政恋权（不作为又不放权）/"宦海"精神甚至纵容/勾连/勾结不良资本的现象。尤其是消除体制变革中囿于一己私利、争（保）权夺（护）利的"纸牌屋"现象。系统性地避免甚至消除科技创新和治理体制供给方面战略性（而非仅仅财务性）损失/风险无可估量的"政绩工程"和"形式主义"。例如，科技创新和体制创新中可能存在大量大跃进性的、华而不实的"创新泡沫"和"昂贵的象征/符号"，其只图借此显示自身存在感/价值、激发他人敬畏、压制他人反对/反抗，并布局和维护自身的权力地位、资源和利益。

防止市场化力量（尤其是利润/效益最大化）不合时宜地系统性地"彻骨"/"彻魂"地渗入非市场领域（例如居民住房服务、教育培训服务、医疗健康服务、公共信息服务等领域）。毕竟这个世界除了要做有利可图之事，还需做好本身正确之事。这种系统性的渗入已/正/将使得"社会生产"被异化为"资本增值"、"人民需要"被异化为"消费者需求"。规制"权钱至上主义"、利润最大化指导下的企业市场化/商业化失范/社会责任缺乏。

杜绝/减少创新政策（尤其是选择性数量型产业/补贴政策）驱动的专利井喷背景下的政策套利/专利泡沫/虚假专利/暗箱操作/专利骗补/专利买卖（为落户或其他用处加分）、专利质量不佳（黎文靖、郑曼妮，2016[72]）/专利技术转移转化不良/申报产品数据造假/全球价值链地位（附加值占比）实质上持续式微等现象。结果，真正的创业创新事业被搁置、真正愿意创业创新的人才被迫离开。专利质量不佳尤其体现为，高新技术企业认定必需、"实质性审查流程"严格/时间长、几项外观设计和实用新型专利抵充一项发明专利以及行业垄断等情况下的发明专利比重不高。

第六章 探讨重点：突破制约中国服务经济及其企业发展转变的体制瓶颈

在后危机时代及部分地区/行业进入后工业化时代的背景下，中国在战略性调整中加快制造业和服务业协同提升发展（时任摩根大通首席中国经济学家朱海斌为此将中国称为一个"双速经济体"）成为中国下一轮产业及其企业发展的基本主线，构建以高端制造、自主探索性创新驱动、品牌引领、低碳发展为基本特征、生产性/生活性服务业为基本配套的新型产业体系成为中国下一轮产业及其企业发展的基本目标。这种情况下，中国实体经济发展开始放缓、第三产业比重过半且持续超过第二产业、经济发展转变（尤其是投资为主的经济转变为消费为主的经济、制造业为主的经济转变为服务业为主的经济）亟须加快，但生产/生活性服务发展配套还相对滞后。在该主线和目标指引下，制造业及其企业的发展转变是整个经济可持续性转变的主战场。但依靠服务经济及其服务企业（尤其是生产性服务企业，而且更多属于高度抵近产品终极性价值的使用权经济）的探索性创新推动制造业及其企业发展转变和经济持续增长上升更是成为中国新形势下的战略性选择。率先发展现代服务业、升级服务业结构也成为中国转变经济发展方式、推进产业结构调整、优化收入分配结构从而促进整体更可持续发展的重要突破口和关键举措。

中国大力发展服务经济、鼓励服务企业发展转变具有非常重要的意义。这不仅有助于鼓励消费、刺激投资、增加就业以减轻对房地产和汽车等行业的严重依赖，而且有利于推动各地经济和城市转变、舒缓制造业转变阵痛、缓解节能减排压力、改善居民生活质量、促进大学生就业以及打造中国服务品牌。治理体制供给和转变是经济社会发展的重要动力。具有显著的经验品（experience goods）特征，并对制度和体制因素极其敏感的服务经济及其企业的总量增长和结构变化尤其备受治理体制转变的影响。

对于中国而言，治理体制改革还相对滞后的服务业（而且需要围绕需求端而非传统的那样围绕供给端）正承担起深化治理体制改革领域、破除工业治理体制改革瓶颈并减轻改革阵痛的重要使命。面对日益服务业为主的市场消费演变，中国服务经济及其企业发展转变同样具有明确而特定的内涵和方向，鉴于"营改增"为代表的财税体制改革已经在取得突破性的进展（例如，2016年5月1日中国已全面实施"营改增"）以及在税收基础信息系统和税收稽核能力日益完善情况下间接税为主向直接税为主的转变方向更加明确，本书在此不专门论及财税体制改革，而认为使用权经济属性强烈、数字经济/平台经济潜力巨大的服务经济及其企业发展转变在市场准入、需求培育、人才保障、服务创新、市场规范、开放合作、服务统计等方面尤其仍然面临需要深化改革加以突破的特殊的治理体制瓶颈。如此一来，才能真正建立起服务经济及其企业创业/创新/转变友好型治理体制环境。

一、服务经济及其企业发展转变的基本内涵

（一）服务经济的内涵

服务经济的内涵一般包括最高层次、产业层次和基本层次三个层次。第一层次是最高层次（经济形态），即服务经济是一种完整而系统的经济形态；第二层次是产业层次，即服务业成为国民经济产业结构中的主导产业；第三层次是基本层次，即服务成为国民经济中的基本经济活动。

1. 基本层次服务经济

服务是国民经济中的基本经济活动，提供服务产品是服务经济的核心。服务是所有具有无形特征、在生产时被消费并以便捷、愉悦、省时、舒适或者健康等形式为消费者提供可有偿转让价值的一种或者一系列活动。

（1）服务的主体。一是服务企业。服务企业是服务的提供者，是指服务部

第六章 探讨重点：突破制约中国服务经济及其企业发展转变的体制瓶颈

门（行业）中以服务为核心产品的企业。二是服务消费者（顾客）。服务消费者主要是指直接参与服务过程并购买、消费服务的实体或者个人。

（2）服务的客体。一是服务产品。服务产品是市场上顾客估价和购买的无形产品。显然，提供服务产品的企业可能是服务企业，也可能是制造企业，只不过制造企业提供的服务产品不是企业的核心产品而已。二是顾客服务。顾客服务是为支持企业的核心产品而向顾客提供的服务，顾客服务一般免费提供。显然顾客服务可能被服务企业提供，也有可能被制造企业提供。

（3）服务的特征。一是无形性。这意味着服务不可储存（难以管理服务需求的波动）、不能申请专利（对手容易拷贝和模仿）、不容易进行展示或者沟通（顾客难以评估服务质量）、难以定价（服务成本难以确定，价格和质量的关系复杂）。尽管无形性是服务的核心和关键特征，但是很少有产品完全无形或者完全有形。因此，判断一种产品是否是服务，关键是看该产品的核心成分是否是服务（即服务的密集程度）。当然，服务的这种无形特征往往存在有形的证据。二是异质性。意指服务的提供和顾客的满意取决于员工的行动，服务质量取决于许多不可控因素，无法确切地知道提供的服务是否符合计划或者宣传，服务还可能由第三方提供，因而增强了服务的异质性。三是生产与消费同步性。意指顾客参与并影响服务的交易、顾客之间相互影响、员工影响服务的结果、必要的分权、服务难以大规模生产。服务质量和顾客满意度很大程度上取决于一系列"真实瞬间"员工的行为以及员工与顾客的互动。这意味着难以进行集中化的服务生产。当然技术上的进步也正在改变这种情况。四是易逝性。即服务的供应和需求难以同步进行、服务不能退货或者转售。这意味着在服务业中为充分利用生产能力很有必要进行需求预测并制定有创造性的运营计划。服务不能退货或者转售意味着一旦出现服务差错（服务失误）需要采取特殊的补救措施（服务补救）。

2. 产业层次服务经济

产业层次服务经济是指服务业成为国民经济产业结构中的主导产业。以服务业为主的产业结构主要包含服务业投资、服务产出、服务贸易、服务业就业、服务消费等基本经济活动。**对产业层次服务经济的理解有以下几种视角：**

（1）**从产业转变视角看**，产业组织、产业活动和产业结构的**服务化**是服务经济的基本内容。服务化意味着服务经济的内涵不仅包括第三产业，还包括发展成熟的第一产业和第二产业的组织、活动和结构的服务化。第一产业服务化主要是指农林牧渔服务业日益占据显著的比重。例如，欧美国家农业增加值一般占

GDP 的 3%~5%，但围绕农业进行的种子种苗科研培育、农业机械更新换代、农产品流通体系完善、农产品期货市场健全等创新所带来的增加值占 GDP 比重则高达 10%~20%。而第二产业的服务化主要是指制造业服务化。

制造业服务化包括**投入的服务化和产出的服务化**。**投入的服务化**是指制造业企业为降低成本和提高效益将产品制造过程中所需的设计、人力资源管理、会计、法律、金融等服务由原来的内部配套转向服务外包（outsourcing），外购的服务性投入在整体投入中的比重不断上升。尽管这没有根本改变制造业的商业模式（仍然仅是服务的消费者），但也催生出独立的"生产性服务业"。**产出的服务化**是指制造业企业基于货物衍生出服务，不仅提供货物或"货物+附加服务"，而且提供"一揽子"的"货物—服务包"，其角色由货物提供者转变为服务提供者，服务性产出在整体产出中的比重不断上升。这根本性地改变了制造业企业的商业模式，其本身也成为服务产品的关键提供者。例如，IBM、海尔等制造型跨国企业纷纷转变为服务提供商。如今全球 500 强企业中从事服务业的企业占 56%。福特汽车 80% 以上的员工从事的是与服务相关的岗位。

（2）从产业链视角看，服务业分离出来并成为国民经济产业结构中的主导产业首先与**产业链延展**所表现出来的迂回式生产和分工细化密切相关。**迂回式生产与制造业投入的服务化密切相关**，主要是指生产制造企业保留体现核心专长的活动而将某些能由专业化企业更有效完成的服务性业务或节点功能进行分拆、外置或"外包"。很明显，迂回式生产促进分工细化。这种分工细化使得本来属于企业内部的服务性业务配合转变为企业外部或企业之间的服务交易关系（其中必然涉及服务能力的产品化、商品化和市场化定价）以改进双方交易效率、提高劳动生产率，同时也使得服务市场发育不断深化（包括市场厚度即服务供求双方数量的增加，市场能级即服务种类和规模的扩大）并使得服务业日益成为国民经济产业结构中的主导产业。

服务业分离出来并成为国民经济产业结构中的主导产业还与衍生服务观念下产业链创新引致的制造业产出的服务化密切相关。按照衍生服务的观念，用户需要的是"一揽子"解决问题的方案，因而所有实物商品（货物）衍生出来的价值都需要借助服务而非商品本身而加以实现。基于这种认识，不少制造业企业角色由货物提供者转变为服务提供者。

（3）从定量视角看，服务经济是指服务业增加值在 GDP 中的比重或者服务业就业人数在国民经济就业总人数中的比重超过 60% 的经济状态。例如目前多

第六章 探讨重点：突破制约中国服务经济及其企业发展转变的体制瓶颈

数发达国家的服务业已经达到**三个70%的水平**：服务业占经济总量的70%以上；服务业从业人员占就业人口的70%左右（少数发达国家已经达到80%以上）；经济增长的70%来自服务业增长。即使是一些发展中国家也纷纷向服务经济转变。

3. 最高层次服务经济

最高层次服务经济是一种完整而系统的经济形态，相较于工业经济具有划时代的全新意义，也是本书重点关注的对象。在此需要强调的是，中国上海等地提出形成服务经济为主体的产业结构，主要还只停留在产业层次的理解。只有从经济形态上理解服务经济的可持续性转变才有可能高屋建瓴地引领中国未来的经济转变、城市发展、社会演变及其相关企业的发展转变。**对最高层次服务经济的理解也有不同角度。**

（1）**从经济形态演进视角看**，服务经济是人类社会经由农业经济发展到工业经济高级阶段进而进一步向前发展的产物。服务经济的核心是提供服务产品。这与农业经济和工业经济阶段明显不同。农业经济主要受自然资源要素约束，以提供农产品为核心；工业经济主要受物质资本要素约束，以提供制成品为核心；传统服务业主要受劳动力要素约束，以提供传统服务产品为核心，而现代服务业主要受高学历、高职称、高薪水的人力资本要素约束，以提供现代服务产品为核心。

（2）**从经济形态内涵视角看**，服务经济除了服务成为国民经济中的基本经济活动以及服务业成为国民经济产业结构中的主导产业之外，还包括一整套适应服务活动开展和服务业发展的制度环境、管理体制、要素市场以及公共政策和公共服务体系。① 其中制度环境是指能保障服务经济有效运行、保障产权和交易、促进知识创新的法律规则，例如受到良好监督执行的产权、合同、信用、财税规则；管理体制是指适应服务经济发展的，更加市场化、法制化和国际化的组织架构与治理方式；要素市场是指以人力资本市场为主体的资源要素配置体系；公共政策和公共服务则为服务经济发展创造低成本、高效率的运作环境。

（二）服务经济及其企业发展转变的内涵

服务经济及其企业发展转变包括外延式和内涵式两重含义。

1. 外延式转变

服务经济发展转变的首重含义是外延式转变。服务经济外延式转变是指服务

---

① 引自：周振华. 经济复苏与转型升级［A］//2009/2010 上海发展报告［C］. 上海：格致出版社，上海出版社，2010：52.

业及其企业**规模化**扩张下人类社会经由工业为主的阶段转变为服务业为主的过程和状态。具体来看，外延式转变是指服务业增加值在GDP中的比重或者服务业从业人数在国民经济从业人数中的比重接近、超过60%并且继续扩大的经济形态。①

2. 内涵式转变

服务经济转变的第二重含义是内涵式转变。内涵式转变不仅包括服务业及其企业内在结构不断**现代化**、**高级化**和**国际化**的过程，而且还包括服务业及其企业规模化、现代化、高级化和国际化扩张所需**体制条件**的建立和完善。服务业及其企业的**现代化**意味着交通、运输、商业等传统服务业经济技术水平不断提升，知识密集型、技术含量高的现代服务业逐渐超过传统的劳动密集型服务业占据服务业的主导地位。服务业及其企业的**高级化**是指三次产业融合发展中业态分工不断深化细化的新兴服务领域不断拓展（例如制造业产出服务化）并逐渐占据服务业重要地位。服务业及其企业**国际化**则意味着服务业企业国际投资贸易活动的膨胀并逐渐占据服务业的显著地位。体制条件的建立和完善其实就是服务经济的**体制化**过程，体制化主要指逐步形成一整套适应服务活动开展和服务业发展的治理体制框架（涉及相应的制度环境、管理体制、要素市场以及公共政策和公共服务体系）。

从内涵式转变意义上看，与成熟的服务经济体相比较，无论是北京还是上海，服务业及其企业的现代化、高级化、国际化以及服务经济的体制化都还存在相当大的差距。

二、中国服务经济及其企业发展转变的基本特征与方向

（一）基本特征

首先，服务经济及其企业发展转变只是整个中国经济及其企业发展转变的特

---

① 鉴于目前还没有专门的服务经济统计口径，本书将主要基于既有的关于三大产业的划分标准及其统计数据。不过严格意义上讲，服务经济并不仅限于第三产业，它还包括第一和第二产业的相关服务活动（尤其是制造业的产出服务化）。

第六章 探讨重点：突破制约中国服务经济及其企业发展转变的体制瓶颈

殊案例。整个中国经济增长和工业化进程虽然都已达到相当高度，但是总体上还未进入"服务经济阶段"。根据中国社会科学院从人均国民生产总值、三次产业产值比例、制造业增加值所占比重、三次产业就业比例、人口城市化率五个指标评价的工业化水平综合指数，中国整体已进入工业化中期的后半阶段。中国已经从一个农业经济大国转变为工业经济大国，但还不是工业强国，而且服务业水平相对滞后，尤其是以人均GDP为主要标志的整体经济水平按名义价格来看离"服务经济阶段"仍差距较大，中国发展服务经济还不能脱离制造业的发展基础，大力发展生产性服务业成为推进工业大国向工业强国转变的关键。

对上海等特定地区而言，这种特殊性更为明显。一方面，不同于整个中国，上海已开始迈入服务经济发展阶段的门槛。按名义价格来看以人均GDP为主要标志的整体经济发展水平，上海目前已经基本进入服务经济发展阶段，而且正出现"后工业化"社会阶段的某些特征（即社会物质财富已经十分丰裕，人们的消费模式也发生相应转变，高消费社会特征更加明显，服务将成为主要消费对象）。下一阶段上海服务经济发展的重点任务是如何壮大服务经济及其企业的规模，如何推进服务经济及其企业本身的内涵式转变（即如何发展现代服务业，尤其是如何发展高端服务业[①]，如何促进服务业的国际化发展，以及建立和完善相关的体制条件）。

另一方面，上海等中国一线城市与发达国家城市在服务经济发展上差异仍然很大。以上海为例，尽管上海要率先发展现代服务业，并以服务业的结构升级作为转变经济发展方式的突破口，但上海总体制造业已经非常发达，工业经济色彩还很浓厚，上海经济增长在相当程度上还需依赖第二产业的增长，服务业发展水平还比较滞后，离发达"服务经济阶段"距离很远[②]，尤其是服务经济及其企

---

① 国际上高端服务业已经成为衡量一个城市综合竞争力和现代化水平的重要标志之一，而中国的高端服务业与国际水平相比只是处于起步阶段。目前高端服务业产值已经占到中国GDP的20%左右，还远低于全球40%以上的平均水平，一些国际化大都市的高端服务业占GDP的比重已达60%，上海在这方面的差距还很大。

② 1978年，上海第三产业比重为18.6%，1990年该比重上升为30.9%，2008年尽管上海中心城区第三产业增加值占中心城区总产值的78%，上海第三产业增加值占GDP比重为53.7%。但2005年日本第三产业比重为66.4%、美国为77.8%。全球发达城市服务业大多达到两个70%，即服务业占GDP的比重达到70%，生产性服务业占服务业比重超过70%。纽约、伦敦、巴黎等国际大都市2008年其服务业增加值比重均超过70%，中国香港更高达89%，北京在2008年第三产业比重就已达到73.2%，都高于上海目前水平。直到2016年，"营改增"等改革推动下的上海第三产业占GDP的比重从2011年的58%提高到70.5%。

业的外延式扩张和内涵式升级发展水平还较落后。这是上海与发达国家、发达地区和发达城市之间的重大差异。

中国要形成以服务业为主导的产业结构以实现经济转变，道路依然漫长。在漫长道路中，尽管能源和资源约束、劳动力成本/商务成本上升提高了制造业物质转换成本，但是中国不能脱离制造业发展"空中楼阁"式的服务业，而是要大力发展具有扎实实业基础（当然不仅在本地、本国范围内）高能级的现代服务业。发展高能级现代服务业不是简单的"退二进三"，也不是"优二进三"，而是"强二优三"。例如上海工业园区向第二、第三产业协调发展，大企业集团向第二、第三产业融合发展，低能级传统服务业向高能级现代服务业转变，这些都是上海实践科学发展观和转变经济发展方式的关键载体和路径。当然这些关键载体和路径的最终效果还取决于相关因素（包括体制等）的组合效能。

其次，服务经济及其企业发展转变过程是产业和城市集聚内容发生根本改变的过程。以上海为例，从产业角度看，作为长三角中心城市的上海，其服务经济及其企业发展转变伴随着以下两种相互关联的现象：一是制造业（包括外资制造业）的撤退，二是服务业（包括外资服务业）的兴起。不论是制造业的撤退，还是服务业的兴起，都体现在以下几个方面的变化：一是规模和速度，二是结构和升级，三是布局和转移，四是质量和效益；其中的布局和转移均涉及经济活动地理布局及其空间组织。

经济活动地理布局及其空间组织就是指经济活动的集聚程度（或者分散程度）及其空间形态。这同经济活动对商务成本（包括要素成本和交易成本）的敏感性有关。提供高度标准化产品或者服务的公司对要素成本更加敏感，趋向于从城市中心分散出去。那些深度嵌入经济全球化而且具有复杂总部功能的公司高度依赖集聚式提供高度专业化服务，对交易成本更加敏感，趋向于向城市中心集聚。那些产品及其服务专家高度流动、深度嵌入与伙伴（或者客户）高密度交易、深受时间和空间限制、提供高度专业化服务的公司则对交易成本更加敏感，也趋向于向城市中心集聚。

在上海，在现代交通通信技术的支持下，在开放制度推动的市场一体化（经济全球化和区域经济一体化，例如长三角一体化）的保障下，上海经济活动的集聚内容和空间组织将发生深刻变化，突出表现在具有相当规模的制造业分散化与以知识服务业为核心的高端服务业集聚化以及上海从制造中心（经济中心）向服务中心（全球城市）转变。例如，顺应制造业服务化的发展趋势，把一部分不符合上海产业发展定位的制造和一般加工环节转移出去，提高研发、设计、采购、营销等环节的比重，大力发展生产性服务业。在这个过程中，构成上海独特生产优势的主要部门将是高度专业化、网络化的服务部门（尤其是知识服务部门）。当然，不论是制造业的撤退，还是服务业的兴起，都不是绝对的。因为制造业内容需要焕然一新，例如先进制造业要发展，那些需要大量信息、对时尚潮流需要及时反应、与创意密切相关的产业必须而且能够在城市中心生存繁荣，而那些以规模经济取胜，需要消耗大量土地、能源和原料，生产标准化产品的制造业则向具有要素成本优势的地区分散。服务业发展也要甄别，只有那些需要与专业化网络紧密联系（对网络集聚外部性具有特殊依赖性）、实时互动、不断创新的知识密集型服务业才能在城市中心获得非凡增长，而那些对网络集聚外部性没有特殊依赖性的一般性服务业，例如批发零售，甚至金融服务部门的日常功能部门受益于信息技术进步和区域经济一体化则向其他城市节点分散，增长并不显著，甚至会逐渐下降。

最后，服务经济及其企业发展转变结果将表现为基于新治理体制的新产业、新城市、新政府和新区域协调互动的服务经济发展格局。服务经济及其企业发展及其转变是中国经济结构演进的根本方向，是体现中国城市功能转变的重要载体，是中国转变发展方式的根本途径，是中国推进政府职能转变的重要动因，也是各地所在地区区域格局转换的重要推力（见图6-1）。

（二）基本方向

（1）规模化扩张：主要体现在国民经济增加值和国民经济从业总数中服务业所占比重的上升。例如，《2009—2012年上海服务业发展规划》明确上海发展服务业的14个重点领域及五大重点区域。提出到2012年，上海服务业增加值超过1万亿元，占GDP的65%，上海服务贸易占全国比重从2008年的18.6%上升到25%。按照《上海市服务业发展"十三五"规划》，到2020年，上海服务业增加值占全市生产总值比重达到70%左右；生产性服务业增加值占服务业增加值比重达到2/3左右；生活性服务业总产出年均增速达9%左右；服务消费总额占社会消费总额的比重达到62%左右。

（2）现代化发展：主要体现在服务业增加值和服务业从业总数中现代服务业所占比重的上升。服务业现代化主要是指，利用信息技术和知识经济的发展，用现代化的新技术、新业态和新服务方式改造和提升传统服务业，大力发展新兴

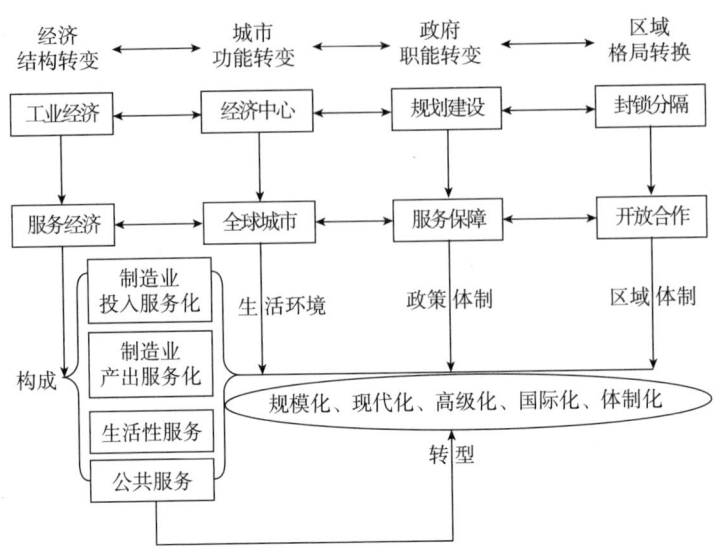

图 6-1 经济结构、城市功能和政府职能的转变及其关系：以上海为例

注：当今传统国际经济中心和国际大都市正在向卓越的全球城市转变，成为全球产业链、创新链和价值链的控制管理中心，要成为创新之城、人文之城、生态之城。全球城市除具有一般经济中心的功能外，还是世界经济组织高度集中的控制点、金融机构和专业服务公司的主要集聚地、高新技术业的生产和研究基地以及产品和创新活动的市场。

服务业，开创新的服务领域和新的服务模式，并向社会提供的高文化品位、高技术含量、高附加值、智力密集、高服务质量的公共服务、生产性服务和生活性服务。《上海市服务业发展"十三五"规划》就提出，提升服务业创新能力，包括"增强技术创新能力、推广应用新兴技术、积极创新服务模式和业态"。

（3）高级化演进：主要体现在服务业增加值和服务业从业总数中高端服务业所占比重的上升。例如，上海服务经济高级化的过程其实就是技术密集型和知识密集型的知识服务业（类似于高端服务业）日益占据产业结构核心地位并成为上海都市圈发展新动力的过程。[①] 知识服务业既包括作为生产中间投入的主要服务于生产部门的生产性服务业，例如法律服务、商务咨询服务、会计服务等，又包括以社区、消费者为主要服务对象的以专业知识为服

---

① 例如，根据上海市政府 2010 年 6 月最新批准的《关于进一步加快上海市中医药事业发展的意见》，上海正在研究成立国际医疗中心，专门提供高端中医服务。

第六章 探讨重点：突破制约中国服务经济及其企业发展转变的体制瓶颈

务工具的部分消费者服务业，例如医疗保健、教育培训等。知识服务业大发展是国内外大都市服务经济可持续性转变的重要表现，也是中国及上海服务业中发展最快的产业。《上海市服务业发展"十三五"规划》提出，"推动生产性服务业向专业化和高端化拓展、推动生活性服务业向精细化和高品质提升"。

（4）国际化拓展：主要体现在服务业增加值和服务业从业总数中国际服务业所占比重的上升。例如，按照《2009—2012年上海服务业发展规划》，到2012年，推动上海形成国际金融机构和专业服务机构的主要集聚地，形成亚太地区跨国公司地区总部和研发中心的主要汇集地，形成亚太地区重要的金融产品创新基地，形成全球重要资源和要素的价格发现功能；初步建成国际重要物流枢纽和亚太物流中心之一，初步建成具有全球航运资源配置能力的国际航运中心；形成具有国际竞争力的服务外包集聚地，促进服务外包的跨越式发展。《上海市服务业发展"十三五"规划》提出："深入实施'引进来、走出去'战略和企业国际化战略，支持企业开展跨国经营，拓展企业发展的区域空间，培育本土跨国公司，提升上海企业国际竞争力。"包括"积极承接国际高端服务业转移、鼓励企业积极开展跨国经营、提升总部经济发展水平"。

（5）体制化建设：主要体现在适应服务经济的规模化、现代化、高级化和国际化扩张的需要，逐渐建立和完善相关的治理体制（制度环境、管理体制、要素市场以及公共政策和公共服务体系）。例如，在上海，这些综合体制条件将在国际金融中心、国际航运中心以及国际贸易中心、跨国采购中心等各种层次的服务经济平台上实现最为密集和彼此最为协同的凝聚。《上海市服务业发展"十三五"规划》提出："探索建立符合国际惯例、与上海服务业发展要求相适应的法治环境，不断健全金融、航运物流、信息服务、检验检测认证、旅游会展、人力资源服务、家庭服务、健康服务等领域的制度规范。促进各类所有制企业平等使用生产要素、公平参与市场竞争、同等受到法律保护。坚持依法行政，在法治环境建设方面走在全国前列。"

三、基于 MLP 视角筹谋中国服务经济及其企业发展转变

在社会技术体系转变多层次视角下筹谋中国服务经济及其企业发展转变，意味着需要采取整合性（而非"碎片化"）思维。所谓整合性思维就是需要跳出服务经济看服务经济、跳出当地看当地，统筹兼顾以下主要维度：产业发展（产业升级、产业融合和产业转移，例如先进制造业和现代服务业的融合，制造业的节能减排和现代服务业的融合，文化产业和服务业的融合，制造业解构和转移及新一轮国际服务业转移）；城市发展（城市功能转变，城区和郊区联动并重发展，所在城市群形成和发展）；政府职能转变（逐步转向服务型政府、市区郊区政府联动）；区域经济发展（区域经济合作、区域一体化、域内政府联动、国家之间开放）。

这种整合性思维有助于更加准确全面地分析中国服务经济及其企业发展转变的内在逻辑、整体面貌以及了解中国服务经济及其企业发展转变对发展动力重塑、经济结构转换、城市功能突破、政府职能转变以及区域关系整合的重大意义（见图 6-1）。

更具体地看，筹谋中国服务经济及其企业发展转变还需要从宏观战略上通盘考虑并处理好以下各种关系（见图 6-2）：传统服务业及其企业和现代服务业及其企业之间的关系、生活性服务业及其企业与生产性服务业及其企业之间的关系；（现代）服务业及其企业和（先进）制造业及其企业之间的关系；服务经济及其企业发展转变中市区、郊区、乡村的关系；服务经济及其企业发展转变中区/县之间的关系；服务经济及其企业发展转变中中心城市与周边地区之间的关系；服务经济及其企业发展转变与政府职能转变之间的关系；服务经济及其企业发展转变与城市功能转变之间的关系。

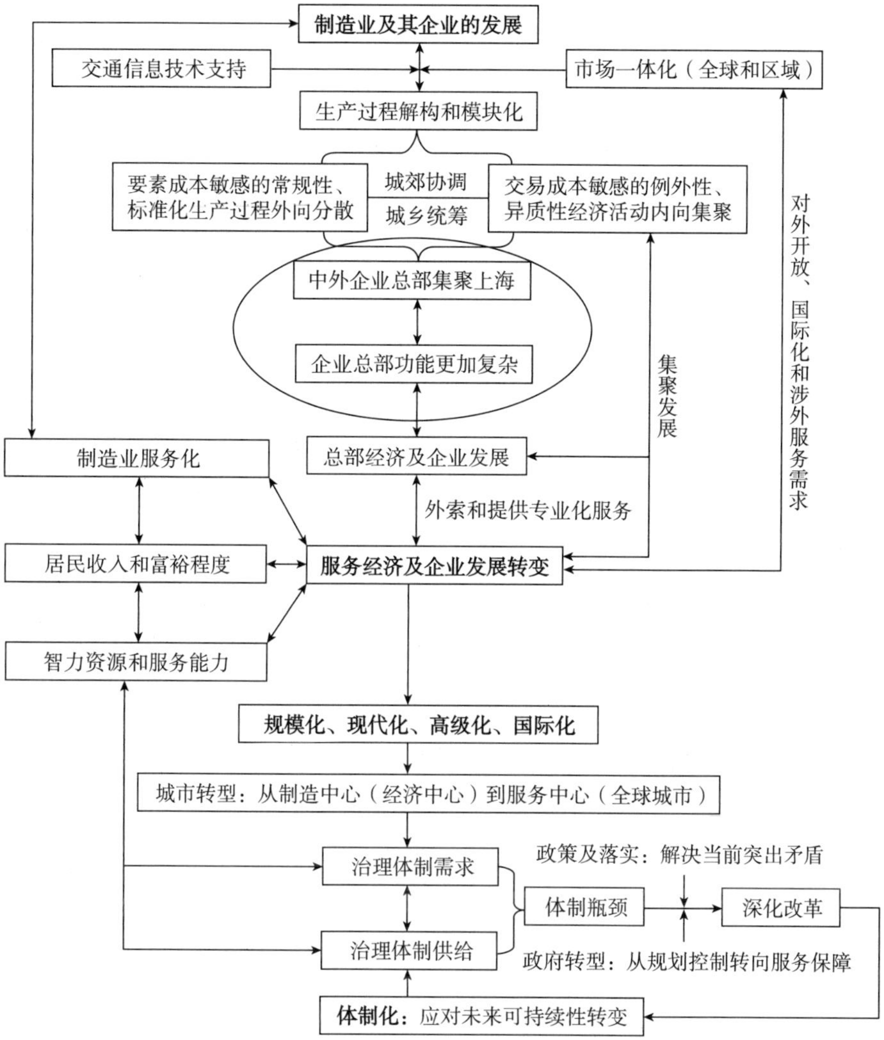

第六章 探讨重点：突破制约中国服务经济及其企业发展转变的体制瓶颈

图6-2 服务经济及其企业发展转变的内在逻辑与体制瓶颈：以上海为例

第七章 服务业市场准入体制瓶颈及其突破思路

市场准入（Market Access）是国家制定的，用于调控、规制欲进入市场的主体或客体的相关法律政策规范的总称，体现在政府准许进入者进入市场的程度和范围。服务业的市场准入决定着服务业的产业组织形式及其企业的平均规模，是政府规制服务业及其企业发展的重要手段之一。中国在服务业市场准入领域、市场准入门槛、企业注册管理、经营业务审批环节还存在一些需要破解的治理体制瓶颈。

一、基本表现

（一）市场准入领域不够开放

放松管制促进服务业自由竞争是全球范围内服务业规制改革的重要潮流。改革开放以来，中国在居民服务等领域较大程度地放松了进入规制，实现了日益充分的竞争。在银行、证券、保险、商业零售等领域也已引入了不同所有制的竞争主体，在很大程度上打破了国有经济独家垄断经营的格局。但是从总体上看，中国在服务业市场准入领域上还不够开放，"身份论"（Being）（国有制偏好）观念比较浓厚，服务业在一定程度上还存在外资不少、国资不强、民资不足的现象。突出表现在两点：

一是允许公平进入方面还需拓展。垄断经营依然是严重制约中国某些高端服务业发展的重要因素之一。"非公经济36条"已明确提出要"放宽市场准入",但至今权力配置资源依然严重存在。这突出表现为"玻璃门"现象。这种现象是指国家虽然对民营企业等非国有资本出台了很多方向性的支持政策,但在实际落实中,对于很多产业领域,各级政府及其部门以维护国家经济安全或者国计民生为由并不对民营企业开放,很多政策也缺乏细化可操作性的配套办法,让企业感觉始终隔着一层玻璃,能看得到政策落实后的"美好前景"实质上却无法进入。例如在银行、证券、保险、电信、民航、铁路、教育卫生、新闻出版、广播电视等过度垄断的高端服务业领域,尽管早已宣称放宽市场准入,但是长期仍保持着十分严格的市场准入限制,没有全面向社会进行实质性开放。又如,铁路交通作为中国普通民众所倚仗的最重要的长途交通工具,市场长期处于供不应求阶段,政府经常使用价格杠杆、加强监督抑或打击票贩子等措施仅仅是治标之策。而根据国务院颁布的《中长期铁路网规划》,到2020年,全国铁路营业里程要达到10万公里,平均每年投资额在1300亿元以上,其中资金缺口在600亿元左右。中国民营资本非常充足,因此铁路系统的根本症结不在于资金短缺而无法扩容,而是民营社会资本无法真正介入,这将长期限制中国铁路行业的大发展。

如今,中国服务业固定资产投资中,很多地区国有经济投资仍然占据50%以上,大大高于工业领域的同一比重。结果之一就是导致这些原本最能容纳大学生等高端服务业人才就业领域的就业空间大幅度缩小,就业容纳人数极其有限。

二是允许公平竞争方面还有障碍。总体上看,民营资本进入门槛在不断降低,但是具体的项目和措施很少,导致竞争不足,这是制约中国某些高端服务业发展的又一重要因素。一些高端服务业领域早已宣称要引入市场竞争机制,但是至今仍然仅限于原有国企"分拆"之后企业之间开展竞争,增量竞争主体引入还很不够。而且2008年次贷危机中,一些地方政府以提高产业集中度、资源整合、兼并重组、节能减排、科学发展的名义实行"大吃小""国吃民"。40000亿元投资中大部分投资给了国有企业①,民营企业很少。银行业也主要偏向为本市重大项目建设、重点产业和企业资金引进等领域提供项目融资、银团贷款、并购

---

① 孙晓华、李明珊在《中国工业经济》2016年第10期的《国有企业的过度投资及其效率损失》一文中提到,测算和比较2003~2014年中国31个省份国有工业企业过度投资水平发现:国有企业过度投资现象普遍存在(2008年之后尤为严重);地方政府干预动机越强,国有企业过度投资就越突出;政府进行干预的"一揽子计划"极大激化国有企业过度投资,虽然避免了经济增长快速下滑,从而对地区经济增长具有显著的正效应,但却加重了国有企业的效率损失。

重组、资产管理、财务顾问等金融支持[①]。对民营资本等非国有资本而言，这突出表现为"弹簧门"现象。这种现象则是指，即使在民营经济或者民间资本可以进入的领域，民营企业在一些领域仍然受到歧视性待遇，从而在与过于强大的国有垄断企业竞争中处于不平等的竞争地位，造成民营资本因为缺乏安全感和竞争动力而被"弹出"，或者只能求助于寻租（公关关键人物）。结果之一：相当一部分民间资本过度流入资本市场，甚至把资金转移到境外再进入境内，成为引起资本市场（证券和房地产）动荡和泡沫以及提升人民币升值压力的重要因素。结果之二：围绕稀缺资源产生很多腐败现象。例如，民航业"航权协调费"成为管制者的管制租金，也是引致民航业陷入腐败案频发旋涡的诱因。

（二）市场准入门槛不够合理

合理的市场准入门槛是促进服务业市场有序竞争、健康发展的重要因素。中国服务业市场准入门槛还不够合理，主要体现在准入制度缺乏弹性，不能做到因地制宜、协调发展。

第一，服务业准入门槛在具体行业上缺乏弹性。首先，部分小规模经营的一般性服务业市场准入门槛过低。为培育服务业市场主体、搞活流通扩大消费、加快服务业发展，中国一般性服务业市场准入门槛曾经大幅度降低，甚至开始采取认缴制。例如，除法律、行政法规另有规定的之外，曾对一般性服务业企业（商品批发类/商品零售类以及科技性开发、咨询、服务类公司）降低注册资本最低限额。曾支持投资人以知识产权等非货币财产出资设立服务业企业，非货币财产出资比例最高可达企业注册资本的70%。中国国家工商系统还曾要求各级工商行政管理机关一律停止执行那些法律、行政法规和中国国务院决定未设定而一些部门和地方自行设定的服务业企业登记前置许可项目，大幅度放宽服务业企业登记注册条件。同时，工商行政管理机关对《国民经济行业分类》未包含的服务业一般经营项目可根据企业申请灵活核定能体现其行业和服务特点的经营范围。但是，门槛过低往往却成为过度竞争、无序经营的重要诱因。导游市场（存在大量兼职导游）、证券分析师行业（存在大量兼职分析师）以及房地产中介行业（大量经纪人资格证冒用）的乱象丛生就是力证。

其次，部分大规模经营的特种服务业市场准入门槛过高。例如，在成品油市

---

① 2009年上半年，占全国企业总数1%的国企获得全国借贷的91.2%，而民营企业仅获得8.2%。

场，根据中国商务部已经出台的《成品油市场管理办法》，2007年1月1日起非公企业可以进入国内成品油批发经营领域。但该《办法》同时要求，申请经营权的企业其油库容积和注册资金应达到1000立方米和3000万元人民币，这一政策性的高门槛几乎把所有民营油企排斥在外，因为全国能够达到这两大限制标准的民营企业几乎凤毛麟角。又如，在旅行社领域，2009年9月15日起，国内外资本申请投资旅行社的注册资本不少于30万元即可，但是经营国际旅游业务的国际旅行社依然需要缴纳60万元到100万元的质量保证金，经营国内旅游业务的旅行社也要缴纳20万元质量保证金。而随着国际旅行社注册资本的最低金额的降低，相应的质量保证金也应该有所降低。再如，第三方支付业务领域。2010年6月21日，央行正式发布《非金融机构支付服务管理办法》，规定央行负责《支付业务许可证》的颁发和管理，要求自2010年9月1日起施行。《支付业务许可证》申请企业拟在全国范围内从事支付业务的，其注册资本最低限额为1亿元人民币；拟在省（自治区、直辖市）范围内从事支付业务的，其注册资本最低限额为3000万元人民币。这种措施意在规范当前发展迅猛的第三方支付行业，对于行业规范发展将产生一定的引导作用[①]，但是面对这么高的门槛，当前300多家支付公司估计至少一半要被淘汰，适应新兴技术发展趋势的、刚露头的移动支付市场被提前纳入监管体系，完全市场化意义上的网络金融萌芽可能破灭，甚至可能出现第三方支付业务完全被收归几大国有控股企业的局面。再如，部分行业的人员准入限制方面。很多很大程度上依赖人才的服务业在市场准入标准上严格规定申请企业须具备一定数量的专业技术人才，例如要申请具有一级资质的房地产企业，需要40位有专业职称的建筑、结构、财务、房地产及有关的经济类专业管理人员，20位有中级以上职称的管理人员，4位持有资格证书的专业会计人员。但是人才匮乏的局部地区和个别企业很难达到这样的要求，不得不通过借用相关人才在本企业挂职的方式来获得进入资格，而这些人并没能真正提升企业管理层次。另外，招商引资过程中为提升质量而规定的单位土地投资强度标准也不尽合理，因为现代服务业的发展对人力资本而非金融资本的需求相对更高，针对现代服务业的单位土地投资强度应该低于制造业。同时，市中心高昂的地价标准、服务业普遍高于制造业的水、电、气价都对必须进驻市中心地区的高端服务业企业形成较高的门槛。

---

① 按照中证网2017年5月10日的一则报道，支付宝因违反支付业务规定，被处以3万元罚款，财付通因未严格落实《非银行支付机构网络支付业务管理办法》相关规定，被处以3万元罚款。

但是，门槛过高往往却成为垄断经营、效率低下的重要诱因。对于民营企业式微、需要通过非公企业的参与推动服务经济可持续性转变的上海等地来说，过高的准入门槛将阻碍服务业的壮大和充分竞争环境的形成。

第二，服务业准入门槛在具体地区上缺乏弹性。各大城市从市区、近郊到远郊，服务经济发展水平总体上呈梯度递减的趋势和状况，然而各区服务业都采用相同的市场准入标准，缺乏地区意义上的灵活性和适应性。标准过高限制了欠发达的郊区企业的进入，而标准过低又可能导致发达的市区行业规模盲目扩大，行业内部企业良莠不齐，扰乱经营秩序，引起过度竞争。因此，很有必要确定分别适应于郊区和市区发展现实和需求的服务业准入门槛。

（三）企业注册管理不够灵活

中国既有注册管理体系不能满足服务业务创新和产业融合的需要。服务经济的可持续性转变伴随着服务业务创新和产业融合，这将推动服务业分工更加细致、专业化程度不断提高，从而对工业经济时代形成的基本上已经成熟、结构化（固化）的注册管理系统提出灵活性方面的挑战。具体来看体现在两个方面：

一是服务业业务创新产生了许多现有注册系统没有包含的新兴业务。以上海为例，随着国际金融中心、国际航运中心等的业务内涵（涉及航运、分拨中心、第三方物流、有色金属集散、保税展示、船舶租赁、船舶保险等）被不断挖掘，新兴服务业务层出不穷，相关的企业注册申请也出现业务确认上的困难。比如，上海春宇供应链管理有限公司采用欧美国家非常推崇的提供集成服务的"供应链管理"模式，基于企业自主研发的实时交易管理平台，对从供应商到最终用户的整个供应链环节进行整合和优化。客户只需告诉春宇要什么，然后就等货到签收，春宇全面负责中间所有非常繁复的流程环节。该公司向下面对数以万计的化工产品供应商；向上为全球数以万计的客户提供服务，触角还伸向单证执行、物流运输、仓储服务、保险代理等各环节，整个过程分成七八道"流水线"工序。由此看来，上海春宇既像IT企业，又像运输企业，还像进出口贸易企业，而参照现行国民经济行业20个门类98个大类，在工商登记注册时找不出能够匹配的门类。后来在浦东相关职能部门从实际需求出发的协调下，春宇费时数月才注册成功。但是新难题又出现了，无运输资质开不了运输发票怎么办？境外客户要求外币结算怎么办？

二是产业融合发展面临纵向分割管理的限制。服务业之间以及服务业和其他产业之间往往相互依存、共同发展。尤其是软件产业、创意产业、文化产业等第三产业活动的具体实施表现为典型的跨部门特点，其业务特点和管理归口涉及现有的多个政府部门，这类企业的设立、运行和业务监管需要与多个政府部门有效对接。但是既有的纵向分割管理体制下，产业之间相互联系和融合就受到限制。在这方面，联席会议制度以及利用举办大型活动提供服务业融合发展契机是一种比较有效的办法，但是没有能从体制上一劳永逸地加以解决。

（四）服务业务审批效率不高

中国目前的服务业务审批仍然承袭工业经济时代的审批制，很多服务业务的审批要等国家出台通知才能办理。在这种审批制度框架下，业务准入程序复杂而烦琐，不同行业有不同的程序，由于涉及不同部门，企业要想获得业务准入资格必须来回游走于不同部门之间，而且不同部门在审核申请资料时还可能相互冲突。另外，申请业务准入过程中，国有资本与政府相关职能部门因为同属国家而有天然的进入优势，国家对外国资本则有明确的优惠政策和简化的准入流程，民营资本往往要独自面对复杂的规章制度和各层人事关系，导致"寻租"（"造租"）现象频现，企业往往为获取业务内容准入和程序准入方面的信息付出大量交易成本。同时，各个行政职能部门都希望嵌入市场准入流程中获得相应的审批权，以谋取相关行政得益（例如利用职能便利强制收取一定的费用），这就使得业务准入陷入恶性循环，企业被动周旋于行政事务部门之间，业务审批时间很长，通常一个项目申请下来要一到两个月。这种低效的审批制度将给依赖产业融合和业务快速创新的服务业务发展带来很大限制。目前国内飞机、船舶公司70%的融资需求都被境外机构垄断，与中国金融监管部门低效的业务审批制度不无关联。

二、突破思路

（一）开放服务市场准入领域

开放服务市场准入领域的关键是按照市场化主导和国民待遇的原则针对民营

资本和中小企业开放服务市场准入领域。时任国家发改委副主任宁吉喆于2019年3月24日在"中国发展高层论坛2019年会"上就表示，要加快放宽服务业准入（包括加快电信、教育、医疗、卫生等领域的开放进程）。在这个问题上，尽管确实有必要对特殊的领域采取特殊的准入政策，但目前"放宽市场准入"的提法和做法还带有明显的被动性、"身份论"和歧视性色彩，因此还很保守，没有触及"权力配置资源"问题的根本。真正的开放是要坚持以人民为中心的发展思想，以所有消费者/居民福利保障和提升为依归、对所有服务业投资人（包括民营资本投资人，不分出身、财产、地位、能力等）的义务、权利和权益做出法律制度上的根本保证。具体来说，包括两个基本方面：

一是确保服务业市场公平进入。摆脱"身份论"（Being）观念，树立"行为论"（Doing）观念，遵循"非禁即准入"的原则建立公开、平等、规范、稳定的服务业准入制度，允许各类社会资本进入国家法律、法规未明确禁入的服务行业和领域。出台相关法令，从法律意义上保障：凡是没有明令禁止的服务行业和部门，都要对民营资本开放；凡是对外资开放的服务业投资领域，都要对民营资本开放；凡是实行优惠政策的服务业领域，其优惠政策应同样适用于进入该领域的民营资本。① 例如，起草和出台基础设施特许经营法，从固定资产投资角度扫清民营资本投资垄断性服务业的政策障碍。时任中国央行行长易纲于2019年3月24日在北京出席中国发展高层论坛时指出："中国金融业开放要全面实施准入前国民待遇加负面清单管理制度，推动落实'非禁即入'，中资机构和外资机构皆可依法平等进入负面清单之外的领域和业务。"另外，"完善金融监管。中外资机构开展金融业务都必须持牌经营、接受监管。扩大市场准入的同时不断完善金融监管，使监管能力与开放程度相匹配"。同时，对于那些与这种法律精神相违背的部门政策措施要加快坚决清理，并在统一、公开、权威的政务平台上及时披露，确保所有市场主体及时准确地了解政府服务经济方面法令、政策和发展规划的最新进展。

在这些法律保障下，存量意义上，深化电信、铁路、邮政、民航等垄断性服务行业改革，推动国有资本从一般竞争性服务业领域适当退出，引入民营资本实现投资主体多元化，激发服务市场民间主体活力，拓展非公有制服务经济发展的

---

① 时任总理李克强在2017年"两会"政府工作报告中提到："凡法律法规未明确禁入的行业和领域，都要允许各类市场主体平等进入；凡向外资开放的行业和领域，都要向民间资本开放；凡影响市场公平竞争的不合理行为，都要坚决制止。"

市场空间。增量意义上,弱化服务经济项目的建设、投资和经营的垄断色彩,在立项、论证和预算环节发挥市场监督作用,利用民间资本逐利的本性提高服务业的技术研发动力、合理化服务业的投资方向和融资渠道。按照国务院在2017年3月发布的《关于进一步激发社会领域投资活力的意见》,中国将扎实有效放宽行业准入,制定社会力量进入医疗、养老、教育、文化、体育等领域的具体方案,并进一步扩大投融资渠道,认真落实土地税费政策。

二是促进服务业市场公平竞争。创造各种机制(例如第三产业产权交易市场和银行的中小企业信贷引导等),打破各种不合理的行政垄断,创造平等的服务业市场竞争环境,确保中小企业和民营资本同享政策溢出效应,充分激发民营资本在服务业领域的精明动机、想象力以及创造创业实践精神,培育与服务经济可持续性转变密切相关的高价值行业、高质量服务企业。关键在于从存量意义上,强调允许进入和允许竞争并重,改变仅限于原有服务业国企"分拆"之后企业之间开展竞争的做法,真正准许新的市场主体进入服务业并确保其可持续经营权力的安全,充分发挥非公有制企业的"鲶鱼效应",促进在位企业和整个行业提高效率。对一些短期内难以完全开放的行业,尽快实行政企分开、政资分开、政事分开,积极引入市场机制、开展竞争、提高效率。例如,新加坡政府在展览业上,除了占地60000平方米的新加坡博览中心由政府贸工部所属之外,其他展览场馆均为私营,由相关企业按照市场需求自由竞争和发展。

(二)优化服务市场准入门槛

优化服务市场准入门槛的关键不在于一味地降低门槛,而是从服务业健康可持续性转变的角度出发增强准入市场门槛的弹性。总体上看,在准入放开问题上,短期内要适应服务业行业层面和地区意义上的二元格局,合理设置服务市场准入门槛,确保放得到位,而不是不分究竟地完全彻底放开。

一方面,对于高增值、技术密集型、资本密集型、人才密集型的"火车头"行业(例如现代服务业集聚区、新型服务业产业园、总部经济等),要在考虑必要的规模经济的基础上适当降低准入门槛,促进行业竞争。同时对这些"火车头"行业的招商引资还要降低单位土地投资强度标准,在土地使用问题上实行逐年缴纳土地租金的年租制度,在水、电、气价方面促进与制造业并轨。而对于低增值、劳动力密集型的"后盾"行业(例如旅游、文化、娱乐、社会及个人服务等),则要适当提高相应的准入门槛,避免低水平、低质量和无序化竞争。

另一方面，对于特定行业根据不同的经营范围和权限设置相应的准入门槛。对于那些所提供服务高度接近人体（皮肤/头脑/心理等）安全、财产安全、基本权利（居住/教育/医疗/隐私）的行业，不仅必须设置相对较高的准入门槛，而且还要加强事中、事后的严格监管。这样可为社会资本量力而行进行投资提供更丰富的选择空间。例如香港地区银行业自1981年起就基于行为观实行三级银行制的市场准入门槛。该制度下，持牌银行、有限制持牌银行和接受存款公司，统称为认可机构。持牌银行最低实收资本为15亿港元，其存款数额和期限不受限制，可提供包括零售性和批发性业务在内的全面的银行服务；有限制持牌银行最低实收资本为1亿港元，只可接受50万港元以上的存款，期限不受限制，主要从事批发性和投资银行业务；接受存款公司最低实收资本为2500万港元，只准接受10万港元或以上的存款，而且存款期限至少为三个月。

再一方面，对于亟须大力发展、承转就业人口但是发展水平较低的郊区服务业，所在城镇规模、居民整体富裕程度、人才储备以及经济发展水平还比较有限，制定的服务业市场准入标准要适当降低，以促进各地及其内部各地服务业比较协调平衡的发展。

（三）改善服务企业注册管理

服务经济发展很快，高成本时代已经到来，创新性和创造性发展势在必行。中国在服务企业注册管理方面再也不能囿于套用现成条文和目录，阻碍服务企业的创新性发展。在企业注册上要从企业创新服务业务和产业融合发展的实际需求出发，改善企业注册管理，促进服务经济细分化、差异化和融合化发展，避免服务经济发展出现同质化、重复化、概念化趋向。

在战略性举措上，开创服务经济分类标准竞争的制高点。在服务企业注册问题上，谁掌握了服务经济分类标准的制定权，谁就占领了服务经济竞争和发展的制高点。中国要采用备案制下的工作思路，不断总结提炼服务经济细分化、差异化和融合化发展的经验，率先重点建设战略性新兴服务业的自有分类标准，力争成为国家的相关标准，尽快开创服务经济分类标准竞争的制高点。

在战术性举措上，为服务企业注册的便捷化创造条件。一方面，对创新性、示范性强的新业态服务企业，在营业场所、冠名、投资人资格、行业类别、业务范围、连锁企业登记注册等方面适当放宽条件。比如，放宽营业场所方面，从事设计、咨询、中介等不影响公共利益、周围环境和居民生活的企业及个体工商户，其申请者已取得合法产权或使用权的住宅，经社区物业管理机构（或业主委员会）出具同意其从事经营的证明，可作为经营场所办理登记手续。设在工业园区、开发区的服务类企业，未取得房屋产权证的，提交园区管理委员会的场所证明文件，可办理工商登记手续。放宽冠名条件方面，对于注册资本达到一定规模的贸易型企业（例如500万元）以及专业科技研发、专业广告、专业咨询企业（例如200万元），均可申请冠本地市名。旅游休闲、商贸流通、交通运输、教育文化卫生、房地产、建筑劳务和金融保险等服务业行业需要冠市名的企业可自主申请冠市名。连锁企业登记注册方面，除有特殊规定外，服务企业设立连锁经营门店可持总部连锁经营相关文件和登记材料，直接到门店所在地工商行政管理机关申请办理登记手续。

另一方面，工商部门要能牵头做好相关部门的顶层性（国家部委层面）协调，顶层性地打破纵向分割管理的困境。例如，工商部门要能主动与政府各部门积极沟通与协调，切实做到服务对象真正需要的简政放权，力争在税收、卫生许可、环评、消防、海关、进出口、质检等方面提供尽可能完整的"一站式"服务平台，减少和规范行政性审批事项，减少收费项目、降低收费标准，并协同相关部门加强在税收、用电、用水、用气价格、投融资以及实际运营等方面对服务业重点领域的支持力度。

（四）提高服务业务审批效率

服务业务日新月异要求加速提高服务业务审批效率。提高服务业务审批效率的治标之策是改革完善现有的行政审批制度。例如，强调政府对市场经济的从属性和对市场经营主体的服务性，分层次下放业务审批权限，减少行政审批环节，严禁有关部门利用行政便利非法收费，并最大程度协同性地发挥电子政务的优势，缩短审批时间，提高审批效率，增强审批公正性。这种思路可能见效较快，但是一旦发生问题和风险（比如市场和违约风险）便难以处理，最终可能连政府及其所在地区声誉也会受损，得不偿失。

治本之策则在于，改业务单一化审批制为多元化审批平台。引入备案制、准入制、项目评估制和许可拍卖制，促进行政审批平台的多元化。对于传统的业务审批制，要坚决实施行政审批与行政收费的分离，从源头上消除不合理的审批行为，并积极完善"一站式"审批服务和协同发挥电子政务优势，让相关数据多跑路、让相关企业少跑路。多元化审批平台中的备案制则意味着中国可通过修订相关法例以具备各种服务经济所需、有别于工业经济活动的特定平台（注册、监管、税务等方面），政府也可负责地对外推广这一服务经济发展平台。至于平台建成之后推出什么服务业务和产品，则由市场主体自主决定。这种思路虽然较难估计成效，却也有利于加快服务业务上市，快速提升市场业务丰度、厚度和深度，同时有利于避免政府和市场所冒的巨大风险。

第八章　服务业需求培育体制瓶颈及其突破思路

来自居民和企事业单位的服务需求是服务经济可持续性转变的市场基础。从逻辑上讲，随着中国人均GDP逐渐迈过8000美元的发展阶段、人口老龄化、家庭结构单一化以及先进制造业的稳步发展，服务经济尤其是新型服务业企业生存和发展的市场需求空间会自然扩大。但是中国在居民收入正常增长机制、企业服务外包市场发育以及政府服务采购方面还存在一些需要破解的体制瓶颈，突破这些治理体制瓶颈将大大加快中国服务需求市场空间自然扩张的进程。

一、基本表现

（一）居民收入正常增长机制不完善

一些地区居民收入水平全国领先并不能掩盖居民收入正常增长机制还不完善的事实。例如，《2009长三角发展报告》显示，当时上海人均可支配收入以26675元高居榜首，明显高于江苏、浙江，但其增速却普遍低于江苏，而2010年上海"两会"召开时市民信箱网上调查的结果也显示，超过70%的市民首选"居民收入增长"为最为关心的议题。对于上海市政府而言，则要站在治理体制的高度看到，形成和完善居民收入正常增长机制要比增加居民收入更加重要。居民收入正常增长机制包括工资性收入、财产性收入和转移性收入（主要涉及养老金保障、慈善捐助和政府补助）正常增长机制三个方面。对于绝大多数中低收入民众来说，劳动工资收入是其最为重要的收入来源，甚至是多数人唯一的收入来源。因此，在中国劳动报酬占国民收入中的比重逐年下降以及再分配中收入调节不力的背景下，工资性收入正常增长机制是需要高度关注的焦点。

居民工资性收入正常增长机制主要包括上调最低工资标准、政府提供企业工资增长指导线、实行工资集体协商制度、个人所得税监管。其不完善性主要体现在以下几个方面：

一是上调最低工资标准人群集中、效果不大。近年来中国很多地区不断上调最低工资标准，但是最低工资上调真正惠及的人群高度集中于最低收入人群，例如从事保洁、保安、保绿、保序的"四保"人员以及超市理货员、餐厅服务员等低端服务业人群。提高最低工资标准对于这一人群的生活有较大助益，而对于构成市民大多数和服务消费主力军的中等收入群体来说，这一机制对服务需求培育没有太大影响。

二是发布企业工资增长指导线强制性不足、有效性不明。中国各地基本上每年由人力资源和社会保障局发布本市企业工资增长指导线，例如，2010年上海企业工资增长指导线的上线为16%，下线为4%，同时要求一线职工工资增长幅度一般应不低于本企业职工工资的平均增长幅度，而且生产服务一线职工工资不增长，经营者工资也不宜增长。这一指导性的要求对于促进居民工资性收入增长具有一定的积极意义，但也给相关企事业单位提供了很大的自由裁量余地，其实际效果并不确定。一些事实也表明，在国民收入初次分配中，中国劳动报酬在国民收入中所占比重目前不到42%，并逐年下降，不但低于发达国家55%的一般水平，而且低于世界主要经济体的平均水平。

三是工资集体协商方面劳资双方地位悬殊、成效不定。上海等地人力资源和社会保障局要求企业在综合考虑企业经济效益和职工工资水平的基础上，通过工资集体协商，合理确定本企业职工的工资增长水平以及不同岗位人员的工资调整幅度。这一要求意在建立职工工资的正常增长机制，但是在结构性的就业机会紧张、劳资谈判地位相差悬殊和集体协商组织成本高企的背景下，这种机制的有效性也有待观察。①

四是个人所得税方面逆向调节加剧分配不公。税收本身是调节收入分配差距

---

① 集全国之力，耗子孙能源资源，过多压低劳动报酬，过多让利于资本收益，这不是可持续的发展模式。

的重要杠杆，但是这一杠杆在中国却往往存在某种逆向调节、加剧分配不公的困境（尤其是针对边际消费潜力更大的工薪阶层）。近年来，在消费结构升级驱动下，新的持续稳定的消费支出品类数量及其比重已经增加到相当高的水平，而劳务收入渠道多元化（尤其在日新月异的新兴服务业）、比重及相应的必要成本也在增加，利用所得税政策吸引全球优秀人才参加中国建设的做法日益重要和普遍，但是现有的个税费用扣除标准、劳务税扣除标准（至今 800元）、税率档次和水平并没有随之进行适应性的调整。高收入人群拥有丰富的资源和关系偷逃税款，不断加快财富集聚和转换速度。而中低收入人群尽管收入不高，但在起征点长期较低情况下实实在在地承担着相对很高的税负压力。在食品价格持续高企，教育、医疗等刚性开支有增无减，房价几乎一路绝尘，消费信心备受压制和考验的情况下，这种逆向调节更快地导致富者越富、穷者越穷，不利于缩小城乡、行业、地区以及群体之间的收入差距①，也不利于培育服务业的市场需求。

（二）企业服务外包有效需求不旺

企业在服务性投入的供应方面外部化和专业化不足，导致服务的社会化和有效需求有限，这是制约中国服务外包市场发展的重要因素。不少企业（尤其是制造企业）不愿将内部非核心的服务性工作外包，对服务外包比较积极的国内企业主要是一些大型优势企业，而且较大规模的境内和离岸服务外包中其发包和接包主要在外资企业之间进行。例如，在中国物流市场上，几乎一半的制造企业拥有自己的汽车车队、仓库和机械化的装卸设施。这种普遍"大而全""小而全"的内部化经营模式尽管有利于企业确保自己的生产、销售流程处于较为可控和有序的状态，但却不仅分散了企业对核心业务及其核心竞争能力的关注，而且限制了企业对外部专业化外包服务的有效需求，阻碍了生产性服务企业规模化和专业化发展。

这种状况在很大程度上同一些体制性约束有关。一是终端消费者观念约束。特别是在中国，制造业消费者在生产厂商大量外包非核心的服务性工作情况下通

---

① 按照 Peter Bisson、Rik Kirkland 和 Elizabeth Stephenson（2010）的观点，随着经济不断发展，整体生活标准会随之提高，收入差距也会拉大。而且制造业经济一般大于农业经济，而服务经济又大于制造业经济（例如，基尼系数是衡量最高收入者与最低收入者之间差距的指标，服务业基尼系数比制造业高 2/3，比农业部门高 150%）。请参阅：Peter Bisson, Rik Kirkland, Elizabeth Stephenson. 市场国家 [J]. 麦肯锡季刊，2010（7）.

常会质疑其工艺质量和售后服务质量。二是中间消费者观念滞后。作为发包方的企业是外包服务的中间消费者，其消费观念也影响到服务外包市场的发展。比如，在企业节能环保低碳意识还很薄弱的情况下，其对节能服务的需求不会太强。在企业现代物流观念及物流成本意识不强的情况下，其对物流外包服务的需求也不会紧迫。垄断、仿冒、专利保护不力、社会承担环境污染成本、企业产品责任过于褊狭的情况下，制造企业倾向于维持现有的生产组织形式而不是锐意创新。强势的国有企业在激励和约束机制不到位的情况下也普遍缺乏通过服务化实现产业转变的动力。三是外包服务提供主体有待培育。目前中国绝大部分服务型企业规模还很小、服务能力不高①，缺乏开展研发设计、品牌培育和构建战略性营销渠道网络的实力，尤其缺少领军的龙头型服务企业，承接与开发大型服务外包项目的能力和经验还很不足，融资较为困难，严格的价格管制，税率偏高（例如，营业税体制下，一般应税劳务既有适用服务业5%的税率，又有3%的税率，但税务机关"一般采用从高适用税率的办法征收营业税"，给节能服务等新兴服务企业带来较大压力），法律法规不完善、行业标准和准则不健全，行业内相互压价、相互拆台，商务成本（尤其是综合人力资源成本）一直居高不下，生产型增值税体制不利于服务业固定资产投资，这些因素都严重制约服务外包提供主体的成长，影响服务发包企业的消费信心。另外，即使是制造业企业本身的服务化转变方面也面临不少政策体制方面的限制。例如，按照中国目前相关政策、法律，财务公司属于非银行金融机构，必须缴纳等同于银行业的准备金。一些制造企业集团财务公司的资金尽管属于自有资金，业务也仅限于集团内部，但在国家实行宏观调控情况下却因准备金问题而加剧资金匮乏、影响业务发展。四是其他体制性约束。例如，如果服务外包企业支付给承包方的营业额不能从计税依据中扣除，重复征税造成服务外包的税收负担就会太重。在生产型增值税体制下，制造企业购买专利等高端生产性服务时的支出不能按照一定的比例抵扣进项税额，不利于鼓励这些服务项目从制造企业中分离出来，从而限制对社会化生产性服务的有效需求。

（三）政府服务采购的支持力度有限

服务采购在政府采购中占据十分重要的地位，也是政府支持本地服务业发展

---

① 上海先进制造业发展过程中高科技企业投融资服务就尤其欠缺，这曾经引起市政府高度重视。

的重要手段。但是中国各地政府服务采购的支持力度总体上还比较有限，主要体现在以下几个方面：

一是服务采购的统一性不强。目前中国各地政府服务采购大多都由需求单位根据自身特点自行决策和组织采购，没有归口管理、统一控制，相互独立和各自为政，状态和需求规模分散，准入/退出机制也不健全。在服务社会化程度不高的情况下，政府和事业单位服务需求部门往往既当"运动员"，又当"裁判员"，既不利于实施统一采购、规范业务流程，也不利于提高服务采购透明度以促进政府服务采购市场的健康发育。

二是服务采购的规模化不足。由于政府服务采购市场的发育程度有限，很多政府服务供应商与用户之间还得涉及大量私人关系，不少服务只能在有限的范围内获得。采购范围受限导致服务采购竞争机制缺乏，服务费用垄断，服务集中采购动力不强。另外，很多服务在产品和项目采购中已经被消化殆尽，而培训、咨询和研究服务等尚未正式纳入政府采购范畴，难以提高政府服务采购规模。

三是服务集中采购目录涵盖有限。一方面，纳入集中采购目录的类别和品种太少。通常政府所需服务包括会议、培训、接待、保险、科研与开发、印刷、出版、保险、租赁和物业管理十大类，但国务院和各地政府公布的集中采购目录中的服务仅局限于车辆维修和保险、印刷项目、通用软件以及会议服务等项目。例如，2009年上海市政府采购集中采购目录中的服务仅包括：预算金额超过50万元的票据、证照、报表的印刷或制作；预算金额超过50万元的信息系统的设计、开发、集成、测试；预算金额超过50万元的工程设计、工程监理及其他专业咨询；公务车辆的维修、加油、保险（定点采购）；党政机关出差和会议定点饭店。另一方面，限额标准落实不严。一些地方政府也确定了50万元作为服务集中采购的限额标准，但在实践中，需求用户往往视限额标准不顾而自行采购以图省事，或者化整为零而规避集中采购带来的管理成本和压力等，给"不能统"和"不想统"提供机会，增加服务采购行为规范的难度。

四是服务采购方式单一。依据中国《政府采购法》规定，主要有公开招标、邀请招标、竞争性谈判、单一来源采购、询价等采购方式。但是因为前面提到的诸多原因，在实际运行中往往也存在邀请招标采购过多、竞争性谈判采购不足、公开招标采购有限的现象。

(四)"半城镇化"问题还有待解决

城市化水平是影响服务业需求的重要因素。因为城市化的发展带来人口和产业聚集,增加生产的中间投入,改变居民的整体生活方式和消费结构,为生活和生产性服务需求的规模化及其产业的独立化发展提供重要支撑。中国正进一步加大推进城镇化发展力度以扩大内需。即使是城市化历史较早城市之一,到目前为止国内经济规模最大、最发达、最国际化的上海,新形势下也仍然面临制约其服务经济及其企业发展转变的体制瓶颈。不少学者提出制约城市化的这种瓶颈源于土地和资源带来的限制,从而建议拓展城市的土地空间(例如空间拓展主导的行政区划调整和整合)和资源供应促进城市化发展,这仍然是一种粗放型城市化观点的再现重演。

本书却认为,短期内各地土地和资源的拓展毕竟有限,现在需要立即着手提升城市化质量增加服务需求。但是中国在城市化质量方面或多或少也存在"半城镇化"的问题。这种问题是指,在目前严格的户籍制度以及就业制度、土地制度、社会保障制度、行政管理制度与户籍直接相联的情况下,大量居住在城市的农村产业工人虽然被统计为城市人口(根据统计和相关披露,2016 年中国户籍人口城镇化率已达 41.2%、常住人口城镇化率为 57.35%①,2017 年常住人口城镇化率达到 58.52%),但并不能真正同等享受各类城市公共服务,其收入水平、消费模式也无法等同于拥有户口的一般城市居民。例如在文化消费方面,即使是对上海户籍居民而言,目前很多文化产品的供给价格(定位日益高端)与居民期望差距也很大,而且大量文化设施和文化信息获取渠道都长期过度集中在市区,加之交通往来时间太长、闲暇时间本来不多(为此需要完善和执行更具协调性、前瞻性的带薪假期制度),都限制了很多住在郊区的外来人口的文化消费。显然,"半城镇化"问题的存在意味着目前城市化的质量还有待提高,也意味着需要和可能通过户籍等制度变革真正提升城市化的质量、培育城市中的服务需求。

---

① 国家统计局于 2017 年 2 月 28 日公布的《中华人民共和国 2016 年国民经济和社会发展统计公报》显示,2016 年末中国大陆总人口 138271 万人,其中城镇常住人口 79298 万人,农村户籍人口 58973 万人。当年中国城镇常住人口增加 2182 万人,乡村常住人口减少 1373 万人,城市化率 57.35%。

二、突破思路

(一) 加快完善居民收入正常增长机制

以居民工资性收入正常增长机制为焦点多方面加快完善，形成与经济发展相适应的居民收入正常增长机制。

一是扩大上调最低工资标准覆盖的人群。具有高边际消费倾向的中低收入群体的收入增长是现阶段一般服务消费增长的最基本推动力。在通胀压力和社会保障投入缺口加大的背景下，中国各地可建设或借助已经建成的居民收入核对系统，将这一措施惠及的对象从最低收入人群扩大到中等收入人群。而且针对中等收入人群要制定和推出更高的最低工资标准体系（按照国际标准，合理的最低工资应是当地社会平均工资的40%~60%）。除继续完善最低工资等制度外，还要通过加大对中低收入人群劳动技能和在职培训等的公共投入，提高他们的劳动力价值和市场竞争能力①。另外，还要继续建立公平、合理和完善的社会保障制度②，完善社会保障体系，消除所有居民消费的后顾之忧。

二是增强企业工资增长指导线的强制性。中国各地要形成由人力资源和社会

---

① 同时还要加快转变经济发展方式，通过调整产业结构、促进产业升级创造要求更高、更有价值的工作机会。

② 包括推进社会保障制度建设，发展最低生活保障制度、新型合作医疗制度、养老保险制度等。财政部等三部委于2017年4月发布规定提出，自7月1日起，将商业健康保险个人所得税试点政策推广到全国范围实施。对个人购买符合规定的商业健康保险产品的支出，允许在当年（月）计算应纳税所得额时予以税前扣除，扣除限额为2400元/年。按照澎湃新闻2017年5月3日的一则报道，根据中国保险信息技术管理有限责任公司发布的数据，2016年1月1日税优健康险正式试点以来，截至2017年3月31日，全国税优健康险保单总件数为67272件，总保费为11840万元，而2016年健康险原保险保费收入则高达4000多亿元。据称，税优健康险比重很低的主要原因在于，保险公司积极性不强（投保人可带病投保、简单赔付率高达80%，不能大幅度提升保费收入和利润）、投保人受限（目前个人并无税号，走单位渠道才能投保税优健康险）。财政部2017年4月发布通知，部署全面推开公立医院综合改革的七项重点任务，包括2017年全国公立医院医疗费用平均增幅控制在10%以下；9月30日前公立医院全部取消药品加成；2017年底全面实行以按病种付费为主、按人头付费等复合型付费方式等。

保障局每年定期发布本地企业工资增长指导线的制度。① 在具体落实方面，要求各类企业在工资指导线发布后 30 日内，通过集体协商方式制定贯彻落实工资指导线的实施方案，报劳动保障行政部门备案并实施。对于没有按规定到劳动保障部门备案的企业，将责令限期改正，逾期不改正将处以罚款。另外，通过加强横向沟通和合作，建议相关部门将企业落实工资指导线情况纳入各类评先选优和资质认定活动的考核体系。各级各有关部门、单位在组织开展面向企业的各种评先选优和资质认定活动时，对无正当理由不落实工资指导线政策及其备案制度的企业实行"一票否决"。

三是平衡劳资双方谈判地位，增强工资集体协商成效。改变目前工资集体协商过程中政府主导的状况，积极推进《劳动法》和《劳动合同法》合理实施等，保证广大劳动者的合法权益，尤其要通过劳动立法或颁布劳动法令确保工人真正享有包括组织和参加工会权、集体交涉权、集体行动权在内的"劳工三权"，真正保证工人有"最后手段"（last resort）可用。政府要真正发挥服务型政府的作用（尽管特定时期需要发挥管制型政府，或管制—服务型政府的作用），为劳资双方谈判事先做好工作，给工人和企业讲明利害，在谈判中有所把握，推动最后结果多方共赢。同时对一些劳动密集型、利润空间很小的中小服务企业，在加强税源控制的前提下，根据其经营情况、利润大小降低税负，同时尝试按照利润大小而不是人头数量缴纳员工社会保险费用，为这些企业创造通过工资集体协商为员工加薪的有利空间。

四是完善个人所得税制，扭转逆向调节局面。按照"简税制、宽税基、低税率、严征管"的原则，进一步改革完善个人所得税制度。重点推动结合户籍管理的收入申报、财产登记等社会征信系统建设，推进中共十八届三中全会提出的"逐步建立综合与分类相结合的个人所得税制"改革，尤其针对工薪阶层在费用扣除标准、税率级次和税率水平等方面进行适度调整。例如，适应消费结构升级的新形势将持续稳定的消费支出（基本生活支出、教育、医疗、保险支出、住房贷款利息支出等）纳入个税费用扣除标准。适应劳务收入渠道多元化、比重及相

---

① 国务院 2017 年 2 月印发的《"十三五"促进就业规划》提到，"十三五"期间，国家将面向技能人才、新型职业农民、科研人员、小微创业者、企业经营管理人员、基层干部队伍、有劳动能力的困难群体七类人员开展"城乡居民增收行动"。2017 年 2 月 5 日发布的"2017 中央一号文件"明确，在充分保障农户宅基地用益物权、防止外部资本侵占控制的前提下，落实宅基地集体所有权，维护农户依法取得的宅基地占有和使用权，探索农村集体组织以出租、合作等方式盘活利用空闲农房及宅基地，增加农民财产性收入。

应的必要成本增加的形势,提高劳务税扣除标准。适应全球人才竞争的需要,优化个人所得税的税级和水平(例如黄奇帆在2017年全国"两会"上提出将最高等级的个人所得税率从45%降低到25%)。根据各地现阶段经济发展水平和生活成本状况发展提高个人所得税起征点①,降低中低收入者的所得税负担。同时,要锁定垄断行业等重点项目,斩断政府与国有企业之间的直接联系,并强化税源监控(建立切实可行的收入监测制度,从根本上消除逃税、漏税),加强对高收入者个人所得税征管,充分发挥税收在收入分配中的调节作用,促进分配公平。

(二) 促进企业服务外包市场加快发育

一是转变最终消费者观念。中国目前各种教育主要是一种生产者导向的教育,特别注重如何将受教育者培养成为生产所需的各种人才。而在服务经济可持续性转变的背景下,更要注重从各种渠道将受教育者培养成为了解、理解和接受各种最新消费观念(例如服务外包情况下的工业品消费观念)的消费者。②

二是转变中间消费者观念。从资源(能源)价格、环保执法、分类(歧视)信贷、差别税收等多种体制性角度加大企业通过内部自给专业化服务所产生的成本和风险,促进企业增强外包专业服务需求的压力和观念,根本性改变一些企业和单位长期存在的"大而全""小而全"的经营模式。另外,要适应节能减排、低碳化发展的战略需求,加快研究并实时征收企业环境税,引导制造企业增加服务等人力要素在投入中的比重(同时减少自然资源在投入中的比重),促进制造业投入服务化,刺激生产性服务需求扩张。同时也要加快研究并推行生产者责任延伸制度,将资源循环利用和废弃物合理处置纳入生产者的法定责任范畴,促进制造业产出服务化,刺激生产性服务供应的扩大。

三是加强外包服务主体培育。放松服务产品价格管制,降低服务外包产业税率,改善产业融资环境,转向消费型增值税体制,刺激固定资产投资,促进服务外包企业主体的成长壮大,增强服务发包企业的消费信心。针对制造业企业本身的金融服务等业务的可持续性转变,要加快放松准备金限制等相关政策、法律方

---

① 例如对个人所得税工薪费用扣除标准建立和地区物价水平、通胀系数相挂钩的浮动机制。
② 尤其是要在消费者和提供者中形成日益浓厚的服务文化。服务文化是一种重要的企业文化,其基本内涵是:鼓励优质服务的存在,给内部雇员和外部顾客提供优质服务,并把这种文化当作自然而然的生活方式和每个人最重要的行为标准。中共中央办公厅、国务院办公厅于2017年9月印发的《关于深化教育体制机制改革的意见》指出,到2020年,基本建立教育基础性制度体系,形成充满活力、富有效率、更加开放、有利于科学发展的教育体制机制。

面的限制，为其发展创造更加优越的资金和业务环境。

四是消除其他体制约束。例如，允许服务外包企业支付给承包方的营业额从计税依据中扣除，消除重复征税，减轻服务外包的税收负担。转向消费型增值税体制，并逐渐扩大增值税的征税范围，允许制造企业购买专利等高端生产性服务的支出可按照一定比例抵扣进项税额，鼓励这些服务项目的外包化发展。

（三）推进政府服务采购的规模化扩张

一是加强服务统一采购。设立服务采购归口管理部门，加强服务采购统一控制，扩大服务采购规模，规范服务采购流程，提高服务采购透明度，健全准入/退出机制。

二是壮大服务采购规模。纳入培训、咨询、研究等服务项目，扩大政府服务采购范畴，扩展服务提供商的选择范围，形成服务采购竞争机制，消除服务采购费用垄断，增强服务集中规模化采购的动力。

三是扩张服务集中采购目录涵盖范围。一方面，在现有服务集中采购目录基础上，纳入培训、科研与开发、租赁和物业管理等服务项目，增加集中采购目录的类别和品种。中国正制定新技术产品推广应用目录和信息消费发展指南，组合系列政策培育和壮大服务消费新增长点。另一方面，严格落实限额标准。加快建设高效的政府集中采购平台，为服务集中采购创造有吸引力的交易和管理条件。同时，加大监管力度，确保单项或批量价值在限额标准以上的服务采购项目统一纳入集中采购范畴，消除"不能统"和"不想统"的机会空间。

四是丰富服务采购方式。要根据实际情况灵活确定服务采购方式，但也要减少邀请招标采购、增加公开招标采购和竞争性谈判采购。同时要加强采购方式监管力度，确保不同采购方式都按固有程序进行采购，实现服务采购规范化，注重采购引导性作用（包括反思常用的"最低价中标"做法的劣币效应）。

（四）改革户籍等制度解决"半城镇化"问题

解决"半城镇化"问题，提升城市化质量，刺激服务业发展是中国各地新一轮"再城市化"的关键主题，也是突破城市化所面临的土地、资源和环境约束的重要途径。例如，上海已经在2009年出台改"指标管理"为"条件管理"、居住证满七年转户籍的政策，为上海导入外来人口（尤其是国内外高级人才）

集聚智力基础、激发服务需求市场提供了更为宽松的户籍制度。① 但是这种措施惠及范围依然有限,而且仍与在当地就业制度、土地制度、社会保障制度、行政管理制度等直接关联,因而并没建立起惠及在沪工作生活的所有国民的全面权利保障制度,不能根本解决"半城镇化"问题,不能根本提升城市化质量和刺激服务业发展。

要解决"半城镇化"问题,一是要继续放松户籍管制,主动吸纳适合到城市居住的各层次人口。要充分认识到,随着劳动力结构性短缺时代的到来,在服务经济及其企业发展转变过程中,各层次人口不仅是公共服务和资源的消费者,也是服务市场需求和供应以及遏制劳动力成本过快上涨的重要贡献者。二是要切断居民的国民权利与户籍之间的直接联系。上海等地建设国际化大都市的宗旨应该是增进所有居民(不仅是户籍居民)的安全感、幸福感、归属感和认同感。这种安全感、幸福感、归属感和认同感应该与户籍无关,而是与居民在当地的奋斗和表现直接相关。因此,各地要切断就业制度、土地制度、社会保障制度、行政管理制度与户籍制度之间的直接关联,建立起完善的国民权利保障制度,让各层次劳动力自由流动,与户籍居民享受同等公共服务,激发城市的生产和生活活力,以高质量的城市化推动服务消费增长、服务就业总量提高和服务经济可持续性转变。

---

① 有人提出上海实行低门槛、权益递增式的阶梯式人口管理制度,即基于最低门槛的居住证,享受义务教育、公共卫生、基层组织选举与被选举权、就业权利、医疗和养老保障权;参保或居住达到较短年限,追加享受人大代表选举与被选举权、同等就近入学权;参保或居住达到较长年限,再追加享受低保、保障性住房;居住和学籍达到一定年限,还能享受居住地高考资格。

第九章　服务业人才保障体制瓶颈及其突破思路

服务型经济（尤其是 IT 服务、软件服务、会计服务、金融服务、市场和客户服务等领域的现代服务业及其国际化拓展）要求劳动力具有足够高的素质和技能。长期来看，中国整体都需要转型人口政策并加强人口的劳动力及其需求优势的培育。近期来看，人才的数量、结构与素质是影响服务业尤其是现代服务业及其企业发展转变的关键因素。例如，一些学者提出中国需要大力提高国民高中以上受教育水平。上海国际金融中心和国际航运中心建设就尤其亟须解决人才瓶颈（短板）问题。按照时任上海市金融工作党委书记孔庆伟于 2016 年 5 月的一次介绍，通过调查 2015 年金融从业人员状况发现，上海 30 多万金融人才中不到 2 万人拥有海外学历、仅 4000 多人持有国外认证证书。大量新工人也在为城市及其产业的发展做出不可或缺的贡献。① 因此，做好人才保障、建好人才高地是各地政府加快服务经济及其企业发展转变的重要工作。中国各地近年来在人才保障方面已经采取不少积极有效的措施，但是在服务业人才准入门槛、人才政策配套、人才跟踪服务、人才培养体系方面仍然还存在一些需要破解的治理体制瓶颈。

---

① 按照吕途在《中国新工人：迷失与崛起》中所提供的数据，2014 年全国新工人（工作和生活在城市、户籍在农村的打工者）27395 万人，其中约 8400 万人从事制造业，约 6000 万人从事建筑业，另有几乎一半的人从事家政等服务业，同时相伴随的是，全国农村留守儿童约 6102.55 万，全国农村流动儿童达 3600 万。

第九章 服务业人才保障体制瓶颈及其突破思路

一、基本表现

（一）人才准入门槛不够合理

近年来中国上海等地为外来人才准入不断创造更加宽松的环境，抢人高潮迭起，但是人才准入门槛方面仍然普遍存在两大不尽合理之处。

一是人才国民权利与户籍直接挂钩。以上海为例，无论是《上海市人才流动条例》《上海市引进人才申办本市常住户口试行办法》《关于印发〈上海市吸引国内优秀人才来沪工作实施办法〉的通知》，还是《关于外省市转移进沪人员若干问题处理意见的通知》，其基本精神都是，引进人才所能享受的就业、社会保障、公共服务等国民权利与户籍（实际上是自有产权住房）直接挂钩。而且持有上海市居住证的来沪创业、就业人员必须符合五项基本条件才可申请获得上海户籍，同时上海在每年办理落户数量方面还要对持证人员申办常住户口实行年度总量调控管理。这也正是外来人才千方百计申报上海户口的根本原因。但是，国民权利是所有居民都应享有的基本权利，何况外来流动人口也是缴纳个人所得税以及相关社会保险税费的重要主体，而户籍制度仅仅是各地便于居民管理的一种行政制度，两者直接挂钩为外来人才安心服务于上海的发展设置不必要的门槛。不过，2017年6月以来，随着国家房地产体制改革的深化，加之房地产市场调控力度空前背景下各地日益重视房地产之外税源/收入来源的培育，中国越来越多的城市和地区开始实施放宽落户、住房租购同权的引才政策（尽管同时仍然还存在各种不同形式的限制），这种直接紧密挂钩的做法将发生根本改变。按照上海市政府办公厅于2017年9月印发的《关于加快培育和发展本市住房租赁市场的实施意见》，在上海租房居住的常住居民可通过办理居住证、申请居住积分制度、办理人户分离登记，享有子女义务教育、公共卫生、社会保险、缴存使用住房公积金、证照办理等基本公共服务。其中，积分达到标准分值的居住证持证人配偶或同住子女可按照本市有关规定享受相关基本公共服务待遇。

二是服务业人才准入门槛过于僵化。中国各地目前的人才引进政策都是非结构化地偏向于先进制造业和现代服务业所需的高端人才，因此所提出的人才标准普遍都非常高，而且高度同质化。例如，具有博士研究生学历并取得相应学位或具有高级专业技术职务任职资格的专业技术人员和管理人员；获省部级及以上政府奖励的人员；国家重大科技专项项目、国家重要科技计划项目和本市重大科技项目负责人及其团队核心成员；列入省部级及以上人才培养计划的人选；等等。而服务经济及其企业的发展转变不仅需要高端人才，还需要大量高素质的实用型、操作型中低端人才（尤其是在外来常住人口大量减少的情况下）。在人口发展正处于"老龄化"①、"少子化"、外来流动人口减少（改革开放以来2015年中国流动人口首次同比减少近600万人）②，2016年继续同比减少约171万人。2016年外出农民工数量约占流动人口总数的70%，但当年外出农民工数量仅比2015年增长0.4%）并存甚至趋于人口紧缩的转折时期，这种将最高门槛等同于服务业人才准入平均门槛的做法并不利于满足日益短缺的中低端服务人才需求以及为所在地可持续性转变提供足够扎实的人口支撑。比如，在服务外包业中，中层项目管理人才和适应外包企业业务操作实践需求的低端蓝领人才就相对不足。按照北京市职业介绍服务中心统计，北京市2016年上半年服务业用人缺口17.6万人，根据中国人力资源市场信息监测中心公布的数据，上海市2016年第一季度餐厅服务员、厨工的岗位缺口与求职人数比高达9∶1。

（二）人才政策配套不够健全

一是人才居住生活条件需改善。由于与户籍直接挂钩，住房、医疗、子女教育等问题也一直是服务业人才高度关心的大问题。三大问题其实与住房地点联系最紧。在住房方面，服务业大量存在的"夹心层"既不符合经济适用房、廉租房等住房保障条件，又没有能力购买商品房，只能到生活配套设施比较差的偏远郊区租房居住，而服务业的工作地点以及教育医疗资源又大量集中在市中心区，这不仅给上下班交通、家庭教育、家庭医疗以及服务业职员情绪管理带来很大压力，而且大大增加服务业从业人员的生活工作成本。针对引进人才的人才公寓方

---

① 民政部于2017年8月3日公布的《2016年社会服务发展统计公报》显示，截至2016年底，全国60岁及以上老年人口23086万人，占总人口的16.7%，其中65岁及以上人口15003万人，占总人口的10.8%。

② 根据中国及各地发布的相关统计数据，截至2016年底，北京市常住人口2172.9万（同比增长2.4万），上海2419.7万（同比增长4.4万），广州1404.4万（同比增长54.3万），深圳1190.8万（同比增长52.9万）。但是，严控、疏解人口的政策体制下（2020年北京和上海的常住人口目标分别为2300万、2500万），北京、上海常住外来人口近两年首次下降（其中上海连续两年下降，北京18年来首次减少15.1万人）。

面,由于土地供应紧张、资金筹措困难、审批繁杂和运作昂贵,加之管理上面临只进不出的困境,大大限制人才公寓对引进人才住房的保障力度。即使对海归而言,中国式的教育模式(入学难入学贵、公办教育中教师的凶悍、教师对孩子过分严厉、教育体系刻板)也让他们全家为自己孩子的教育问题伤透脑筋,甚至忍无可忍再次"出海"。

二是人才事业平台还比较缺乏。相关单位对引进人才普遍采取应急性的政策/政绩驱动,缺乏长远的战略规划和管理,不能客观公正科学地对待人才,尤其是过于注重当前利益和短期业绩,不太注重后劲培养和长远发展,引进人才缺乏可认同的长期奋斗目标,短期工作压力很大,长期又缺乏施展才华所需的发展空间。

三是人才流动配置机制需完善。在各地重点引进特定服务业高级人才政策影响下,人才结构性短缺与闲置并存、区域和行业间人才分布失衡的问题将日益突出。但是中国各地的人力资源服务业还不够发达,人才流动配置的临时性和短期化现象普遍存在,人才流动配置机制建设还比较滞后,给人才高效流动和人尽其才带来限制。

四是人才聘用的税费制度需调整。个人所得税方面,同上海等当地经济发展水平相比较,其个人所得税起征点往往还较低,使得一些外资服务企业用起征点标准发放薪酬(很多现代服务业员工工资只能在税前定额列支),不利于吸引和稳定高端人才队伍,而由此导致的重复征税问题在中小服务企业中也比较普遍。社会保障方面,服务业用工密集,目前按照人头缴纳社会保险费用将给服务企业尤其是中小服务企业带来很大的资金负担。另外,一些服务业企业的中高级外籍人士长期在中国工作,在薪酬之外对附加福利和社会保障同样十分看重。但是他们无法缴纳母国的社会保险,在当地由于没有落户也无法同享相应的社会保障。

(三)人才跟踪服务不够到位

一是重引入、轻使用普遍存在。在人才引进单位,引进人才很容易被贴上"我方"或"非我方"标签,小团体主义甚至是"死党"盛行。在具体使用过程中,从小团体利益出发,排斥小团体外部成员,陷入其中的引进人才几乎没有与有能力改变现状的相关部门(领导)进行有效沟通的机会,这给引进人才的有效使用带来障碍,降低人才引进效果。而在使用过程中,也逐渐出现海外引进人才的知识结构在国内面临"水土不服"的现象,例如从发达成熟金融市场引入的金融人才研发的产品超前太多，不适应中国和上海金融市场的体制环境和实际供求。

二是人才激励偏差还严重存在。突出表现在激励范围过于狭窄。大多数服务业企业对引进的紧缺人才和关键人才实行制度和激励倾斜（"锦上添花"），而对普通人才和员工以制度约束全面代替激励措施（"雪上加霜"）。更有甚者，某些企业以适用于市场营销部门的短期效益为标准来约束和激励研发等部门的员工，造成不少"脑体倒挂"的现象。结果企业内部矛盾重重，内耗极大。

三是人员经费管理过于僵化。尤其是针对服务科研管理主要还是采用行政化手段，制度细密，规定太死（例如课题申请中的字数和页数限制），审批程序繁杂，检查节点泛滥，大量事务性环节耗时耗力。经费预算使用偏向设备和仪器，人员费用十分有限（而服务创新往往是劳动力和智力密集型的活动），加之预算规定特别死板，人员积极性差，一些人不得不在入账上"做手脚"，既降低服务创新的效率，又不断侵蚀管理人员和科学工作者之间本来就较低的相互信任。

（四）人才培养体系不够完善

一是国内外"猎头"为主。中国各地近年来着重花费大量资源从国内外加快引进现代服务业所需要的高层次、国际化和紧缺的各类人才，特别是引进一批通晓国际规则的金融、贸易、信息、咨询服务等专业人才，一些高校和科研院所几乎只引进海归人才，而且针对这些人才的进入几乎是"一路绿灯"。这种"输血"型的人才偏好和"掐尖"做法能够满足一些项目化运作的人才需求，但是不利于帮助当地形成人力资本自我积累机制（"造血"型）和真正的人才高地，而且在这个过程中可能会不断恶化与周边相关合作伙伴地区的服务人才交流关系，影响到未来当地对外服务产品市场的开拓。

二是政府主导服务人才开发。强势的各地政府在服务人才开发方面一直扮演着主导性角色。例如，2010年9月上海就发布了《上海市金融领域紧缺人才开发目录（2010年）》（征求意见稿），反映当前以及未来一段时间五大类、35个子类金融人才的需求情况及需求分布，并分别详细规定人才类别、能力需求和经历业绩等要求。接下来上海还组织各种形式招聘会网罗所需人才。这种人才开发模式确实也集成和反映了相关用工单位的人才需求，但是政府如此突出的主导地位将直接用工单位推到"后台"，延长了候选人才与直接用工单位的沟通路径，也不利于发挥民间积极性并培育市场化和民间化的人才开发机制。

三是服务业人才培养导向不够。近年来中国各地不断深入推进教育综合改革和中外合作办学，加快建设现代教育体系，并增强教育机构办学自主权，加大人才培养力度。但是，部分因为高等教育不能自主的专业设置、招生规模与市场需求脱节，与当地服务业比重不断提高、智能化/人工智能化背景下对智力密集型服务及其复合型人才的需求日趋活跃的要求相比较，现有的人才培养尤其是复合型服务人才①培养力度还显不够。一方面，现有专业课程设置的工业化特征更为明显。不管是高校的专业课程还是企业内部的专业课程，在相当大程度上都是工业经济时代发展下的产物，教材对新知识、新技术、新应用的引入还严重不足，一些新兴专业与交叉学科在学生学位系统目录里往往没有适用的专业代码。况且工业经济时代的专业课程（尤其是经济管理类课程）暗含的基本假设是生产与消费的分离，且复合性差，而这在服务经济时代基本上不再可靠。加之师资队伍主要成长于和受教育于工业经济时代，其在专业课程内容安排和教学方式上的设计难免不适用于服务经济/数字经济时代的教育需求。另一方面，人才培养的生产型导向显著。基于既有的带有浓厚工业经济时代特征的课程体系和教学组织，目前各类人才培养的主要导向还是如何培养生产型人才（管理者），而不是如何培养服务经济时代更为关键和需要的富有同理心的合格的消费型人才。再一方面，人才选拔和培训对象偏重高管。适应上海服务经济特别是国际金融中心和国际航运中心的发展，一些高级培训项目大量涌现，一些高管公开选拔活动也"如火如荼"，但是其培训、选拔对象高管化非常明显，中基层真正重要而且强烈的培训需求却难以满足。例如，上海高级金融学院（SAIF）金融 EMBA 项目号称上海最高端金融"将军班"，一期班 74 人全是高管，其中局级干部就超过 14 人。这些人当时很少真正自费，而且主要冲着项目所提供的交往平台、人脉资源、职位晋升机会而去，这并不利于系统性地提升上海金融高管的经营理念、技能以及金融业整体人才队伍素质。

---

① 以人工智能领域为例，国务院 2017 年 7 月印发的《新一代人工智能发展规划》提到，要重点培养贯通人工智能理论、方法、技术、产品与应用等的纵向复合型人才以及掌握"人工智能＋"经济、社会、管理、标准、法律等横向复合型人才。

二、突破思路

(一) 优化人才准入门槛

一是切断人才国民权利与户籍的直接挂钩。中国各地未来对于服务业人才的引进要系统性地持更加自由开放的态度和结构化的观点，重视项目合作和技术咨询等柔性/合作模式的引才效应。各类人才都可以根据行业变化的需要，自由申请来当地工作、发展及定居。促进基本公共服务高水平均等化（固然需要在央地财政事权划分和财政税收制度方面的配套改革），外来人才凭借居住证及其在税费和社会保障统筹方面的贡献而不是户口本（产权房）就可享受所有当地居民都能享受的所有住房（包括租售并举、租购同权等政策框架下的租房）、就业、社会保障和行政管理等方面的待遇，缩小甚至消除因为户籍而产生的国民待遇差异。在仍需户口管制的部分城市/地区，大力推进"互联网+"，减轻或者消除外来人才申请户口争取基本权利所花费的大量时间和精力，以使他们能够全身心投入当地服务经济及其企业的发展转变和建设进程。这样一来，不同国家、不同地区、不同文化背景出身的服务人才自由汇聚在中国，不断交流碰撞出创意火花，增加服务业经济的创意与活力，并强化所在地的税源/收入源基础。例如，20世纪90年代中期以后，爱尔兰、瑞典、挪威等国家就通过成功吸引大量创意阶层而成为全球最具竞争力的国家之一。

二是分类指导，增强服务业人才准入门槛弹性。服务经济及其企业的发展转变需要的是结构化的人才队伍（团队/群体），而不仅是各行业的个别高层次人才。在服务业人才引进的类别上注重结构化的视角，既要重视高层次人才引入，又要注重中基层基础配套人才的引入，而且要结合当地实际错位引才，真正提高当地整体人口数量和素质，缓解"老龄化"和"少子化"对经济社会发展的负面影响（人工智能还可能加剧这种影响，对此不可掉以轻心）。对于高层次人才的引入要继续实行较高的准入门槛，但是针对中基层配套人才的引入需要提供足够的份额并在能力需求和经历业绩等方面适当确定/降低门槛。

（二）健全人才政策配套

一是改善人才居住生活条件。解决住房、医疗、子女教育等问题一直是改善人才居住生活条件以及确保/提升实际获得感的重中之重。在住房方面，要协调好发改委、城乡建设、土地、规划、财政、税务、民政、公安等部门机构，落实土地供应，引入社会资本，完备公共服务设施，逐渐增加面向服务业大量存在的"夹心层"的公共租赁房在住房保障体系中的比重，并加强租售并举、租购同权背景下租赁房治理体制配套建设和运行。适应各地城市建设思路从"点轴开发"向"多中心网络型开发"的逐渐转变，提高新城建设层次和水平日益迫切，建在郊区的公共租赁房要适当集中，以便为所在地及周边硬件和软件设施的综合配套提供更具规模经济效应的人口基础。同时，在各地向郊区分散教育、医疗、交通资源的情况下，要协调相关部门切实保证这些公共租赁房到达郊区足够优质学校、医院和交通站点的可及性、便捷性和效价性，切实保证人才居住生活综合成本保持在合理水平。高级人才公寓方面，对于存量公寓要明确建立房源筹集的时序量化指标，加强房源筹集的强制性，对于新建人才公寓要确保土地供应、资金筹措、简化审批流程。同时，要竞争性地引入房屋租赁方面的专业经营机构，落实企业建的公租房所能获得的税费优惠，降低运作成本，明确并落实人才准入和退出条件，连通公共租赁房系统，杜绝只进不出，加快公寓高效流转和循环。针对高代价引进的大量"海归"，还得充分考虑到他们的子女在国内的教育适应性问题（加快教育体制改革），通过维护他们的家庭稳定性来维护人才更为重要，否则人才即使不流失也可能导致人才潜力荒废。

二是加强人才事业平台建设。对此需要加以结构性、战略性、常态化的重视。对当地高级人才引进实行单一部门归口领导和管理，归口部门要加强引进人才使用跟踪，尤其要加强考核相关单位引进人才进行长远战略规划和管理的绩效，加强政策完善和人际关系方面的"移风易俗"和创新生态环境建设，督促引进单位尊重人才规律，出于对国家和个人发展的责任心，从高层客观公正科学地对待人才成长和发挥，充分创造人才事业发展平台，营造长期潜心工作、出"优/需/特/新"原创成果的氛围，厘清、促成和保障专业贡献和职称与经济利益和行政职位/职权的建设性关联，注重底层个性化/过程性的人才后劲培养和长远发展。在这方面，也可以雇用一些有服务行业或企业背景的退休企业家和人力资源高管为高层顾问，帮助一些人才引进单位制定人才发展规划，引导企业积极开展人才事业平台建设。

三是完善人才流动配置机制。优化政府调控，完善市场配置功能，鼓励人力资源服务中介和平台的建设和发展，统筹国内外、体制内外、行业内外、地区内外人才资源，打破国界性、体制性、行业性和地区性壁垒，推动人才制度化和长期化无障碍有序流动，缓解或者消除人才分布失衡现象，充分发挥引进和培养的高端人才效能。① 尤其是要加快现代服务业专业人才市场建设，构筑以各级政府人才市场为主体、以民办人才中介机构为补充的一体化人才市场网络，形成多层次、多功能的现代服务业人才社会化服务体系及其人才信息管理系统。

四是调整人才聘用的税费制度。个人所得税方面，适应经济发展水平的提升，逐渐提高个人所得税起征点，或者提高员工工资税前定额列支标准，针对当地发展需求迫切、对制造业转变和生产性服务业升级至关重要的高端生产性服务业探索员工工资税前实际全额列支的试点，增强服务企业薪酬竞争力，促进高端人才队伍的引入和稳定。社会保障方面，针对服务业劳动力、智力密集的特殊性，在加强税源监控的前提下，改按人头缴纳社会保险费用为按利润缴纳社会保险费用，减轻服务业中小企业的用工负担。针对长期在服务业工作的中高级外籍人士，协调好外事、侨务、人事、教育、民政等许多行政部门，在政策上允许相关企业依照当地居民同等待遇原则设计和规划相应的福利制度。例如，中国香港地区政府对外籍专业人士提供不设专业限制、允许带家眷、实行签证手续简捷等待遇，聘用这些专才的香港企业还为他们制定了优惠的安家费用、不低于香港地区同事的薪酬标准等很具吸引力的薪金福利政策。

（三）落实人才跟踪服务

一是重视人才使用。建立人才引进归口领导和管理机构与引进人才的常设性、直接性沟通渠道，及时发现和解决引进人才在使用方面面临的人为困境，并加强人才使用工作考核，促进创造彼此尊重、相互信任、和谐融洽的人际环境，确保人才使用的效果落到实处。高度重视海外引进人才使用过程中的知识结构"水土不服"现象，一方面，要创造机会引导"海归"人才研究当地市情并适应实际情况，另一方面要增强对"海归"人才的包容度和认同度，在充分了解和合理借鉴国外经验的基础上大胆地为他们创造体制外但是符合发展规律和未来发

---

① 例如，北京市政府于 2010 年 8 月 2 日向社会发布《首都中长期人才发展规划纲要（2010—2020年）》，首次明确提出，北京将逐步推行京津冀地区互认的高层次人才户籍自由流动制度。

展趋势的机会空间。

二是纠正人才激励偏差。改变在制度和激励方面对紧缺人才和关键人才实行过度倾斜的错误做法,将激励范围扩大到普通人才和员工,并在制度约束方面一视同仁,为紧缺人才和关键人才作用的最大发挥创造较为宽松的社会氛围。在激励方式上,要引导企业针对不同性质的部门(专业)人才实行差异化的激励标准,最大程度地发挥各类人才的潜能。

三是增强人员经费管理弹性。尤其是要淡化服务科研管理的行政化色彩。科研管理制度规定要疏密有致,减少审批环节,限制检查节点,提高人员费用在经费预算使用中的比重,扩大服务科研人员预算管理自主权,减少事务性环节消耗,确保和增加任务性环节投入,增加科研管理方面的专业人才配置比例,并促进管理人员和科学工作者之间相互信任。

(四)完善人才培养体系

一是强化人力资本自我积累机制建设。加强引进人才的尽职调查,减少和杜绝人才欺诈和造假,同时要逐渐改变过于依赖国内外重金"猎头"的做法,更加注重通过多元化人才团队组建和团队内多元化人才间交流栽培本地人才,加快形成当地人力资本自我积累机制、筑巢引凤才更可持续。例如,印度就既有1800多所研发机构和理工学院的高层教育体系,又有大量技术培训学校类重基础操作的基层教育体系。培训体系具有培育高、中、低端人才以分别适应软件设计高、中、低人才需求的特点。

二是政府引导服务人才开发。当地服务人才的使用单位要从"后台"走到"前台"开展精准人才开发,当地政府要退居"后台"扮演服务人才开发的政策制定、引导和服务支持角色,包括从法律上确认服务企业要按照职工工资总额的更高比例(目前为1.5%~2.5%)足额提取职工教育经费,试点紧缺服务人才的培训费用可足额税前列支等。例如韩国政府于1974年制定的《职业培训特别法》就强制规定,拥有500名员工以上的公司必须对员工进行内部技能培训。而用人单位则就能力需求和经历业绩等要求与候选人才开展直接而充分的沟通,达成雇佣协议并进行开发使用,加快形成本市市场化和民间化的人才开发机制。例如,中国香港地区银行业人才培训除了银行自身培训体系之外,还有很多社会培训机构,其中香港地区银行业学会作为香港地区银行业的自律性组织,也是专门培训教育银行员工的重要机构。韩国政府为满足日益增多的信息人才需求,从

2000年开始就鼓励民间机构开办信息技术培训班,实行民间机构的信息技术资格认证制度。

　　三是强化服务人才培养导向。一方面,引导教育培训机构(包括中外合作办学机构)加速复合型(尤其是绿色化、智能化、新产业革命背景下先进制造业和现代服务业融合发展所需)服务人才导向的专业设置、教学内容、课程体系、教学方法和管理体制与运行机制的改革和创新,及时引入新知识、新技术、新应用,积极培养服务经济专业复合型人才。例如,增设新兴服务经济专业,增加服务经济理论与管理、服务营销、服务业创业等专业课程及其复合化程度,扩大紧缺服务专业的招生规模,并强化师资和企业管理人员的服务经济理念和实践培训,加快转向符合服务经济发展规律的教学或管理理念和方式。比如,对那些已经或即将执掌物流企业的管理人员,通过教育和再培训以普及现代物流知识,灌输现代物流理念。香港地区政府早在20世纪60年代就顺应经济模式由出口贸易型、工业经济为主向金融服务型经济等为主转化的契机,在教育培训上也完成了由以往偏重文科而向重理工、科技、金融方面的过渡。当然,要做出这种有效反应,就得改变"大学不能自设专业、必须等待教育部统一调整"现状,赋予高校以市场需求为导向、市场、高校、社会共同按需灵活设置专业并备案的办学自主权,并在学位系统中专业代码管理方面给予支持。

　　另一方面,引导教育培训机构增强人才培养的消费型导向。适应服务经济课程体系和教学组织的改革创新以及技术和市场环境的不断演变,加快形成和运营多方参与、适应终生学习和就业培训/再培训所需的完整化/一体化(从基础到应用、从素养到技能)培养链条/体系,依托于此不仅要将人才培养成熟按服务需求规律地经营管理人才,而且要将这些经营管理人才培养成人格健全、有公民素养、有技术和文化内涵、能支撑服务产品市场不断丰富壮大的消费群体。例如,日本早在20世纪90年代就在小学(1993年开始)、中学(1994年开始)、大学(1995年开始)全面实施包括消费观教育、消费习惯养成、技能和技巧培养、消费知识学习和消费维权等在内的消费者教育。在创意产业方面,中国香港地区在加强本土创意人才的培养的同时,也注重提高广大群众的艺术与文化修养,将设计、媒体、艺术等融入各个阶段的教育中,在相关院校中设立艺术、设计和媒体学院,培养一批既懂文化创意产业发展规律又懂国际化经营理念还有文化消费品位的复合型人才。在证券投资领域,中国证监会与教育部沟通在国民基础教育中纳入投资者教育的内容,根据学生不同的教育程度普及证券投资知识、增强风险意识。

再一方面,鼓励中级培训项目和市场的发展。相较于服务业高管对平台和人脉的偏好,中层经理则对先进理念和技能有更强的需求。中层经理和基层员工的复合型素质对服务经济及其企业发展转变更为关键,各地在鼓励服务业培训市场发展上要高度重视该问题,扭转偏重高管的做法。例如,香港地区在服务经济发展过程中对年轻人培训实施"展翅计划",针对一般年轻人欠缺自信、纪律、人生方向和工作技能等问题提供一系列职前培训,再配合工作实习、择业辅导和支援服务,提升就业能力。

第十章　服务业创新体制瓶颈及其突破思路

中国各地金融、航运、商贸、信息服务等现代服务业和高端新兴服务业发展很快，但是所占比重仍然较低，这反映出"创新性差"还是服务业及其企业发展的一大"短板"。利用互联网、智能化、区块链等新兴技术革新传统服务业和创造新兴服务业是服务业现代化和高端化发展的重要手段。尽管不少中国服务企业在该方面雄心勃勃，但其在服务创新观念、创新合作机制、创新管理协调和创新配套机制方面还存在一些亟须破解的治理体制瓶颈。

一、基本表现

（一）服务创新观念不够开放

适应服务业的现代化和高端化发展要求，中国各地政府及相关服务企业近年来对服务创新的重视程度在不断增强。例如，上海早就提出，到2012年，推动上海形成亚太地区跨国公司地区总部和研发中心的主要汇集地，形成亚太地区重要的金融产品创新基地。但不少官员和企业在服务创新观念上却自觉不自觉地陷入制造业创新的范式，认为服务部门不需要创新或者服务部门本来就是创新的落后部门，并将服务创新视为制造业创新的模仿者或仅仅是制造业创新的消费者（比如，利用制造业的先进科技改造服务业自身）而已。对于有的官员而言，经济形势好的时候，觉得目前的支柱型制造业/服务业发展很好，有心拓展新的服务显得"好高骛远"。而在经济形势不妙的时候,新兴服务业又被认为"远水救不了近火"。

在服务经济日益成为国民经济最大组成部分的情况下,服务创新必然具有自己的一套独特的动力与体系特征。鉴于服务产品与工业产品存在本质性的差异,服务创新比制造业创新有着更加丰富的内部和外部交互作用,从而具有更加丰富的创新内涵(也正是因为如此,服务创新活动往往不完全符合工业经济时代所定义的"研究与开发"内涵,在财税政策援助和优惠方面往往难以沾边)。例如,服务研发投入与创新能力之间的联系就没有制造业那么密切;服务创新开发周期短,很少有服务企业设立专门的研发部门;服务业知识产权不是依靠专利而主要依靠商标和版权或其他商业秘密保守机制来保护;服务创新的影响更多表现为服务质量改善,而不像制造业创新主要体现为生产效率和竞争力的提高。显然,在服务经济可持续性转变背景下,相关政府部门和企业如果缺乏这种更加开放的服务创新观念,将给政策设计、引导和服务创新实践带来很大障碍。

(二)服务创新合作机制不完善

服务经济具有与顾客紧密频繁联系的特征,使得服务创新特别依赖与顾客之间的密切接触和互动。这意味着服务企业与顾客的合作创新机制对服务创新至关重要。但是目前国内适应于工业经济时代的研发合作机制主要还是官、产、学、研之间的各种搭配和组合,很少涉及顾客参与。例如上海关于加速发展现代服务业的若干政策意见就提出,鼓励设计、创意、科技服务等服务业企业、研发机构以及产学研联合体开展技术创新活动,对其成果转化项目,经认定符合条件的按照《上海市促进高新技术成果转化的若干规定》予以享受有关优惠政策。这种忽视顾客参与的服务创新合作机制对于保障和提升服务研发绩效的有效性有限。而新加坡的会展公司一般都有自己的市场调研部门,充分发挥顾客参与积极性和有效性,针对市场需求确定会展项目,而且许多参展厂商想要开拓一个国家或地区的市场时,都会习惯性地先通过会展公司举办展览,以展览会形式开拓市场。

(三)服务创新管理协调不顺畅

新服务、新业态和新技术层出不穷是国内服务业现代化发展的重要表现。服务创新而形成新的服务产品往往涉及多个政府部门,但是现有的服务创新管理协调还不顺畅,难以适应这样的发展要求。例如软件产业、创意产业、文化产业等第三产业活动的具体实施跨部门性强,其业务特点和管理归口涉及现有的多个政府部门,因而这类企业的业务创新和业务监管必然涉及与多个政府部门的有效对接,从而需要厘清相关政府部门之间的管理边界和管理目标并相互保持协调。但是目前的行政管理体制之下各部门之间条块分割,在处理很多服务创新问题上不能很好协调,影响到服务创新。比如,目前上海文化产业的创新发展由市委宣传部主抓,但是宣传部决定不了财政拨款、工商税收、土地使用和社会保险等一系列问题,需要通过与相关政府部门沟通协调才能解决,如此一来,系统之间协调成本很大,降低了文化创新的速度和成效。又如,上海大宗农产品市场经营管理有限公司以金融模式做农产品贸易,"金""贸"混搭,资金风险控制方面,按归口应由国家商务部(上海商委)进行规范,但公司所从事的中远期交易又与期货交易类似,大额资金流动、金融运作手法已大大超出商务部门(商委)的监管能力。再如,上海恒源祥等公司的"轻资产经营"在品牌经营和订单管理基础上通过合同管理控制和调度相当数量并非属于企业直接投入的制造性装备资产。其经济活动既具有鲜明的第二产业特点,又具有典型的第三产业特征。这些公司成本开支的主要内容是广告费用投放,然而现行企业财务规则对广告费用投放规定却有比例上限,这显然会遏制上海以品牌经营为主业的"轻资产经营"企业的发展。

(四)服务创新配套机制落后

相对于制造业创新而言,服务创新更强调人力资本、组织等因素而不是实物资本。但是现有服务创新配套机制还是偏重实物资本。例如,上海为支持服务产品研发,曾允许企业发生的技术开发费用按实计入管理费用,而且技术开发费比上年实际增长10%以上的,可按照规定再按其实际发生额的50%抵扣当年应纳税所得额。对符合科教兴市重大产业科技攻关项目要求的现代服务业领域的技术创新项目,还可通过科教兴市重大产业科技攻关项目专项资金给予一定支持以加速其产业化进程。

对于需要大量人力资本投入的服务创新来说,享受这些政策难度不小。因为要享受这些政策就得在需要大量资金的实验室和研究设备上进行投入。但是这样建成的实验室和引入的设备往往非常专业,几乎仅仅是特定项目所需,利用效率低、浪费严重。这在制造业研发领域也普遍存在。在工业设计(文化创意园)方面也是这样,各地花巨资办起工业设计园,硬件极其辉煌,但不少地方"空有其城"而人气不足。而事实上一个好的工业设计园区必须满足三大基本条件：一是贴近有庞大存量的制造业基地，有产品升级的巨大平台；二是吸引国内外工业设计大师以及公司加盟，有为创意人才脱颖而出的机制；三是将产学研很好结合起来形成较长的"智力产业链"。很多工业设计园的基本配套条件就还很欠缺。而在融资方面，一些服务企业（例如电影娱乐公司）收入丰厚，但是在投入巨大、资金回笼周期长、缺乏"流动性"情况下，普遍缺乏传统银行融资模式所需要的大量有形资产作为融资抵押品。

二、突破思路

（一）树立全新服务创新观念

一是加强干部专题教育。通过举办专题讲座在广大干部中形成促进服务经济大发展以及对服务创新重要而紧迫的共识，促进主管干部充分认识服务创新在服务经济及其企业发展转变中的地位和作用，加快对服务创新理念的认识和了解，引导干部人士像尊敬金融行业、生产制造行业研发创新那样正确理解和平等尊敬所有服务行业的研发创新。时任国家发改委副主任宁吉喆于2019年3月24日在"中国发展高层论坛2019年会"上就表示，要推动服务业创新发展。

二是加强媒体对服务创新理念和实践的宣传。引导媒体围绕转变经济发展方式和促进服务经济可持续性转变的主题，从理论方面刊载有关服务创新理念和知识的论文与报告，从实务方面宣传服务创新企业的创新经验。这样在全社会范围内营造了解服务创新、重视服务创新、开展服务创新的舆论氛围。

三是加大创新性服务消费教育和引导力度。开展服务创新方面的消费者教育是推动服务创新观念形成的重要途径。消协组织要将服务创新理念和知识的教育贯入维权体系，引导消费者认识、了解和重视新兴服务业务，为服务创新创造更大愿意尝新的市场基础。

（二）建设服务创新合作机制

一是高度重视服务消费教育工程。在服务经济及其企业发展转变背景下，服务消费者消费素养的教育与服务提供者教育具有同等重要的地位。提高服务消费者的消费素养才能为建设服务企业与顾客的合作创新机制提供高素质的顾客参与群体。例如，采用多种路径加快提升居民在金融消费、文化体育消费、旅游消费、养老消费、育婴育儿消费、养生保健消费等方面的消费素养。

二是将顾客参与纳入服务创新合作体制。顾客是服务实施过程中重要的参与者，服务开发设计的过程也离不开他们的有效参与。打破政府、商业和学界相互比较隔阂的状态，纳入顾客参与服务创新的因素，将鼓励官、产、学、研、顾（客）之间的各种合作创新机制发展及其成果转化列入政策优惠的范畴，补充完善各地关于加速发展现代服务业若干政策意见。例如，在各地"零售创新"浪潮中，就需要适应新的消费者需求和吸收顾客参与对现有成熟的"标准"业态做不断的细分和改进，并更新对"标准"的定义。

三是明确界定好政府、商业和学界在服务创新上的角色分工。政府要在内部建立服务经济和服务创新政策研究单位，协调制定服务经济发展战略定位和路径，推行市场导向的财税支援以鼓励高风险、高回报但具有显著外部性的服务科技创新及产业开发；对外方面，政府外驻机构不能囿于行政协调或售卖服务的工作，而应扮演好更加重要的服务经济商务参赞角色。服务业商界要放弃高科技或者低科技的短期服务创新行为和心态，扩展视野，协助政府制定服务经济发展规划，发挥创造创业精神，大胆投资服务创新研发，并发展有特色的服务产品将其产业化，同时适应服务经济的可持续性转变实施新型劳资关系模式，提高员工士气及服务质量，并向政府争取合理的、市场导向的财税支援。服务经济研究者不应甘于"象牙塔"的角色，要推动政府在拨款和评审制度方面更加科学、公正和合理，大力推展服务经济管理的基础理论、应用及政策研究。

（三）促进服务创新管理协调

一是明确并协调服务创新管理边界和管理目标。按照高效与形成合力的原则，明确相关政府部门之间的服务创新管理边界和管理目标，理顺相关部门在服务创新方面的管理协调关系，进一步形成多个相关部门之间的整合机制及推动服务创新的联动工作机制，为新服务、新业态和新技术的不断涌现奠定政府部门体制基础。香港会展业周到的会展服务渗透到会展的各个环节，就与该行业服务创新管理方面的政府部门协调关联甚紧。香港会展中心有数量众多的会计师事务所、多语种现场翻译；为连续多年的买家设立酒廊和提供上网设施等；可以帮助展览买家提供旅行服务，提供休息、秘书服务等场所，秘书可以帮助客户打字、传真；插卡的、投币的公用电话随处可见，更有专门为不方便人士设计的只有常规电话1/3高的电话台；展览中心还为有定时祈祷需要的客商专门搭建祈祷室……

二是调整企业财务规则。适应制造业服务化创新发展的重要趋势，调整企业财务规则，放松费用比例上限管制，推动制造企业通过"轻资产经营"以及采用先进科技创造新的服务产品及商业模式。例如，美国对电子商务提供免税待遇，对从事农业服务业的企业或者组织采取减免税、费用扣除、投资抵免等优惠措施。

（四）完善服务创新配套机制

重点是完善服务创新的软件方面的配套机制。一是完善服务创新财税政策配套。这方面要高度重视服务创新高度依赖大量人员开支稳定和激励人才并创新创造的客观事实，提高税前扣除额中人员开支所占比重，降低服务创新企业享受相关政策优惠的难度。二是加强服务业高新企业的认证管理。针对服务业特点研究高新技术服务企业的认定标准，将无形资产和服务价值达到一定要求、主要应用高技术的知识密集型生产性服务业，或主要为高新技术企业服务的现代中介服务业，纳入高新技术企业的范围，享受相应的税收优惠政策。三是推动服务企业无形资产质押融资。针对服务企业无形资产密集、有形资产稀少的客观现实（例如文化创意企业的播映权和版权密集等），发挥政策财政部门的沟通努力，推定银行开展纯专利权、播映权等无形资产质押贷款，帮助缓解中小服务企业资金周转的压力。四是培育服务科技创新中介服务体系。支持建立和发展服务科技信息中心、服务创业孵化器、服务科技融资机构、服务科技评估中心、服务业知识产权事务中心、服务业技术产权交易中心等服务科技创新中介体系。

第十一章 服务业市场规范体制瓶颈及其突破思路

具有一套既符合服务经济发展规律又与现阶段实际情况相符的服务业市场规范体系,是确保服务经济及其企业持续、快速、健康发展的重要保障。但是中国在服务业行政管制效率、服务业法制建设、服务业诚信体系以及服务业社会规制方面还存在一些需要破解的治理体制瓶颈。

一、基本表现

(一) 行政管制的效率不高

中国服务业行政管制效率不高主要体现以下几个方面:

一是管制过度和不足并存。一些领域管制过度,而另一些领域管制却相对不足,这也是服务业行政管制领域存在的主要问题。以汽车市场验车检测为例,验车费用一直按照多年前政府定下的80元进行收取,一些验车企业考虑到成本上升而加价收取,遭到消费者投诉而不得不退款或采取其他措施加以规避(例如,用两张发票,一张是80元的验车费,一张是120元的调试费)。验车费用收取的透明、公正和合理是政府验车检测费用管制的初衷,但是政府一方面严格管制验车检测的价格而不优化调整,另一方面却对验车企业的资质管制有所放松,一些验车企业违法违规经营屡禁不止。这种现象在其他领域也不少见。例如,大规模零售业难以进入,但是非常规竞争严重并缺乏专门的竞争行为规制法规;证券行业进入壁垒高企，监管执行却薄弱，难以保护中小投资者利益；银行业严格进入，"乱收费""制造价格联盟"却不受有效限制；电信行业行政垄断，价格规制却不够严格、垄断牟利普遍存在；一些服务业对人员资质要求甚严，但是全面的服务业职业资格证书制度依然缺乏；第三方支付公司侵吞用户备付金利息拒不支付，但是支付宝、易宝和财付通等民营第三方支付机构却长期游离在央行管理之外；另外，一些领域"权力配制资源"现象依然严重，而不少民营企业寻租行为却长期盛行。

二是刚性有余，弹性不足。服务业的发展追求的是丰富多彩、个性彰显、富有柔性和人情味，而绝非简单的"命令与服从""违规与惩罚"，甚至"围追堵截"。然而，现有服务业行政管理方式普遍沿袭计划经济和工业经济时代的管理观念，过于强调整齐划一、命令、惩罚和围堵管理。

三是重视政府，轻视中介。目前中国服务业管制不仅高度重视政府的作用，而且政府本身基本上集服务业调控、服务业管制和服务业运营主体于一体。但是服务经济的发展纷繁复杂、多姿多彩，政府对服务业的行政管制越来越难以什么都事必躬亲。因而需要发挥服务业行业协会等民间性、中立性"非政府组织"在其中的主导性作用，以更好解决政府不能有效解决的许多矛盾和问题。但是由于不少服务业中介组织的民间性、中立性和激励性不强，加之组织能力和知识储备有限，中国在这方面仍然存在政府作用重视有余，而中介组织注重不足的问题。

四是重视运动，轻视制度。在服务业行政管制过程中，无论是针对卫生安全、服务质量、假冒伪劣、坑蒙拐骗、黄赌毒，还是针对社会治安，都依然偏好沿袭工业经济时代的政策性"战役式"运动。而且政府部门主要以内部文件和规定作为管理依据，不仅决策、执行、监督的效率和透明度仍然较低，而且管制政策及其执行程序的统一性、稳定性、连续性差。"大检查""严打月（年）"五花八门，而强制培训、专项治理"领导小组"也形形色色。这种服务业行政管制方式不仅容易劳民伤财，引起抱怨，而且缺乏长效机制，其效果也不甚理想。许多违规现象经常在轰轰烈烈的"战役"之后"死灰复燃"。例如，快递业乱象丛生，运动式的治理活动不断，但是与快递相关的专用工具等技术标准、包装、仓储、装卸、运输等各类作业标准，以及服务产品标准等标准化体系却长期没有制定与完善起来。

五是政出多门，缺乏协调。专司服务业行政管制的政府部门多种多样，不仅有城管部门，而且有工商、卫生防疫、质量监督、食品安全、安全生产、公共安全等众多部门。但是部门之间职能交叉、缺乏协调。每个部门偏好从自身利益出发来制定政策，实施管理。有利之事争着管、无利之事相互推诿。加上执法和管理过程中还存在着某些腐败或执法不公现象，这种"群龙治水"的管理方式不仅效率很低，而且越管问题越多，甚至损害相关政府管理部门的社会公信力。例如，在服务经济项目建设管理上，建设方只需负责将建设资金用尽，投资方只管美化立项报告向财政资金要钱，最终经营方承受经营亏损只能寻求财政补贴买单。面对金融业的混业经营和金融控股公司组织形式的出现，中国现行的银监会、证监会和保监会的严格分业监管已经很难真正适应，尤其是对金融控股公司总部及其下属分业公司的监管缺乏明确的法律定位，存在监管边界不清、监管责任不明等问题。又如，由于行政缺乏协调，在快递业领域，车辆进城通行难与停车难、发展融资难、企业用地难、空运租舱难、通关效率低、民营快递物品的"最后一公里"等问题长期突出。国际"货代"把国际贸易货运业务相当繁杂的工作相对集中地办理，以协调、统筹、理顺关系并增强其专业性、技术性和政策性，但是其工作联系面广、环节多、对各种活动具有高度协调的需求，对相关政府部门的协调也提出更高要求。另外，物流业发展涉及铁路、公路、水路和空运等多种运输方式，也涉及口岸监管、商务、土地、税务和信息等其他相关部门，各相关政府部门之间在有效沟通与协调支持物流业顺利发展方面还有待改进。餐饮业办证问题上也存在类似的问题。

（二）服务业法制建设滞后

服务业法制建设还是中国服务经济市场基础建设的薄弱环节。

一是重视人治，轻视法治。当前中国各地城市服务业管制过程中仍偏重领导重视和领导批示，重部署，而且以会议落实会议的现象普遍存在，使得许多法律法规流于形式。由于重视长官意志而忽视法律法规严肃性及其在服务业管理中的作用，服务业中的许多违规主体或采取"上有政策，下有对策"应付管制，或采取贿赂手段逃避法律制裁。

二是服务业技术性法规建设滞后。例如，在物流业，新《邮政法》颁布后，快递业相关法律法规还有待制定与完善；物流行业价值链环节上货主、货代、承运商、仓储等各方的责任及权利规定不明确，缺乏相应法律依据规避可能风险；对物流行业的具体操作程序缺乏法律规定，政府主管部门多头管理，造成效率低下；有些物流环节透明度不高，铁路运输的定价和车次等信息不透明，仓储费用透明性不高，强制收取或代为收取保险费以及乱收费现象普遍存在；航运法律、法规建设也较落后。在传媒行业，文化体制改革过程中文化单位被分成"公益性文化事业""经营性文化产业"。前者是隶属国家的事业部门，后者则按现代企业制度进行体制创新和市场化经营。但是，改制后广电媒体普遍采取节目与广告、宣传与经营"两分开"模式，导致媒体集团关联交易多、业务透明度低、业绩易受操纵，但是目前中国对此还没有法制上的有效应对之策。

三是服务业税法体制完善滞后。服务业税法体制问题是服务业进一步发展的明显障碍。按照税法现有规定，服务业与制造业税负成本相差很大。例如，服务业曾经全额征收营业税，而制造业只对增值部分征收增值税。这样的税法体制一方面会限制一些制造业前端和后端的生产性服务业从制造企业母体分离和独立出来，阻碍生产性服务业的发展；另一方面又给服务业企业当时偷逃营业税税款降低税负提供了极强的诱因，不利于服务业税收征管秩序的规范。

（三）服务业诚信体系不全

现代服务业的发展对诚信的商业环境具有更高更特殊的要求，服务业诚信体系是影响现代服务业发展的又一个重要因素。完备的社会诚信体系一般包括联合征信服务系统、社会信用制度和社会诚信活动三个层面，其中作为核心的社会信用制度包括健全的信用法律规范和高效的信用管理体系、规范的征信服务机构和市场化运作机制、发达的信用交易和信用消费市场以及有效的失信惩戒和守信受益机制等。以上海为例，在服务业诚信体系建设方面仍然表现出联合征信服务系统基本具备、社会诚信活动"如火如荼"、社会信用制度尚不完善的特点。

一是联合征信服务系统基本具备。2000年7月到2002年3月，上海个人信用联合征信服务系统和上海企业信用联合征信服务系统相继开通运行，采集的市民和企业信用记录不断增加，覆盖的领域和行业范围不断扩充，互联互通和信息共享不断推进，出具的信用报告和日查询量也屡创新高，为上海诚信体系建设奠定了有力基础。如今，上海在信用信息归集和维护（例如企业信用信息自主申报）、信用产品研发和标准规范建设、信用产品使用（例如扩大到政府部门、银行以外）、征信业务合作与交流方面还在继续加强建设力度。

二是社会诚信活动"如火如荼"。依据"政府推动、市场运作、社会参与"的原则，上海市每年的社会诚信（评比）活动"如火如荼"。建立信用等级评定和管理制度的部门或行业不断增加,主要经济领域、要素市场、行业协会和社团组织都开展信用管理服务,建立信用档案。如今上海在市场监管领域(工商、财税、质量技监、医疗卫生、司法行政、审判等)的信用管理和服务,国家重要经济监管环节(银行、证券、保险、海关、出入境检验检疫)的信用管理体系,行业管理领域(经济管理、建设管理、农业管理、外贸部门、劳动保障部门、民政部门、教育部门、知识产权管理等)的信用管理和服务,以及要素市场(人才、产权、技术、证券、期货、房产、外汇等)的信用服务系统方面的诚信活动都已经成为常规性活动。

三是社会信用制度尚不完善。2007年以来上海为推动社会信用制度建设,在信用立法方面形成一系列地方法规。例如2007年2月出台《上海市个人信用征信管理试行办法》用于规范个人信用征信行为;2007年5月出台《上海市政府信息公开规定》促进政府部门自身信息的公开。2007年底出台的《上海市规范和促进企业信用征信的规定》为企业信用征信活动提供法律支撑。但是上海等地服务业依然存在大量失信而没有受惩、守信而没有得益的现象。例如,民营医院违法堕胎屡禁不止;证券分析师行业潜规则重重;旅游业导游欺瞒游客;航空公司晚点却怠慢乘客;房地产中介和保险人员频繁骚扰顾客;文化演出市场"黄牛"横行;消费者信息被随意出卖转让;中石化加油站加油卡金额用完才能开增值税发票;保险产品被推销人员忽悠成"存款";网络购物退换货困难重重;部分"120"医疗救护车转运急救病人违背"就近、快速送院"原则而舍近求远;电信资费问题突出;网上搬场公司"李鬼"猖獗;快递业霸王条款嚣张至今;等等。由此可见,上海等地在建立失信惩戒和守信受益机制两大关键环节方面还亟须进一步加大推进力度。

(四)服务业社会性规制落后

社会性规制是政府为控制(负)外部性和可能会影响人身安全健康的风险而采取行动和设计措施。具体包括对制药业、工作安全、产业安全、污染的排放控制、就业机会、教育等领域的规制,捍卫对社会公正、社会公德和公共安全的价值诉求。而中国在服务业规制方面还存在经济性、技术性和法律性偏强而社会性规制落后的现象。例如,在百货业,百货公司纷纷放弃欧美的"买手"模式(百货公司买断货品,自己承担经营风险,直接为客户服务),转向日本的租赁模式,利用有限且垄断的渠道资源满足于扮演物业租赁和管理者的角色,不承担货品经营风险，也不直接为客户服务，百货业缺乏特色，百货公司职能持续退化，日复一日地陷入永无休止的价格大战，而国内品牌商却在这种恶劣的百货业环境中承受着巨大风险和损失，严重影响到中国自主品牌的培育和成长。在动漫业，电视播出环节的成本倒挂直接导致原创动漫企业长期亏损，各级政府推出的一系列补贴政策又诱发投机行为，因为一些动漫企业采取降低制作成本的方法进行政策套利，导致国产动画出现数量泡沫式增长，制作质量却每况愈下，影响到中国动漫产业国际市场形象和国际竞争力。不仅如此，一些针对儿童群体的动漫产品在价值观上存在宣传金钱崇拜、好逸恶劳等不良价值观的现象，极不利于下一代健康成长。在电视媒体业，出于对商业利益的追求，电视购物广告宣传低俗、夸张，电视屏幕上字幕和贴片广告密布、形象脏乱，部分电视频道商业利益至上、同一广告连篇累牍反复播放，俨然成为广告台，一些幼儿频道大肆引诱未成年人拨打昂贵的声讯电话回答那些极其"低级弱智"的问题以套取话费，一些文化创意产品和服务对于青少年甚至儿童在时空观、历史感方面存在严重的混淆和扭曲（所谓一边消费历史文化、一边歪曲历史人物）；等等。针对这些服务业的不规范行为，中国还缺乏高度的重视，还无从加强社会性规制建设。

二、突破思路

（一）提高行政管制的效率

一是纠正行政管制偏差。基本方向是从管制过度的领域退出，从管制不足的领域加强介入。基本原则是根除"权力配置资源"的现象，政府切实扮演好自由市场主导下的服务型政府角色。中国要依照不同服务业产业链的需要，承担不同角色，尽量使服务产品实现自由生产和流通，政府只提供必不可少的法治基础和商业环境（例如全面实施服务业职业资格证书制度，并与学历文凭并重）。而且在具体管理方面采取事后机制，即只有在服务业企业或产品违法或受到市民正式投诉之后，政府才依法处理。同时，在服务业企业能力不达的领域，政府在符合公共利益和资源许可的情况下才予以协助。例如，为振兴中国香港地区电影业，香港政府成立电影贷款保证基金，推动电影业与银行业达成共识，由政府银行以履行合约保证的方式发放贷款给电影制作公司。在香港银行业收费项目增加、收费额提高、服务网点减少受到公众普遍关注与质疑的情况下，香港金管局没有就银行服务收费的争论积极响应，而是希望银行严格遵守《银行营运守则》，确保客户享有充分的知情权和选择权，并要求银行业及时、系统、规范地披露收费的项目和费率。

二是深化服务业管理体制改革。要精简和整合服务业管理机构，提升服务业管制弹性。针对服务业的行政管制，要超越工业经济时代的落后观念，实行管理寓于服务、柔性服务为主而硬性管理为辅的管制措施，缓解管理者与被管理者的"对立情绪"。为此，还需要整合诸多服务业行政管理部门职能，促进合理分工和相互协调，形成管制合力，提高管制效率。例如，以构建职能部门间"联动"平台为着力点，由各级综治部门牵头建立职能部门联席会议与信息通报制度，各部门各司其职、各尽其责，从而最大限度地整合行政管理资源，建立和完善一套服务业问题发现、通报、整治、追责的工作机制。

三是充分发展和利用中介组织。按照促进政企分开、政资分开、政事分开的原则，促进服务业调控主体、监管主体和运营主体的有效分离。面对纷繁复杂、多姿多彩的服务经济发展态势，政府部门还要学会利用社会力量管理社会。在服务业行政管理过程中既要严厉打击非法或黑社会组织，也要重视发展合法的非政府中介组织（例如现代服务业行业协会等），为这些行业协会增强运作动力、获取充足资金、招募专业人才、实行专业化运作创造良好的政策条件，充分发挥这些非政府中介组织在服务业行政管制中的积极作用。例如，中国香港地区银行业监管就实行管理与自律相结合的监管组织模式，包括政府机构（金融管理局）、香港银行咨询委员会、银行业自律组织（香港银行公会）三个各司其职的层次。香港地区政府还通过行业协会对生产性服务产品生产、交易的法制化、规范化、标准化管理实行世界上最为严格的监管。成立于1973年的新加坡航空货运业协会凭借其专业知识和经验，制定物流业行业标准，并积极组织、提供职业培训，担当政府联系桥梁，在物流业发展中扮演重要角色。英国现代服务业的持续发展也得益于政府资助的机构（英国国家消费者委员会、金融服务补偿计划、金融巡查官服务）或行业组织（英国市场研究协会和管理咨询协会等行业协会）对服务贸易的协调与管理。同时，还要敦促行业协会管理人员大力加强自身素质和能力，克服"本领恐慌"和"动力衰竭"。

四是增强治理运动保密性，并将治理成效制度化。为增强政策性"战役式"

治理运动的短期有效性，一方面要对外公布治理活动方面的政策和文件，另一方面要注重运动的保密性和公正性，从制度上严格规定泄密者的责任担待，严厉处理运动中的徇私枉法。为增强政策性"战役式"治理运动的长期有效性，还需要加强治理运动的经验、教训和成果的总结提炼，将其中的优秀经验和实践逐步固化为相应行业或者部门的管理标准和制度。例如针对快递业包装、仓储、装卸、运输等环节的乱象整治，就可为相应的技术标准、作业标准和产品标准建设提供重要的实践依据。在各类商务服务、社区服务、医疗服务、健康护理、网络购物服务等新兴服务行业也要逐渐建立具有本土特色的服务标准体系，使得当地也成为服务标准的"生产"地。

五是扭转政出多门，促进管制协调。适应快递业、国际货代业、物流业等服务业集中化、专业化运作对跨政府行政部门协调的高度而紧迫的要求，在初步明确各部门职责、确保依法行政、完善各部门服务业发展绩效考核制度的基础上，形成由当地政府服务经济主管领导牵头、主要服务行业主管部门领导参加的服务业发展联席会议制度、服务业工作联络员制度、服务业信息交流制度，由联席会议办公室或联席会议协调委员会协调工商、卫生防疫、质量监督、食品安全、安全生产、公共安全等众多部门解决最新出现的相互推诿的跨边界问题。值得提出的是，2014年9月以来，上海在中心城区启动市场综合监管执法体制改革，工商、质监、食药监和物价"3+1"机构合并，成立区级市场监督管理局，各街道、镇成立市场监督管理所。其中街镇层面专门出台职能部门派出机构管理办法，并对市场监管所实行"条管共用"，强化属地管理，增强街镇话语权，协同监管更顺畅，监管效能更有保障。与此相匹配，2015年底上海还选择浦东新区、徐汇区、嘉定区的市场监管、城管执法队伍开展公务员分类管理改革试点，为行政执法公务员提供独立于行政级别之外的新的晋升渠道，在绩效考核上向现场执法、向主办人员、与实际绩效挂钩（办案质量、管理成效，以及充分考虑行政执法"白加黑"、"户外执勤"、早班、夜班、加班等特点）。

（二）加快服务业法制建设

一是减少人治，重视法治。适应于服务经济及其企业的发展转变，地方人大常委会需加快完善服务业管理的制度和法规，促进服务业管理执法水平不断提高，最大限度减少服务业管理执法过程的随意性。服务业管理只有有法可依、执法必严，才能有利于居民形成"遵纪守法"的良好预期，进而提高政府执法部门的公信力。

二是加快建设服务业技术性法规。例如，在物流业按照新《邮政法》的基本精神和原则制定和完善快递业的相关法律法规；立法明确规定物流行业价值链环节上货主、货代、承运商、仓储等各方的责任及权利；通过法律明确规定物流行业的具体操作程序；将铁路运输、仓储等物流环节的定价、收费信息的透明化及其行为的规范化纳入法规范畴；加快航运法律、法规建设。在传媒行业，针对经营性文化产业，加强公司治理和文化产业法规建设，杜绝关联交易、减少业绩操纵、提高业务透明度。在文化创意产业，要管理好知识产权保护执法力度。例如在中国香港地区，任何人士未经允许不得在展览中擅自摄影，香港贸发局作为专责促进香港对外贸易的法定机构，有权没收及销毁所拍摄的影像底片和数码档案，并要求这些人士离场。同时，香港贸发局还制定有一套严密的处理展览现场侵权投诉的程序，并聘有驻场法律顾问，专门处理侵权投诉问题。一旦有参展商违反《参展商须知》所列条款，其代表将被禁止进入正在参展中的展览会场。同时，主办机构还有权禁止其参加贸发局以后举办的任何或所有展览会。交通部、住建部于2017年6月发布的《关于促进汽车租赁业健康发展的指导意见（征求意见稿）》明确规定，租车人必须实名制查验登记，对身份不明或者拒绝身份查验的承租人，不应提供汽车租赁服务。

三是完善服务业税法体制。为鼓励制造业前端和后端的生产性服务业从制造企业母体分离和独立出来促进生产性服务业的发展，减弱服务业企业偷逃税款的诱因，推进服务业税收征管秩序的规范化发展，中国需要改革和完善服务业税法体制，采取对所有行业更加公正的税法体制（例如消费型增值税和差额征税等）缩小服务业与制造业的税负成本差异。目前已经全面铺开的"营改增"是这方面的重大进展。

（三）健全服务业诚信体系

为更好地吸引与现代服务业发展有关的资本、技术和人才，需要在营造良好的商业诚信环境尤其是社会信用制度建设方面下大功夫。一是加大政策文件的清理和修改。有关政府部门要加快清理、修改与社会信用制度建设要求不相适应的规范性文件及相应的部门机构，形成与社会信用制度建设要求相适应的政策文件体系。例如，香港地区为改变本地银行业长期以来在财务披露方面落后于一般公司、香港银行业透明度与国际标准相去甚远并与香港国际金融中心地位形象不符的现状,1994年成立了由金融管理局担任主席、七家本地银行代表和接受存款公司公会主席组成的财务资料披露工作小组,研究有关扩大认可机构披露财务资料的范围,1995年向银行发出《认可机构财务资料披露的最佳执行指引》。其后,金融管理局还扩大财务资料披露范围,再发出有关本地注册认可机构披露中期财务资料及海外注册认可机构每半年披露财务资料的指引。2001年,金融管理局重新整理这三套披露财务资料标准,成为金融管理局最新的监管政策。

二是完善社会失信惩戒机制。采取法律、行政和经济等多种手段相配合的管理措施,在各自职责范围内,对企业和个人的失信行为给予必要的惩戒,逐步完善社会失信惩戒机制。对严重失信的企业,要加强跨界一体化监管和制约,增加其失信成本,以发挥警示作用。同时,有关政府部门及金融、商业、社会服务机构对拥有及保持良好信用记录的个人和企业,要在监管、金融服务和有关社会服务方面共享性地给予优惠或便利,增加其守信收益,同时发挥示范作用,促使市场主体的信用行为逐步走向规范。

(四)促进服务业社会性规制

大力培育服务行业领军企业和知名品牌是服务经济高端化发展的重要表现。中国服务业的领军企业和知名品牌不仅要在技术和经济盈利性(economic profitability)上具有高度竞争力,还需要在社会合法性(social legitimacy)和责任竞争力(responsible competitiveness)方面经得起社会性管制的严格考验。为此,中国需要在服务业市场规制方面改变偏重经济性、技术性和法律性层面的做法,尊重和增强本地新闻媒体的中立性,加强服务经济可持续性转变中塑造和宣传优秀社会价值观方面的政府管制,即使是在服务产品质量标准体系中也要适度介入和落实社会价值观方面的内容。例如,在百货业,要通过政策性的引导,促进百货公司注重培养"买手"方面的可持续竞争能力,并为本市本国自主品牌建设承担起相应的社会责任。在动漫产业,促进电视播出环节的市场竞争,降低原创动漫产品发行成本,加强动漫产品质量审查(尤其是其中的社会性审查,但是要提高效率),提高动漫产品制作质量。在电视媒体业,加大节目及广告播出的社会性规制,净化屏幕空间和媒体内容,杜绝针对未成年人的话费欺诈及价值观误导。在游戏行业,相关企业需要尊重历史事实、传播历史真知并真正落实必要的健康管理系统。

第十二章 服务业开放合作体制瓶颈及其突破思路

服务业市场开放合作体制是扩大各地服务经济发展腹地、拓展服务业市场空间和增强服务经济对外影响力的重要保证,扩大开放也是高端服务业发展的内在要求。尽管面临更加复杂的地缘政治格局和国际关系局面,还需要实事求是和建设性地反思诸多有关对外开放的根本假设的有效性,中国各地在服务业开放合作中,仍然需要突破原来以集聚国内外要素资源、片面追求服务经济总量和规模扩张的外延式发展模式,走出一条以自主创新、功能塑造和体现历史方位特征的内涵式发展道路,培育和提升面向全国和全球的综合服务功能。但是,中国在服务业对外开放程度、服务贸易支持、对外投资促进和保护、区域合作方面还存在一些需要破解的治理体制瓶颈。

一、基本表现

(一)对外开放的程度还很有限

与对外开放政策保持一致,中国也一直非常谨慎地对待服务业的对外开放。因此服务业开放进程晚于制造业,而且开放程度总体上也低于制造业。但是在未来几年,服务业引进投资的快速增加将是中国吸引外资的一个明显特点。对上海等地而言,第三产业成为引资主力的趋势日益明显。例如,早在2009年,上海第三产业实际利用外资占比就高达72%。不过,中国服务业对外开放的程度仍然还很有限。突出表现在，服务业开放中普遍存在"大门开放而小门不开"、外资影响力释放有限的情况。

在服务贸易领域，根据世界贸易组织公布的《服务贸易分类表》所列的12大类150多个项目，除金融保险部分项目以及新闻、出版、电信等大类外，中国已向全世界开放大部分服务贸易项目。但服务贸易结构单一，主要集中在运输、旅游、建筑工程等劳动密集型服务领域，计算机信息、专利权利使用和特许经营、教育医疗等技术、资本、知识密集型服务行业所占份额尽管持续上升，却仍然较小。

在服务投资领域，上海已经允许外商在金融和商品零售等行业投资经营，允许外资在整个上海的范围内开办银行、财务公司、保险公司等金融机构，允许外商在外高桥保税区开办贸易机构，批准建立中外合资外贸公司，批准部分外资银行经营人民币业务等。但是服务业中还没有利用外资的项目数量和金额都相对较大的、相对处于强势地位的行业，中国服务业利用外资还非常分散。

这种服务业"大门开放而小门不开"的情况以及较低的对外开放程度与四种体制性约束有关。一是服务业的外资准入控制。许多服务领域仍不允许外商投资，对引进的外资也基本上采取合资或合作方式。例如，根据国务院颁布的《外商投资电信企业管理规定》要求，外商投资电信企业必须以中外合资形式经营电信业务，经营基础电信业务的外方投资者出资比例不得超过49%；经营增值电信业务的外方投资者出资比例不得超过50%。另外，中国各地在服务业利用外资项目的审批上还面临权限太小的限制。

二是服务业的经营管制。中国在服务业市场价格制定、业务经营范围等方面仍实行严格管制，而且部分行业长期垄断限制了外来服务资本的有效进入，阻碍市场化程度提高。

三是服务业专门立法滞后。中国仍缺乏一个关于服务业的一般性法律，例如对在华服务机构提供者的一般性的法律规定较少或者没有，而现有规定主要为各职能部门的规章和内部规范文件，缺乏透明度和稳定性，立法层次较低，而且未成体系，这会影响外资服务企业在华的有效经营。

四是缺乏高级专业服务人才。大量有跨国合作经验、能与服务业跨国公司有效对接和交流的管理和经营人才以及大批高素质的研发人才等高级专业人才是知识密集型服务业发展的第一资源。而中国各地存量高级人才结构不合理、数量不足与素质不高并存，难以适应服务业的国际化发展趋势。对中国而言，人才和经验也成为国内规模和资金数一数二的金融机构进入国际市场、扩大/开展海外业务的重要障碍。

(二) 服务贸易的政府支持导向亟须转变

近年来中国各地为服务贸易的发展创造了诸多资源和平台。以上海为例,在这些资源和平台的支持下,上海服务贸易也获得良好发展。例如,早在2008年,上海服务贸易占全市国际贸易总额比重就达到18.6%,成为中国内地首个达到全球平均水平的城市（当年全球平均水平为18.4%）。2009年上海服务贸易约占全国服务贸易总量的25%,其中的服务外包尤其抢眼。

(1) 资源支持方面。根据《服务贸易发展专项资金使用和管理试行办法》规定,上海重点支持国际物流、信息技术、文化教育、专业服务等行业的出口,对符合条件的企业给予绩效支持、认证补贴和中高级专业人才培训补贴等,单个申请主体当年可获得总额不超过200万元人民币的发展资金资助。其中,对在服务出口中有突出贡献的出口企业,给予一次性不超过50万元的支持；对服务贸易企业在上年度通过的 ISO 9000、ISO 14000、ISO 20000 等国际管理体系系列认证给予支持,资金支持比例最高不超过实际认证费用的50%,对单个企业的支持认证项目最多为3个,合计支持资金额度最高为100万元。同时,上海还鼓励各区（县）结合全市服务贸易发展重点领域,对获得市级发展资金支持的企业和项目落实配套资金。

(2) 平台支持方面。上海计划建立服务贸易统计和综合评估体系；将在服务外包领域加快出台相关实施细则推进技术先进型服务企业、重点企业的认定和政策支持,加强服务外包示范园区建设和公共服务平台建设；鼓励外商在沪投资软件产业、设立高水平软件研发中心,鼓励上海软件企业在海外设立营销中心以近距离接触海外合作方；利用政府海外资源积极组织外包企业参加国内外专项会展并给予资金扶持；塑造上海承接软件服务外包的城市品牌,并对一些优秀的海内外企业和园区进行奖励。

(3) 考虑到服务产品的本质属性和服务贸易的特殊性,这些资源和平台支持的导向亟须转变,突出表现在,这些支持的国际导向和需求导向严重不足。也就是说,这些支持偏重从国内出发为服务出口方提供支持和帮助,而很少站在国外主要出口目的地市场的角度提供用以获取当地服务消费信息方面的资源和平台支持。尽管上海等地也采取措施鼓励当地软件企业在海外设立营销网络和营销服务中心,还利用政府海外资源积极组织外包企业参加国内外专项会展,但是主要还是工业经济时代下的生产型支持而非服务经济时代的消费型支持,而且其支持的系统性、常规性和整合性都还有待增强。

(三) 服务业对外投资促进和保护不力

中国服务业对外投资还处于较低水平。除了服务业对外投资能力较弱之外,该行业对外投资促进和保护不力也是一个重要的体制性约束。

一是对外投资促进方面监管过度、促进不足。中国服务企业的海外投资案都需要三个部门审批:外管局批外汇额度、商务部(商委)发运营执照、发改委则重点考虑国家利益。看起来这三个部门分工明确、各司其职。但是在服务经济快速发展、一日千里的形势下,这样的多头监管耗时耗力,其实是阻碍而非促进服务业的对外投资。

二是对外投资保护方面非对称开放问题突出。中外双方服务业非对称开放给海外中资服务企业带来巨大压力。例如,2008年中美战略经济对话就"宏观经济政策交流及金融服务业"领域达成的成果中共有六款涉及金融服务市场准入,其中仅有一款是美方向中国金融机构做出的市场准入承诺,另外五款都是中方扩大对美方金融机构市场准入的承诺。中方关于扩大对方市场准入的承诺遍及证券、期货、基金管理公司、保险、资信评级等多个领域,美方所作承诺却仅仅涉及中国商业银行在美国市场准入一个领域,而且这种承诺仅仅"给予国民待遇""审批无不当拖延"等。显然美资金融机构在中国市场享有超国民待遇与中国金融机构在美市场面临重重限制极不协调。由此可见,尽管中国已在国内积累起庞大的外汇资源和企业资源,在海外也逐渐积累起丰富的政治资源,但是中国政府至今却还没能建立一个统一协调并保护企业"走出去"在当地踏实安全经营的机制。海外服务企业就像一个个"原子"一样"孤军奋战","跃跃欲试""走出去"的服务企业也顾虑重重。

(四) 区域合作机制推进不易

以上海为例。建设区域合作机制、促进周边区域合作是拓展上海金融中心、航运中心、贸易中心、科技创新中心的发展腹地、服务半径和辐射范围以增强上海服务功能的重要保障。近年来,中央政府和江浙沪地方政府都在不遗余力地推进长三角地区一体化发展。例如,2008年长三角地区主要领导座谈会就已明确建立和完善"三级运作、统分结合、务实高效"的区域合作机制。三级运作包括决策层、协调层和执行层。决策层即"长三角地区主要领导座谈会",主要职责是决定长三角区域合作方向、原则、目标与重点等重大问题。协调层即由常务副省(市)长参加的"长三角地区合作与发展联席会议",主要任务是落实主要领导座谈会的部署,协调推进区域重大合作事项,联席会议下设办公室,办公室设在省(市)发改委。执行层即"联席会议办公室"和"重点合作专题组"以及"长三角地区城市经济合作组"。目前覆盖长三角地区的地方政府协调机制已经建立,一体化的高密度的快捷交通网络(例如上海大都市交通圈)正在形成,工商行政领域统一的市场准入正在实施,统一的环境管理体系正在形成,其预期目标在很大程度上是在政府引导、市场主导、企业主体、协会参与下促进本地区的资源共享、协作提升。2018年,长三角地区一体化上升为国家战略。2019年初,上海、江苏、浙江和安徽三省一市政府签署《长三角地区市场体系一体化建设合作备忘录》,将共同为供应链创新"作示范"、为商贸业发展"增动能"、为农产品流通"保安全"、为区域物流"立标准"、为企业发展"优环境"、为口岸通关"建窗口"。2019年正式公布的《粤港澳大湾区发展规划纲要》在一个国家、两种制度、三个关税区、三种货币的条件下对粤港澳大湾区的战略定位、发展目标、空间布局等方面进行全面规划。

但是这种区域合作机制的运行及长三角一体化的实质性推进还存在相当多的障碍。正如,2018年3月已经初步形成的《推动粤港澳大湾区机制创新调研报告》和《推动粤港澳大湾区机制创新行动方案》就全面梳理了粤港澳大湾区建设在人流、物流、资金流、信息流、标准对接、资格互认等方面存在的体制机制障碍和一批需要先行重点研究解决的问题。又如,在既有政绩考核体制下地方利益难以协调;缺乏统一规划和法规;缺乏实质意义上的统一行政协调;地理距离影响依然存在;长三角区域内各省(市)发展条件还很不平衡等。比如,上海政府部门办事更讲究规范,但可能因此而丧失服务经济所需要的灵活性,企业可能受到较多限制。因为外地限制较少,做起来更容易,有些教授、工程师在上海搞发明创造,然后到苏浙地区与当地合作。随着2010年5月国务院正式批准实施《长三角区域规划》,江苏无锡、上海、浙江嘉兴之间就在物联网问题上出现近距离激烈竞争。这将给上海服务业向周边扩张和提升辐射力带来极大挑战。

即使是在上海市内,竞争性的区域规划遍地开花,区域合作也面临困难。例如，近年来随着上海大力推动现代服务业集聚区和生产性服务业功能区建设，中心城区发展服务经济的意识不断增强，借势发展各种商业商务集聚区的热情高涨，中心城区商务区出现多元化发展布局态势。然而，各区（县）仍按"摊大饼"的传统理念对区域内商务区进行外延拓展，导致整个中心城区商务区体系缺乏层次性，相互间缺乏有效互动，并出现了形态相似、功能雷同和同质竞争等问题。因此，亟须对中心城区的商务区体系构架进行整体深化研究和一体化梳理。

二、突破思路

（一）稳步增强对外开放程度

一是放松服务业外资准入控制。一方面，各地要加强向国家获取更大审批权的诉求。例如，上海于 2009 年 8 月开始将投资总额 1 亿美元的鼓励类、允许类外资项目的审批权下放给各区（县），但同时也要加强向国家争取更大审批权。在商业批发环节利用外资、举办中外合资旅行社、基础电信利用外资、保税区（自由贸易区）内的"离岸金融"、航运金融等方面利用外资争取更大权限，引进外资服务企业来沪机构，拓展上海服务业市场空间，丰富上海服务经济网络。同时要以降低每个外资项目的审批周期而不是平均审批周期为目标提高外资项目审批效率。

另一方面，要在世界贸易组织等框架下，采取渐进方式开放本市服务业市场，并针对不同地区和不同行业制定不同的开放计划，确定不同的开放深度，尽可能给竞争能力弱的行业提供较长的适应和缓冲时间。中国各地就可在《内地与香港关于建立更紧密经贸关系的安排》（简称 CEPA）和《两岸经济合作架构协议》（简称 ECFA）框架指导下，优先放松服务业的港资、台资控制，继续增加服务投资和贸易开放领域，例如适应第二产业引进外资时对当地"附加性"服务的紧迫需求，新增研究和开发服务、铁路运输等领域，为在华外资提供一种与国际惯例直接接轨的投资环境。同时鼓励外资参与国内现代服务业企业的资产重组。然后以此为契机和蓝本，逐渐放松服务业的所有外资控制①。

二是放松服务业的经营管制。在服务业外资经营管制上，要控制"球场"、放开"球队"。要通过较高的国有股比例规定和一定的经营范围限制来控制交通、航交所、证交所、电力运行等网络式服务系统，同时放开网络中运行的车队、船队等一般经济实体。同时，在法律、建筑、医疗、房地产、人员提供与安排、印刷、会展、公用事业、电信、视听、分销、银行、证券、旅游、文娱、海运、航空运输、个体工商户等领域，在原有开放基础上进一步采取削弱行业垄断、取消主体限制、放宽经营范围、促进自主定价、简化审批程序②等措施，从而达到实行事前/事中/事后协调一体的国民待遇（例如股比开放、业务开放、退

---

① 时任国务院副总理张高丽在 2017 年 3 月的博鳌亚洲论坛 2017 年年会上提到，中国坚定不移实施对外开放战略，大力优化外商投资环境，进一步放宽服务业、制造业、采矿业外商投资准入，支持外商投资企业在国内上市、发债，在资质许可、标准制定等方面，对内外资企业一视同仁。中国国家发改委和商务部发布的 2016 年版《外商投资产业指导目录》将限制性措施从 2015 年的 93 条减少至 62 条，在服务业重点开放公路旅客运输、外轮理货、资信调查与评级服务等领域。2017 年 3 月底国务院印发的《全面深化中国（上海）自由贸易试验区改革开放方案》要推进金融服务、电信、互联网、文化、文物、维修、航运服务等专业服务业和先进制造业领域的对外开放。中国政府 2017 年 11 月宣布，中方决定将单个或多个外国投资者直接或间接投资证券、基金管理、期货公司的投资比例限制放宽至 51%，上述措施实施三年后，投资比例不受限制；将取消对中资银行和金融资产管理公司的外资单一持股不超过 20%、合计持股不超过 25% 的持股比例限制，实施内外一致的银行业股权投资比例规则；三年后将单个或多个外国投资者投资设立经营人身保险业务的保险公司的投资比例放宽至 51%，五年后投资比例不受限制。李克强总理在 2018 年《政府工作报告》中提出的扩大开放的具体措施包括：全面放开一般制造业，扩大电信、医疗、教育、养老、新能源汽车等领域开放；放开外资保险经纪公司经营范围限制，放宽或取消银行、证券、基金管理、期货、金融资产管理公司等外资股比限制，统一中外资银行市场准入标准；全面复制推广自贸区经验，探索建设自由贸易港，打造改革开放新高地等，都对治理提出了新的要求。按照国家发展改革委、商务部于 2019 年 6 月 30 日发布的《外商投资准入特别管理措施（负面清单）（2019 年版）》和《自由贸易试验区外商投资准入特别管理措施（负面清单）（2019 年版）》，相较于 2018 年版，保持体例结构，进一步缩减清单长度，新推出一批开放措施。其中，全国外资准入负面清单条目由 48 条减至 40 条，压减比例为 16.7%，自贸试验区外资准入负面清单条目由 45 条减至 37 条，压减比例为 17.8%。其中包括：推进服务业扩大对外开放（例如，交通运输领域，取消国内船舶代理须由中方控股的限制；基础设施领域，取消 50 万人口以上城市燃气、热力管网须由中方控股的限制；文化领域，取消电影院、演出经纪机构须由中方控股的限制；增值电信领域，取消国内多方通信、存储转发、呼叫中心三项业务对外资的限制）；放宽农业、采矿业、制造业准入（例如，农业领域，取消禁止外商投资野生动植物资源开发的规定；采矿业领域，取消石油天然气勘探开发限于合资、合作的限制，取消禁止外商投资钼、锡、锑、萤石勘查开采的规定；制造业领域，取消禁止外商投资宣纸、墨锭生产的规定）；继续发挥自贸试验区开放"试验田"作用，将 2018 年版自贸试验区外资准入负面清单试点的演出经纪机构、石油天然气勘探开发等开放措施推向全国，2019 年版取消水产品捕捞、出版物印刷等领域对外资的限制，继续进行扩大开放先行先试。

② 例如，2018 年 3 月，位于博鳌乐城医疗旅游先行区的博鳌超级医院正式开业。同年 4 月，国务院宣布对博鳌乐城医疗旅游先行区内医疗机构临床急需且在中国尚无同品种产品获准注册的医疗器械，由海南省人民政府实施进口批准，在指定医疗机构使用。

出开放相协调)、继续深化服务投资和贸易开放内容的目的。例如新加坡早在20世纪80年代中期就呼吁政府检讨所有妨碍服务业发展的各项法规和政策,包括减少对外来申请旅游签证、求医看病准证、专业工作准证、学生就读准证等方面设置的诸多限制。同时,各地还要加强对外资服务企业经营的行政支持。例如,实行外资行政领域"一站式"服务;设立外国投资官员舞弊调查办公室;实施对服务业外来投资者"点对点"服务协调人制度。在外资服务企业集聚区建设大量绿地与消遣设施,建造国际化外国学校、医院和药店,在政府服务中使用英语,为外资企业及其人员提供优良的生活环境和投资环境。

三是强化服务业专门立法。上海就尤其需要依托国际金融中心和国际航运中心建设平台,向国家争取服务业投资和服务贸易立法区的试验权。同时各地要加紧梳理各政府职能部门的规章和内部规范文件,加强立法调研,推出服务业专门法律条例,健全服务业行政执法机制,为在华服务机构打造全球性要素资源运营平台以增强对全球经济活动的影响力、控制力和管理力创造层次更高、系统性和权威性更强的法律基础设施。进一步地,还要适应全球服务贸易和投资一体化的要求,借鉴经合组织理事会于2005年4月通过的《规制质量与绩效指导原则》,注重促进服务业规制政策的统一协调,推进各地在全球城市网络中开创相对于其他新兴经济体城市的先发体制优势地位。

四是多渠道培养高级专业服务人才。鼓励服务企业和专业学校联合办学,发挥双方优势多渠道培养大量国际服务业人才;设立国际服务经济管理方面的博士后流动站,加大高层次上投入;加强国际交流,派出优秀苗子到发达国家学习和实习,邀请服务业国际知名人士来沪讲学;提供系统的优惠政策,鼓励海外学子回沪兴办高智能服务业,并管理好服务业知识产权保护,推动服务业信用管理,规范服务业市场秩序,创造良好的服务业创业环境。

(二) 加快转变服务贸易支持导向

根本方向是增强服务贸易资源和平台支持的国际导向和需求导向。首先,中国要尽快建立和完善覆盖全社会的服务贸易管理体制,尤其是要成立依照《对外贸易法》和其他有关法律、行政法规管理和支持服务贸易的高层次常设性服务贸易领导机构。其次,该领导机构的工作重心在于,充分依托本地地理优势,从总体视野(国内外一体化而非分离化)来制定服务贸易发展政策,用特定区域市场的经营来实现服务贸易网络的扩张。尤其是要加强从国外主要出口目的地市场

（包括发达成熟经济体和新兴经济体服务业市场）的角度出发提供用以获取当地服务消费信息方面的资源和平台支持，同时还要对这些资源和平台支持加强整合，形成协同、互通互动的支持系统。例如，中国香港地区利用南洋华侨和美加华人聚居地市场以及港台、韩日、东南亚华人文化圈这些当地平台扩大电视剧、电影、民乐、书法、杂技、现代舞以及武术、风光、医药等与中国传统文化紧密相关的音像制品等文化创意产品发行网，并确保外销出路和资金回笼。再如，新加坡国际企业发展局作为协助新加坡公司国际化的政府机构，其一项主要工作就是推动新加坡作为区域及国际会议与展览中心的发展。该局每年都有计划地向世界各地介绍新加坡旅游会展情况，并在世界各地举办新加坡会展经济方面的研讨会，向国际上介绍新加坡发展国际会展的优越条件，促销在新加坡举办的各种会展。新加坡旅游局还曾耗资1.2亿港元推出一项名为"新加坡做得到"的计划，提供各种酒店房租、机票和膳食折扣优惠吸引国际会议"高手"到新加坡。

（三）完善对外投资促进和保护机制

中国各地需要借助中国庞大的外汇资源、企业资源以及在海外积累的各种政治资源优势，协同国家和本市的相关机构部门建立一个统一协调促进、保护本市服务企业集群式"走出去"并安心经营的机制，提高服务业及其企业全球资源配置能力和全球影响力。

一是完善服务业对外投资促进机制。基本方向是扭转监管过度、促进不足的弊端。主要机制是，适应服务经济快速发展的趋势，转"管"为"促"，在外管局、商委、发改委之间形成服务业对外投资会商制度或联席会议制度，实行服务业对外投资促进领域的"一站式"、快速政府服务，同时并建立服务业对外投资"点对点"服务协调人制度。例如，1993年1月成立的新加坡促进海外投资委员会和经济发展局就协同制定一系列包括税收、资金等在内的政策鼓励本地商家进军国际市场参与跨国公司合作、提升新加坡及本国企业形象。

二是完善服务业对外投资保护机制。中资服务企业起步晚、竞争力弱，其基本方向是要从机制的高度帮助减轻服务企业海外经营的风险和压力。在上海，既然国家已经明确建立上海国际金融中心和国际航运中心，那么上海就不能在有关保障服务企业对外投资的谈判磋商问题上置身事外，被动等待国家层面的磋商结果和政策下达。而是要积极参与和推动相关谈判并确保自身服务企业对外投资的权益保障。例如，在中美金融领域相互不对称开放问题上，上海就得主动行动，通盘考虑，形成自有主张，大胆向政府陈述或者提供支持，敦促美方落实承诺和扩大市场准入，而不能等到结果出来之后才去被动接受和适应。为保障海外服务市场安全经营，除配置海外投资保险机制之外，上海相关政府机构（商委等）还要充分利用广泛的驻外机构网络，给海外的服务企业提供足够的战略保障，包括政府间相互施压、整合政府信息资源、完善各种预警机制、促进相互合作、海外提供所需公共产品和服务，避免这些企业在国外市场上以各种借口被任意"绞杀"而孤立无援。

（四）促进区域合作机制实质性运行

以上海所在的长三角地区为例。长三角地区已建立"三级运作、统分结合、务实高效"的区域合作机制。要真正破除各种不合理的行政性壁垒、增强长三角区域服务业市场开放程度、促进该地区要素资源的无缝对接并培育和发挥域内上海等地服务业及其企业对内辐射力，就必须促进这种区域合作机制进入实质性运行轨道。

一是转变区域竞合观念。不管是整个长三角还是在上海市内，上海 [及各区（县）] 要保持类似"城邦经济体"那种自成体系、自给自足的独立性没有大前途。上海 [及各区（县）] 不仅自身要形成具有自有特色的服务经济体制、规模和质量高地，而且要与周边地区进行密切的人流、物流、资金流、企业流和产权的交流，才能保持持久的竞争活力。为此，上海 [及各区（县）] 要破除思想和行政等方面的有形和无形屏障，以共荣的心态（受益于和利于周边地区的发展）寻求同周边地区的高层次竞争和分工合作（例如支柱产业配套、新兴产业共建、一般产业互补），形成相互间层次有序、错位分工、优势互补的发展格局。在这个过程中，加快劳动密集型制造业向周边甚至更远地区的转移，加快发展国际金融中心、国际航运中心为主要载体的高等级服务经济，夯实金融、航运、贸易基础设施和法律等专业服务方面的优势，构建面向整个上海和长三角的综合服务平台（例如融资及融资服务中心，现代物流中心，信息中心，要素集散中心，组合港式国际航运中心、亚太地区的国际航、空港和高效陆路交通中心为支撑的综合交通枢纽，高新技术产业创新基地和高新技术改造传统产业的示范基地），提升和发挥综合服务功能。

二是促进服务经济竞合。目前长三角区域内各地服务业在总体上首先是竞争不足，其次是合作不足。因此，长三角尤其是上海为率先形成以服务业为主的产业结构，首先要促进区域内各地服务业竞相发展；同时在强化竞争的基础上加强合作，大力推动区域内各地服务业整合发展；甚至要拓宽竞争与合作的视野，跳出长三角在更加广阔的空间内推进长三角地区服务业的竞合发展，不断提升整个区域服务业整体水平和竞争力。在诸多客观障碍非一省一市所能克服的情况下，更为务实的做法是基于交通、社会保障、金融基础设施等领域的一体化，区域内相关省市政府达成服务业自由投资贸易的共识或协议，让区域内所有服务企业享受自由投资、自由贸易和自由竞争的权利。

三是加强各区（县）服务业规划整合。创造商务成本"洼地"吸引服务业投资也是上海市各区（县）政府普遍采用的发展手段。但是服务业具有特殊的商务成本敏感性（尤其是对交易成本高度敏感），各区（县）需要基于商务成本敏感性加强市内服务业整合式、互动化发展。首先，需从更加宏观的视角把握本地区的商务成本策略。各区（县）政府要着眼于促进地区分工合作、共同发挥地方优势、协同提升产业结构、协调改进发展环境、共建"五个中心"（国际金融中心、贸易中心、航运中心、经济中心、科技创新中心）调控本地区的商务成本。同时，考虑到商务成本具有很强的内生性（并不完全决定于政府的有形调控），例如区（县）竞争中的商务成本的不均衡发展为服务企业基于商务成本敏感性调整地理布局及其空间组织（资源配置）提供条件，服务企业的运营活动地理布局及空间组织调整又为各区（县）商务成本的变化提供主观推动力。因此在引资过程中要有前瞻性眼光注重通过本地的适当集中或者分散营造可持续的商务成本优势，不能褊狭于局部和短期，不能一味地强制压低商务成本，更不能任由商务成本的恶性膨胀（例如目前强势的地方政府高度依赖土地财政推动的房价高涨，中心城区的过度集中可能产生与交通、生活等瓶颈相关的交易成本上升）。其次，各区（县）政府需要从更加战略性的视角把握本地区的商务成本策略。一方面，要在准确把握本地商务成本发展现状和规律的基础上，结合区域经济发展趋势并以提升城市功能和产业层级为依归有所取舍，做好将来相当长时间内还会有效的本地产业战略定位。另一方面，要在引资过程中紧扣这一战略定位以集聚吸引本地城市和产业战略所需特定生产要素（而不是以优惠政策竞争）为导向，营造能够引起特定服务业目标企业尤为高度敏感的特定商务成本优势，并适当设置进入门槛，确保项目质量和可持续性转变。最后，在条件比较成熟的情况下，上海还有必要加紧对中心城区各区进行行政区划的调整和整合，拆除经济藩篱，推进上海市区作为一个整体形成结构优化、布局合理、各具特色、协调发展的现代服务业体系。

四是形成区域内利益补偿机制。在既定的政绩考核体制下，长三角区域内地区之间的开放合作要充分考虑高铁经济的"虹吸效应"。长三角区域内高铁建设将促进城市之间经济联系和优势互补，带动相互的经济发展。但是随着高铁开通带来流动便利，城市间生产要素加速流动，促使资金、人才、信息向发展环境更优越、行政效能更高的局域聚集，规模大、实力强的城市所得利益会更加明显，而投资环境不佳的地区会因为消费水平低、经济发展落后、文化氛围不浓、城市环境不佳等原因面临人才、企业等流失的窘境。这固然需要各地增强各自资源和体制吸引力减少这种效应，但是同时也需要相关地方政府针对受损区域达成合理可行的利益补偿协议以促进区域合作具有可持续的机制保障。

第十三章 服务业统计体制瓶颈及其突破思路

服务经济是对信息高度敏感的信息密集型经济。政府需要高精度和高质量的服务经济统计数据作为调控宏观经济和制定服务经济规划的依据，服务型企业也需要借此准确认识所处产业价值链以做出正确的投资和市场决策。但是中国现有统计体制下的服务经济统计数据还不能适应服务经济高速增长及其所占比重不断提升的现实。中国统计体系从物质产品平衡表体系（MPS）转向西方发达市场经济国家的国民账户体系（SNA）以来，服务业统计虽然日益受到重视，但是偏重物质生产（价值）忽视服务活动（价值）的观念根深蒂固，至今国民经济核算中服务经济统计环节仍然十分薄弱，突出表现在服务经济统计分类标准建设滞后、统计资料来源薄弱、统计方法比较落后、统计产品比较缺乏。这样的统计体制既不能完整而全面地反映国家经济和社会"实态"（真相），不能对国家经济社会发展的未来趋势做出清晰而正确的提示，也不能准确折射复杂的"经济—社会"系统中各种内在机制的运行状况，从而不能有效指导服务经济及其企业的发展转变。

考虑到服务经济及其企业发展转变是经济和产业结构的根本变革，中国为有效筹谋和推进这一变革，亟须明确统计体制内涵，借鉴世界主要国家统计体制模式，反思和改革现有统计体制，建立一套能够规范地跟踪、监测和调查服务经济及其功能区发展状况以提供高精度、高质量服务经济数据的统计体制。

一、世界主要国家统计体制基本模式

服务经济统计属于官方统计体制中的专业统计。统计体制是指一个国家为保障官方统计工作的正常进行而实施的管理体制和方法体系，具体包括相关立法、组织机构及职能、人员配备及经费来源、统计数据收集方法、国民经济核算体系、数据公布及对外服务等内容。这里的官方统计包括政府综合统计和专业统计（也叫部门统计）两方面内容。综合统计是针对人口、资源等基本国情国力的统计，专业统计则是政府业务主管部门针对特定地区、行业、企事业以及其他主体经济及社会发展情况的统计。

（一）统计体制具体运行模式

统计体制的具体运行一般都涉及纵向管理（条或地方管理）和横向管理（块或专业管理）两个基本方面。纵向管理是指中央和地方之间在统计工作上的纵向关系管理，具体涉及中央统计局和地方统计局之间、中央政府业务主管部门和地方政府业务主管部门之间在统计上的地方管理。横向管理是指同级（中央或者地方）统计局和政府业务主管部门之间在统计工作上的横向关系管理，具体涉及中央统计局和中央政府业务主管部门之间、地方统计局和地方政府业务主管部门之间在统计上的专业管理。

统计体制的具体运行表现为集中型和分散型两种基本模式。基于官方统计中中央与地方之间，以及同级统计局与政府业务主管部门之间的统计工作分工标准，可将统计体制划分为集中型和分散型两种基本模式。横向专业管理方面的集中模式是指中央和地方统计局除了全权负责综合统计之外，还全权负责专业统计，从而中央和地方政府业务主管部门基本不搞统计。纵向地方管理方面的集中模式则是指中央统计局对地方统计局、中央政府业务主管部门对地方政府业务主管部门实行垂直集中化管理。横向专业管理方面的分散模式是指中央和地方统计局仅专门负责综合统计，而中央和地方政府业务主管部门仅专门负责专业统计。纵向地方管理方面的分散模式则是指中央统计局对地方统计局、中央政府业务主管部门对地方政府业务主管部门实行垂直松散化管理。

(二) 统计管理体制基本类型

中央统计局除了充当官方统计体系的管理者、协调者并通过各种综合协调手段建立完整统一的官方统计体系外，还可能在服务经济等专业统计领域参与实质性管理。根据中央统计局和中央政府业务主管部门在统计系统尤其是专业统计系统中纵横两方面作用和权限的大小，主要国家统计管理体制可分为四种基本类型[73]（见表13–1）。

表13–1　主要国家统计管理体制

统计管理体制	纵向地方管理	分散	"专业集中、地方分散"型	"专业分散、地方分散"型
		集中	"专业集中、地方集中"型	"专业分散、地方集中"型
			集中	分散
			横向专业管理	

（1）"专业集中、地方集中"型。中央统计局在纵向和横向两个方面对统计工作实行高度集中管理，即综合统计和专业统计均集中于统计局，各级政府业务主管部门不负责专业统计，而且中央统计局对地方统计局实行高度集中的垂直领导和管理。实行这种统计体制的国家主要有加拿大、澳大利亚、丹麦、奥地利、荷兰、挪威、独联体国家、东欧国家、印度尼西亚等。该模式的主要优点：官方统计系统完整、统一，有效地防止数出多门；统计工作中间环节少，队伍精干、灵活，便于统一指挥，提高工作效率；统计工作和统计监督独立性强，保证统计数据质量，统计数据高度权威；统计数据使用效率高等。主要不足：中央统计局机构庞大，内部管理和协调任务繁重；统计与业务部门管理脱节，容易增加统计供需矛盾，协调不好就会严重影响统计在国家经济管理决策中的作用发挥。协调好中央统计局与政府业务主管部门之间的统计供需关系是该类统计体制应着重解决的问题。

（2）"专业集中、地方分散"型。指综合统计和专业统计完全集中于统计局，并由各地方统计局收集和整理统计数据，各级政府业务主管部门不负责专业统计，而且中央统计局对地方统计局则实行相对松散的领导和管理。德国是实行这种统计体制的典型国家。该模式具有统计数据权威性、客观性和整体性强、数据使用效率高等优点，但也存在中央与地方之间统计工作计划、协调和决策过程复杂、统计数据时效性难以保障等不足。

（3）"专业分散、地方集中"型。指综合统计完全集中于统计局，并由各地方统计局收集和整理统计数据，专业统计则分散于各级政府业务主管部门，由各级政府业务主管部门收集和整理统计数据，而中央政府业务主管部门对地方政府业务主管部门实行高度集中的垂直领导和管理。实行这种统计体制的国家主要有法国、瑞典、芬兰、新西兰、新加坡、韩国、泰国、菲律宾等。该模式的主要优点：专业统计与业务主管部门紧密结合，减少统计信息需求矛盾，可以充分发挥专业统计在国家服务经济管理决策中的作用；官方统计体系标准化、制度化水平较高；保证全国综合宏观统计数据及时、准确。主要不足：官方统计数据缺乏完整性；服务经济等经济形态不断衍生和交叉融合发展的特性容易造成数据遗漏、重复统计、数出多门、统计指标口径互不一致，从而导致服务经济等业务主管部门之间统计资料衔接性差。针对该模式，需要建立一套行之有效的协调手段和完善的统计法律体系，加大统计执法力度，明确业务主管部门之间统计业务分工，促进他们之间密切联系、相互协作。

（4）"专业分散、地方分散"型。指综合统计完全集中于统计局，并由各地方统计局收集和整理统计数据，专业统计则分散于各级政府业务主管部门，由各级政府业务主管部门收集和整理统计数据，而中央政府业务主管部门对地方政府业务主管部门实行相对分散的领导和管理。实行这种统计体制的国家主要有美国、英国、日本、意大利、印度等。该类模式的主要优点：专业统计工作与业务主管部门的管理紧密结合，统计信息供求矛盾少；保证统计数据及时有效等。主要不足：容易造成服务经济等专业统计调查的重复和遗漏；国家专业统计资料缺乏整体性，各业务部门统计发展不平衡等。针对该模式，需要完善政府管理机制，加强官方专业统计工作协调，从而既能充分发挥分散型统计体制优势、避免专业统计调查重复和统计资源浪费，又能保持业务主管部门间统计资料可比、连续和有效衔接，保证全国专业统计资料完整一致。

二、中国服务业统计体制瓶颈的基本表现

中国目前基于集中统一的统计系统实行的"统一领导、分级负责"的统计

体制基本沿用了计划经济和工业经济时期形成的体制框架。同国际上统计管理体制基本惯例相比较，中国统计管理体制表面上看近似"专业分散、地方集中"型模式，但实质上是一种"专业交叉、地方分散"型模式。[74]因为除了人口、资源等基本国情的综合统计由中央和地方统计局负责之外，各级政府统计局和业务主管部门在专业统计工作上相互交叉，而且由于人员编制和经费预算实质上受制于当地政府，中央统计局对地方统计局、中央政府业务主管部门对地方政府业务主管部门实际上很难实行真正有约束力的集中管理。

在这种统计管理体制下，一旦国家统计需求和地方统计需求存在冲突，地方统计（统计局和各业务主管部门内设统计机构）往往在统计方法、指标设计和抽样调查上首先维护本地利益。结果很大程度上依赖地方统计的国家（上级政府）统计不仅进程难以保证、数据质量也难以保障。随着中国社会主义市场经济体制的逐步完善以及服务经济及其企业的快速发展转变，这种统计体制在满足服务经济及其企业发展转变信息需求方面的瓶颈性越发明显。[75]具体来看，体现在以下几个方面：

（一）统计管理体制瓶颈

1. 独立性差

首先，统计机构设置被动。按照《中华人民共和国统计法》（以下简称《统计法》）相关规定，县级以上地方各级人民政府设立独立的统计机构，乡、镇人民政府设置专职或兼职的统计员，负责组织领导和协调本行政区内的统计工作。但是由于上级统计部门只有业务上的管理权限，无权干预地方机构设置，在各级政府机构改革过程中，一些地方的统计部门或人员屡屡被首当其冲地撤并或取消，例如浦东新区的统计机构就被并入发展改革委员会。而上级统计部门对此却无力加以制止，只能被动地通过同级政府对下级政府沟通推进统计工作的开展。

其次，统计工作独立性差。目前中国地方政府和统计部门的功能并没有分离。地方统计机构同时为上级和地方政府工作，经费来自上级和地方拨款，但是两者经常扯皮，而且人员、编制及主要经费预算实际上受制于当地政府及所属部门、企事业单位。即使是国家统计局指导和各省统计局领导下的农村、城市、企业调查队负责人一般也是由当地统计机构人员兼任（例如上海闵行），调查队经费花费很大但是工作成绩并不容易显现。这样一来，虽然表面上看起来已经形成一个遍布城乡、深入工矿企业的纵横交错的统计调查网络，但是上述因素却致使相关统计机构和统计人员难以抵制来自上级的行政干扰和压力,有机会也有压力谎报数据,无法真正独立行使统计调查、统计报告、统计监督职权,难以保证统计数据的真实客观。

2. 协调性差

首先,协调职能难以落实。在现行统计管理体制下,统计部门自身受到当地政府有关统计工作人员、编制、经费等的刚性约束,同时却缺乏针对同级业务主管部门的统计工作人员、编制、经费等刚性制约,致使统计部门难以真正落实《统计法》赋予的负责组织领导和协调本行政区域内统计工作的职能。

其次,统计设计管理薄弱。综合协调和通盘考虑整个统计工作的统计设计是统计局需要承担的重要职责。但是目前来看,中国统计设计管理工作(尤其是专业统计设计管理工作)还很薄弱。突出表现在以下几个方面:

一是统计部门和业务主管部门针对专业统计的分工交叉。在中国目前统计体制下,各级政府统计部门除了承担针对人口、资源的综合统计,还承担针对经济及社会发展的专业统计,但是缺乏与业务主管部门的横向联系。与此同时,各级政府业务主管部门也在自成体系内向运行进行相关的专业统计,阻隔了与统计部门的横向联系。专业统计上两者之间的相互阻隔和交叉分工导致重复统计,造成人力物力大量浪费,而且很容易因为各自采取不同的统计口径,导致来自统计部门和业务主管部门的同一指标数据相互冲突,"数出多门"大量发生,破坏政府统计权威,统计用户也无所适从。

二是不同业务主管部门专业统计上的专业之间衔接不紧。由于行业管理上的相互交叉,不同业务主管部门在专业统计上的专业分工存在交叉、重复、不配套等现象。例如信息产业包括信息制造业和信息服务业,跨越了第二产业和第三产业。生产性服务业也是这样。这种交叉、重复和不配套给清楚界定统计需求带来巨大挑战。与此同时,各种专业融合性发展(例如制造业和服务业以及服务业之间的融合)使得调整产业统计口径日益必要,例如第一产业和第二产业的服务经济活动越来越有必要纳入服务经济的统计范畴,但是又给这种专业之间的衔接带来严峻的挑战。

三是统计调查范围设计跟不上新兴产业快速发展的要求。随着服务经济可持续性转变进程的日益深化,律师、会计师服务、网络服务以及其他各种咨询服务等新兴服务业不断产生并日益壮大。但是与此不匹配的是,10年一次的第三产业普查致使很大一部分飞速扩张的新兴服务业游离于统计调查之外,依靠陈旧的各种比率和结构估计服务经济根本不可靠，适应工业经济时代的统一的国家统计标准、统计指标定义、概念、分类和统计制度方法适用性差，因此对服务业的产值和增加值可能存在严重的低估。

四是业务主管部门间缺乏沟通交流、统计数据共享困难。统计部门没有能够统一开发研制各专业报表处理软件，各专业（业务主管部门）据己所需各行其是，相互之间又缺乏相应的沟通交流，统计标准不一、统计信息封锁（源于部门利益分割）以及部门统计无资料、资料不全或者不系统大量发生，严重制约所有统计信息资源的有效共享。

3. 法治化弱

基本表现在统计法执行力差。改革开放以来，中国统计法制建设不断完善。《统计法》是统计工作的基本法。国务院颁布的《中华人民共和国统计法实施细则》确立了统计工作的法律地位，省、自治区、直辖市人大常委会都制定了地方性统计法规。法律规定，部门统计调查表必须呈送中央统计局审查和清理，未经批准，各部门不得发放任何调查表，以便尽可能地避免统计调查的重复和遗漏，最大限度地减轻被调查者的负担。但是设置在当地统计机构之中的监督统计法规执行的部门对不经统计部门审批的跨本系统部门统计项目的违法行为没有任何行政处罚手段，根本不能真正督促统计法规的执行到位，统计的监督功能难以有效发挥。另外，在当今官方统计领域向民间开放不断扩大的情势下，如何依法保护公民个人秘密信息也成为事关统计事业的严峻课题。

4. 基层薄弱

强大而有活力的基层统计力量是确保统计数据来源质量的决定因素。但是现行的统计管理体制中，人员编制、业务经费、办公条件等基本上都呈"倒金字塔"结构，越到基层，统计人员越少，业务经费越紧张，工作条件也越差。与此同时，分工不明确导致数据交叉重复又不完整，加上基层统计机构任务和职责不匹配（要完成上级统计部门和行业主管部门下达的大量统计任务，但是只是服务于同级政府），基层工作非常繁重。繁重的工作任务致使基层统计人员全力突击应付来自条块两方面的报表填报，很难仔细审核数据，很难有学习进修、更新知识的机会和时间，其业务素质、工作技能往往跟不上服务经济等新的经济形态飞速发展的需要。这样将大大影响基础数据的质量（及时性、准确性）。

5. 价值受限

服务对象政府化导致统计体制的社会价值挖掘不足。中国现有统计管理体制下统计部门的主要职责几乎全部是为各级政府部门提供数据统计服务。而服务经济是消费者主导的经济形态，政府的职能需要从行政规划型转向服务保障型，统计产品的需求方将更加广泛。显然，这种完全偏重政府的服务模式并不适应服务经济的可持续性转变。

（二）统计方法体系瓶颈

1. 调查方式改革滞后

适应于经济社会快速发展的形势，《统计法》明确规定，统计调查应以周期性普查为基础，以经常性抽样调查为主体，以必要的统计报表、重点调查、综合分析等为补充，收集、整理基本统计资料。而实际上中国不少经济活动仍然大量依靠全面报表加以统计、监测和反映，抽样调查技术并没有得到广泛应用，这很难适应快速发展的市场经济和服务经济发展对统计工作的要求。

2. 统计指标设置滞后

中国现行的统计指标体系是在原来高度集中的计划经济体制和工业经济背景下建立起来的。随着中国经济结构的深入调整及服务经济的快速发展，仅仅不断局部性地修改、补充相关指标体系已经不够，过时的统计指标仍然较多，尤其是反映服务经济等新兴经济发展的、适用的统计指标还是偏少，这既难满足地方党政领导的需要，也难满足社会大众的信息需求。

3. 估算方法不合理

目前中国服务业增加值估算大多采用收入法，增加值由劳动者报酬、营业盈余、生产税净值以及折旧四部分加总推算。这四部分中，劳动者报酬比重很大，但是由于收入来源的多样化，目前的收入统计还无法把握所有劳动者的每种收入来源。劳动者报酬遗漏现象突出，直接结果就是服务业增加值低估，降低了服务业增加值数据质量。

三、探索适应服务业可持续性转变的统计体制

为加强中国政府宏观调控服务经济及社会发展以及社会参与服务经济发展的有效性，需要突破计划经济和工业经济时代统计体制瓶颈，改革完善统计体制，

为宏观调控和微观经营提供客观、公正、全面的统计信息。20世纪90年代就兴起于欧洲国家的"统计质量改善运动"实质上是就一场涉及政府统计基本理念、基本原则和基本制度及统计产品、统计过程和统计方法的新型统计体制"重塑"运动,在很大程度上也响应了服务经济可持续性转变的体制诉求。本书认为需要结合国际统计体制改革经验、中国统计体制现状以及服务经济发展要求三方面的因素深化统计体制改革,积极探索适应服务经济及其企业发展转变的统计体制。①

(一)统计体制改革目标

中国未来统计体制改革总体目标:适应服务经济及其企业发展转变和政府职能服务化转变,借鉴国际上"专业分散、地方集中"型模式,建立集中统一领导、综合统计垂直管理、专业统计分散运作、分工明确、公正独立、协调一体、法制保障的统计体制②。而突破统计管理体制和方法体系方面的瓶颈是实现中国统计体制改革的总体目标的关键。

(二)突破统计管理体制瓶颈

1. 增强服务经济统计独立性

首先,垂直控制机构设置。在国家统计局集中统一领导下,各市统计局在区(县)直接设置下属机构,对区(县)统计机构的人员编制、工资、经费和活动实行统一垂直领导和管理。区(县)统计机构的主要工作之一就是完成市统计局分配的服务经济统计调查任务,此外也承担小部分地方性服务经济统计工作。区(县)统计机构基于同样的原则对各镇(街道)派驻统计人员并进行同样的管理。

其次,确保统计工作独立。彻底分离区(县)政府和统计机构、区(县)统计机构和服务经济主管部门以及服务型企事业单位统计机构和这些企事业单位

---

① 国务院于2017年6月发布(2017年8月1日起施行)的《中华人民共和国统计法实施条例》适应经济社会环境的变化,正视"报表重复、数据打架"等问题,围绕提高统计数据真实性、准确性、完整性和及时性,强化集中统一领导、减轻调查负担、统计科学化,突出调查管理、行为规范、监督问责,着力提升统计运作效率、数据质量和服务水平。

② 按照国家统计局在2017年10月底的披露,中国将利用开展第四次全国经济普查的契机,在2019年实施地区生产总值统一核算改革,各省(自治区、直辖市)生产总值核算将从原来的各省份统计局负责,改革为国家统计局组织领导、各省份统计局共同参与的统一核算。

之间的功能，明确区（县）统计机构、服务经济主管部门统计机构、服务型企事业单位统计机构直接且只为上级市政府和统计局工作，下设机构的人员、编制及经费不受当地政府、服务经济主管部门以及服务型企事业单位的限制，确保统计机构真正独立行使统计调查、统计报告、统计监督职权。

2. 促进服务经济统计协调性

首先，落实协调职能。区（县）统计机构摆脱当地政府有关统计工作人员、编制、经费等刚性制约之后，要把大部分精力放在服务经济统计设计、组织协调、开发应用、通盘规划上，要充分考虑到统计机构之间的协调性以尽可能整合各种有效的服务经济信息资源提高政府统计的权威性与效率性，着力建立强有力的综合协调机构（例如服务经济统计委员会）和完整统一的官方服务经济统计体系，并依据《统计法》和地方统计法规赋予的职责及行政处罚权协调同级政府服务经济主管部门的统计工作，力保纵横向数据可以相互印证。

主要协调手段：一是制定服务经济统计标准，规定统一的统计指标定义、概念、分类、统计制度（尤其是现代服务业统计调查制度），保证各服务经济主管部门之间统计资料的综合与一致。二是开发和设计统一的、多用途的服务型基本统计单位登记名录，加强服务经济主管部门之间统计数据的衔接。三是依法集中审查和管理各服务经济主管部门的统计调查表，审查指标概念、分类、标准是否一致、有无重复统计等。四是成立各种全市性服务经济统计协调、咨询委员会和统计技术方法委员会等，定期召开会议，商讨问题，保持统计局与服务经济主管部门统计机构之间的沟通和联系。五是培训各统计系统中的统计人员，定期向各系统调派高级统计官员进行服务经济统计政策和技术指导。

其次，完善统计设计管理。一是明确区（县）统计机构和同级政府服务经济主管部门针对专业统计的分工。区（县）统计机构除了自主承担针对当地人口、资源的综合统计，还要协调和领导各政府服务经济主管部门和企事业单位统计机构针对当地服务经济发展的专业统计①。同时，本着先易后难的原则，逐步合并政府统计制度与服务经济主管部门统计制度，形成统计部门服务经济一套表制度。例如，第一步，取消一些服务经济主管部门跨系统甚至跨行业的行业统计职能，将其统计报表纳入统计部门的基层表制度；第二步，将各服务经济主管部

---

① 2017年3月中旬，中国统计局首次发布全国服务业生产指数。2017年1~2月，全国服务业生产指数同比增长8.2%，增速比2016年12月加快0.1个百分点，比上年同期加快0.1个百分点，其中信息传输、软件和信息技术服务业、交通运输、仓储和邮政业表现强劲。

门系统内的报表与政府统计部门的报表合并成名副其实的一套表。

二是促进服务经济主管部门专业统计上专业之间的衔接。一方面,不拘泥于目前的国民经济行业分类标准,进一步细分现行行业报表制度。例如,在第一产业和第二产业报表中显现反映服务经济活动的数据指标,将服务业统计制度适当进一步分解以及时反映新兴服务业不断涌现的行业特点。另一方面,以统计部门服务经济一套表制度为基础,设计制定不同细分行业、不同企业的统计台账,确保其既能与制度表式、指标相互衔接,提高数据质量,又能满足相关服务企业自身管理需要,成为提高其管理水平的重要手段。这方面,中国金融业正在取得进展。按照国务院办公厅于2018年4月印发的《关于全面推进金融业综合统计工作的意见》,中国将建设运行国家金融基础数据库,建成覆盖所有金融机构、金融基础设施和金融活动的金融业综合统计,未来还将建立地方金融管理部门监管的地方金融组织和互联网金融统计。

三是及时调整服务经济统计调查范围适应新兴服务业快速发展。为适应新兴服务业不断产生并日益融合式发展壮大的现实,一方面,要适当缩短服务经济(尤其是第三产业)普查周期,及时将飞速扩张的新兴服务业纳入统计调查之内。另一方面,合理安排调查进度。新兴服务业往往经济占有量较小而单位数量较多,考虑到数据的准确性和基层统计人员的承受能力,不宜按进度搞全面调查,只需要运用抽样调查等非全面调查方法加以解决。再一方面,"条""块"结合上实行单轨运行。对被调查单位采取有"条"抓"条"、有"块"抓"块"、无"条"无"块"抓企业的办法。即凡是有总公司的服务型企业由统计机构布置其按系统负责统计,街道和乡镇企业由街道、乡镇负责统计,无主管部门的服务型企业由所在地的统计机构直接统计。

四是加强服务经济主管部门间沟通交流、促进数据共享。统计部门依法根据服务经济一套表基本制度统一开发研制并统一规定使用各专业报表处理软件,为各服务经济主管部门的沟通交流提供共同平台,促进所有服务经济统计信息资源有效共享。

3. 加强服务经济统计法治性

一是明确法律规定。① 各服务经济主管部门统计调查表必须呈送统计局审查

---

① 例如,2017年8月1日,《中华人民共和国统计法实施条例》正式施行,中国法律法规首次明确相关单位应当建立防范和惩治统计造假、弄虚作假责任制。统计部门还将推动建立一整套全员、全链条、全流程的统计数据责任制。该条例还就提高统计效率、减轻企业和受访对象负担进行了最新规定。

和清理，未经批准，各部门不得发放任何调查表，以尽可能避免统计调查重复和遗漏，最大限度减轻被调查者的负担。二是赋予统计机构行政处罚权。确保统计机构中的统计法规执行监督部门对不经政府统计部门审批的跨本系统服务经济统计项目的违法行为具有独立行政处罚权力，真正督促统计法规的执行到位，有效发挥统计的监督功能。

4. 强化基层统计力量

本着"事权下放、职能转移"精神，改变统计体制资源配置的"倒金字塔"结构，将统计系统资源配置重心下移和前移，健全基层统计网络，加强"源头"服务经济统计基础建设。主要涉及：增加基层服务经济统计人员编制、确保业务费用、改进办公条件、增强互联网时代和大数据背景下的时新统计技术与能力。同时要明确条块分工，促进任务和职责匹配，减少重复统计，充裕统计人员的数据审核时间和学习培训时间，强化统计知识更新，提升服务经济统计人员素质技能，规范服务经济统计基础工作，保障"源头"基础数据真实、准确和可靠。在平台经济和平台企业大发展背景下，还很有必要借助平台企业的协同/帮助统计数据收集监测等全新的工作。

5. 深挖统计体制价值

一是明确统计服务定位。服务经济时代官方统计体制的首要使命当然是为政府决策和社会管理提供充分的信息支持，但政府统计产品的需求对象已大大超出公共部门的界域，扩展到社会各个领域和层面。为此，要将"为政府服务的统计"逐步转换为"作为社会信息基础设施的统计"。尤其是服务经济主管部门的统计机构，一方面要摆脱行政干预，保证统计数据质量，另一方面要适当拓展其职能范围，逐步转向实体或半实体型的行业信息中心（同时也有必要依法与更加专业的相关经济社会组织建立运行统计数据运营联盟），促进服务经济统计资料匿名公开、行政记录广泛利用，在大数据、人工智能等背景下大力延伸服务经济统计信息效用，更好服务社会①。同时要充分考虑到统计机构与各类用户之间的

---

① 为反映顾客满意度对公司和总体生活质量的重要性，很多国家制定了国家顾客满意指数。例如1989年瑞典的"顾客满意晴雨表"，1992年的德国顾客满意指数，1994年的美国顾客满意指数，1998年的瑞士顾客满意指数。其中美国顾客满意指数（ASCI）由密歇根大学国家质量研究中心开发，度量顾客体验产品和服务质量。该指数追踪包括政府部门在内的200家代表所有主要行业的公司的顾客感知，包括每个行业组中的主要行业部门，并且选出每个行业的最大公司参与。每家公司对当前顾客进行大约250次的采访。每家公司得到一个ASCI分数，该分数通过计算顾客的质量感知、价值、满足、期望、投诉和未来忠诚而得到。

互动性，尽可能满足社会各界对服务经济统计产品的需求。二是优化统计工作流程。为满足社会对服务经济统计信息的多方面、不同层次的需求，统计部门内部要在制度方法设计、信息采集处理、资料开发利用、后勤服务保障诸环节设置工作机构，充分考虑到服务经济统计信息在采集、加工、核算、验证、发布等环节上的衔接性，规范工作流程，采用基于互联网的重点企业向国家统计部门直报等更加先进有效的数据输送和发布工具，确定公开的、规定的发布时限和平台，实现设计统一配套、采集协调顺畅、开发全面系统、保障及时有力，确保统计信息生产体系具有最大的灵敏性、效率性和社会效益性。

（三）突破统计方法体系瓶颈

1. 推进调查方式改革

借由信息技术的使用，采用以经常性抽样调查甚至实时性全样本调查①为主体的调查方式才能充分适应服务经济快速发展的形势。为推进抽样调查技术的广泛应用，一方面需要加大统计系统经常使用抽样调查方式的考核力度，另一方面还要加大基层服务经济统计人员抽样调查技术的配备、学习和培训力度。另外，还要在公开统计调查制度和方法的前提下，通过政府统计服务采购等形式将政府的部分服务经济统计服务职能推向市场和社会，凡是民间机构可以承担的非强制"统计事务"尽量交给专业的民间机构去实施，促进社会根据各种专业统计需求穷尽统计产品开发。这也是培育服务经济业态的重要手段。作为配套，实行统计调查准入制度和信用评价制度，加强统计部门对民间统计机构资质和能力审查及委托合同管理。同时还要尽快完善有关信息保护的法律法规，严厉惩处违规泄密的机构和个人。

2. 优化统计指标设置

适应经济结构深入调整及服务经济的快速可持续性转变的需要，根本性地修改、补充相关指标体系，减少仅仅适用于工业经济的过时指标，不断增加反映服务经济（例如分享经济方面的新产业、新业态、新商业模式）等新兴经济发展

---

① 例如，按照《21世纪》2017年4月28日的一则报道，互联网金融统计监测系统（一期）于2017年4月24日正式上线推广，基于按日逐笔采集明细数据的统计监测系统（二期）开发工作已接近尾声，这种按日逐笔采集明细数据才可能使得基于监管的交易限额管理得以落实。

的、适用的统计指标①。尤其是要重点划清重点服务业和新兴服务业增加值等指标的统计界线和核算口径。同时，在满足政府综合统计需要基础上，允许在各服务经济指标群间留出余地，以满足特定部门、行业、企业从自身管理需要出发增设一些必要的指标。

3. 改进服务估算方法

准确估算劳动者报酬是改进服务业增加值估算方法的关键。适应于服务行业高度复杂性和劳动者收入来源的多样化发展，需要配套改革劳动者收入统计体制，尽量准确地把握劳动者的收入来源，减少劳动者报酬遗漏现象，准确反映服务经济及其企业发展转变的活动规模。

---

① 根据国家统计局于 2016 年 7 月在第十届"中国经济增长与周期论坛"上的介绍，中国已经建立涉及战略性新兴产业、新产品、电子商务、电子商务交易平台、网购用户、城市商业综合体、产业园区、互联网金融、创新型企业孵化器、小微企业创新等新产业、新业态、新商业模式的专业报表制度。在资产管理领域，按照时任央行研究员苟文均的看法，资产管理产品嵌套多、跨界多、链条长，穿透识别股权债权交易的资金来源和资金运用、防范资产管理产品中不当关联交易等举措就需要加快建立便于穿透式监管的资产管理产品统计监测框架。按照国家统计局时任局长宁吉喆于 2018 年 1 月中旬的表示，2018 年将加快构建新时代现代化统计调查体系。其中包括探索计算工业发展质量指数，开展供给侧结构性改革、双创发展等统计指标体系研究，研究建立反映数字经济、共享经济、现代供应链的统计制度等。

第十四章 研究总结

本书基于市场消费、企业发展、体制变革三者关系研究的既有成果,借鉴西方学者 Geels Frank 所提社会技术体系转变多层次视角,融合市场供求和市场治理两种视角,系统剖析和梳理中国"市场消费演变—企业发展转变—治理体制供给"之间特殊的、动态的协同演进机理,提出以下一些可供继续深入探讨的观点和发现。

一、主要观点

西方视阈下的社会技术体系转变多层次视角可部分阐释改革开放以来中国经济可持续性转变进程,但也可以借由中国改革开放以来丰富的经济可持续性转变实践而获得历史根源性/纵深度及系统整体性/整合性维度的拓展。

社会技术体系转变多层次视角下的中国经济可持续性转变涉及体制变革和对外开放两项具有共同性,也各有侧重的关键议题。"市场消费演变—企业发展转变—治理体制供给"正是这些关键议题中更为基本和深入的三个关键层面。三大关键层面互动演进的过程总体上其实已先后或正在走过"引致-推式""自发-拉式"两种基本路径。

中国经济的可持续性转变可被拓展性地提炼为一个"市场消费演变—企业发展转变—治理体制供给"三大基本层面协同演进的顶层性、整合性的两型正态化"谱系"框架。适应于市场消费从数量型消费向精致型消费的升级,企业发展需要从以利用性创新(复制性/适应性创新)驱动为主的粗放型发展转向以探索性创新驱动为主的集约型发展，而治理体制供给则需要从"引致-推式"路径转向"自发-拉式"路径。

"市场消费演变—企业发展转变—治理体制供给"（及其内部）并不轻松的协同演进可能导致供求缺口和治理缺口两种亟须弥合的基本缺口。一种是企业发展转变与市场消费演变之间的供求缺口，一般主要依赖前瞻性或反应性的市场供求规律的协调。另一种是治理体制供给与市场行为系统体制诉求之间的治理缺口，包括限制（或不利于）企业高水平创新和高质量市场消费满足的基本治理缺口；治理体制供给和市场行为系统创新的体制诉求之间的缺口；治理体制内部思想性、宣示性和操作性层面之间不同时空下的纵向缺口；跨界各必要的治理体制之间操作性层面不同时空下的横向（跨空间配套/互补性）缺口。

影响这种演进成效的关键因素一般涉及企业领袖（群体）、消费者意见领袖（群体）、各级政府首脑（群体）特质是否开明、相互是否协调、各自地位是否强势。中国不仅要在商品方面成为领先市场，也要自信地成为治理体制方面的领先市场，这将有助于同时从市场机制和政府治理两个层面赢取国内外优质生产要素配置/整合者的信任。

就行业可持续性转变而言，考虑到在中国下一轮产业及其企业发展转变中率先发展现代服务业、升级服务业结构成为中国转变经济发展方式、推进产业结构调整、推动制造业及其企业发展转变的重要突破口和关键举措，中国尤其需要高度关注服务经济及其企业的发展转变，并从市场准入、需求培育、人才保障、服务创新、市场规范、开放合作、服务统计等方面分析和突破相关的体制瓶颈。

二、创新与价值

本书主要具有两个方面的创新。一是研究视角创新。突破可持续性转变领域囿于市场行为系统供求互动的常用视角，纳入市场供求双方可持续性转变在营商环境系统（治理体制供给）方面的诉求和参与，实证解析中国市场行为系统可持续性转变（市场消费演变、企业发展转变）和治理体制供给之间的协同演进机理。二是理论框架创新。所借鉴的西方视域下可持续性转变理论框架体现出

"情势变化—利基发展—体制变革"之间自外而内、自下而上、单向性的拉动式协同演进路径,更契合发达经济体实情。但本书注重立足中国的经济可持续性转变实情,在理论框架上还兼顾"新型治理体制—利基发展—情势变化"或"新型治理体制—情势变化—利基发展"这些自内而外、自上而下、逆向性的引致型协同演进路径。

本书主要具有两个方面的学术价值。一是有着重要发现。中国经济的可持续性转变存在一个"市场消费演变—企业发展转变—治理体制供给"三大基本层面协同演进的顶层性、整合性的两型正态化"谱系"框架。其中高密度地蕴含着涉及全主体/全主题/全逻辑/全路径/全绩效的双重"双创"(创业创新)、双重供求互动,并可能实现"惠民、兴业、善政"之间的良性循环。二是进行理论拓展。通过提炼中国经济可持续性转变实践,阐明"情势变化、利基发展、治理体制供给"之间存在相互耦合、相互驱动的关系,在转变过程的地域包容性、主体广泛性、路径循环性、系统整合性、发展动态性等方面对西方学者所提可持续性转变理论框架进行了拓展和完善。

三、启示与展望

可能的话,本书还可以借此启迪国内经济管理研究界(有责任也有能力)响应国际学术界在世界经济中心再次转移(亚太地区及中国复兴)背景下(尤其是中国经济社会可持续性转变及其对全球经济增长贡献巨大①但理论学术地位严重不匹配)日益聚焦和重视中国学的基本趋势。更多东西方管理学者开始正视近年来经济管理学理论创新及贡献不足以及过于偏重/跟随/跟班西方化理论的弊端(因而备受挑战),号召研究者们在深入理解西方经济管理理论基础上,走出西方中心主义的窠臼、跨界地(尽管相较于主流框架更类似"边缘人")提出更多基于/适于东方独特情境、具有历史深度和厚度、能解决经济社会实际突出

---

① 按照中国国家统计局发布的数据,2011~2016年,中国对世界经济增长的贡献率分别为28.6%、31.7%、32.5%、29.7%、30%、33.2%;2011~2015年,美国对世界经济增长的贡献率分别为11.8%、20.4%、15.2%、19.6%、21.9%。

"大问题"的管理理论及构念。①

中国改革开放已经40周年,整个国家日益从人口扩张型/社会—资源环境宽松型社会走向人口紧缩型/社会—资源环境紧张型社会。在这种趋势和背景下,要回归、坚持和增强自身学术、学科理论研究及其话语的主体性,对标世界/本土学术界思想和理论原创要求,逐渐摆脱/超越西方文明/海洋文明中心视阈下跟随型/赶超型/解读型"学术小工"的长期定位。正如华为所称的乌龟精神——不怕晚、不怕慢、只怕不追赶②。不仅在关键的经济管理理论领域,而且在关键的经济管理实践领域,中国都具有而且已经展示出受益于超强的利用性学习意识和能力。这方面,中国先是跟随/赶超/解读苏联、后是跟随/赶超/解读欧美,尤其是跟随/赶超/解读高度成熟的欧洲"莱茵模式"、美国"盎格鲁—撒克逊模式"及其相应的话语体系和叙事范式。只不过,未来从利用性学习到探索性学习(自主地以不同于别人/既有的独特视角和思路看待和对待这个世界)的转换将更加紧迫、风行和影响重大,其间"中体/西用"之间建设性协同演进将继续至为关键。

这也就是,深究中国从政府到企业到个体层面的现代化/可持续性转变并优化生产生活方式③、提升发展效益质量的经验和教训,开始更为自信、更大规模、更为系统、更加广泛地成就/升华自己并为世界经济管理学术界独创/引领性地建构和贡献兼顾国际视野参照和本土问题导向(从整个国家的一般性到特定区域、特定行业的特殊性)的中国经济可持续性转变的基础性话语、概念、法则、理论、叙事框架甚至范式〔例如可持续消费/生产/治理(Sustainable Consumption, Production and Governance, SCPG)〕。

当然,这需要基于超级新兴经济体中国"亚细亚综合模式"(大陆文明和海

---

① 根据2016年2月20日在啷啷堂网站上发表的一篇文稿"AMJ:东方情境下的管理新理论",世界银行在2012年预计2030年前亚洲经济总量将超过美国和欧盟的总和。但是根据一份统计,2015年17846名管理学会成员中,54%来自美国,18%来自北美及欧洲之外的学术组织(其中仅有9%的机构位于亚洲)。2010~2014年在AMJ(*Academy of Management Journal*)上发表文章的943名作者中,仅8%来自亚洲(大多都位于中国香港、中国内地及新加坡),且研究大多基于亚洲样本、以西方视角进行,并没提出有重要意义的新理论。

② 从2010年到2017年,华为在财富杂志《世界500强》中的排名分别为第397名、第351名、第315名、第296名、第285名、第228名、第129名、第83名。

③ 中共中央政治局于2017年5月26日就推动形成绿色发展方式和生活方式进行第四十一次集体学习,提出"加快构建生态功能保障基线、环境质量安全底线、自然资源利用上线三大红线,全方位、全地域、全过程开展生态环境保护建设"。

洋文明复合）下经济可持续性转变方面特定/独特的人文特质（尤其是大国、共同体、公有制意识下大量变量之间边界模糊、内生/互嵌而非西方私有制意识下大量变量之间边界清晰、泾渭分明，由此会对那些规范的定量实证有效性提出严峻的挑战）、文化传统、现实国情、政策制度、资料数据、案例实践以及深厚的各层级治理/管理智慧（高度本土化/接地气的"中国密码"），也需要汲取西方自由主义话语体系中的合理内核和精华。只有这样，才能助推中国从思想、精神、文化和规则/体制的高度为人类社会可持续性转变的理论和实践做出更大、更独特的引领性贡献。

参考文献

[1] Hambrick, Mason. Upper Echelons: The Organization as a Reflection of its Top Managers [J]. Academy of Management Review, 1984, 9 (2): 193 – 206.

[2] Duncan. The Ambidextrous Organization: Designing Dual Structures for Innovation [A]. In R Kilman & L Pondy. The Management of Organizational Design [C]. New York: North Holland, 1976: 167 – 188.

[3] Benner, Tushman. Exploitation, Exploration, and Process Management: The Productivity Dilemma Revisited [J]. Academy of Management Review, 2003, 28 (2): 238 – 256.

[4] Yadong Luo, Huaichuan Rui. An Ambidexterity Perspective toward Multinational Enterprises from Emerging Economies [J]. Academy of Management Perspectives, 2009 (11): 49 – 70.

[5] [美] 格伦·哈伯德, 蒂姆·凯恩. 平衡: 从古罗马到今日美国的大国兴衰 [M]. 陈毅平等译. 北京: 中信出版社, 2015.

[6] 李文. 创业、创新与混序理论 [A]. 钱颖一等. 创新驱动中国——国家创新驱动发展战略解读及实践 [C]. 北京: 中国文史出版社, 2016: 39 – 56.

[7] 周怀峰. 市场需求发展阶段对企业技术创新的影响 [J]. 科技进步与对策, 2009 (12): 80 – 83.

[8] 周怀峰, 郭玉杰. 基于国内市场需求的企业自主创新路径 [J]. 软科学, 2011 (4): 27 – 30.

[9] 张赤东, 王元. 企业创新的动机: 来自市场需求的激励——基于国家级创新型企业全样本调查问卷分析 [J]. 中国科技论坛, 2014 (4): 74 – 79.

[10] 李平, 田朔. 市场需求对技术创新的门限特征分析 [J]. 经济问题探

索,2014(10):18-25.

[11] Justin Yifu Lin. Hybrid Rice Innovation in China: A Study of Market – Demand Induced Technological Innovation in A Centrally – Planned Economy [J]. The Review of Economics and Statistics,1992,74(1):14-20.

[12] Klaus Desmet, Stephen L. Parente. Bigger is Better: Market Size, Demand Elasticity, and Innovation [J]. International Economic Review, 2010, 51(2): 319-333.

[13] Mirjam Steglich, Ekin Keskin, Andy Hall, Jeroen Dijkman. Are International Market Demands Compatible with Domestic Social Needs? Challenges in Strengthening Innovation Capacity in Kenya's Horticulture Industry [J]. International Journal of Technology Management & Sustainable Development, 2011, 10(3): 201-215.

[14] 邓子基,杨志宏. 财税政策激励企业技术创新的理论与实证分析 [J]. 财贸经济,2011(5):5-10.

[15] 周五七,聂鸣. 促进低碳技术创新的公共政策实践与启示 [J]. 中国科技论坛,2011(7):18-23.

[16] 聂爱云,何小钢. 企业绿色技术创新:环境规制与政策组合 [J]. 改革,2012(14):102-108.

[17] 周贵川,揭筱纹. 技术创新政策对企业间合作技术创新动机的调节作用研究 [J]. 软科学,2012(5):5-9.

[18] 盛亚,孔莎莎. 中国知识产权政策对技术创新绩效影响的实证研究 [J]. 科学学研究,2012(11):1735-1740.

[19] 张倩,曲世友. 环境规制对企业绿色技术创新的影响研究及政策启示 [J]. 中国科技论坛,2013(7):11-17.

[20] 王汉新. 基于公共政策视角的新能源技术创新研究 [J]. 科学管理研究,2014(6):44-47.

[21] 徐盈之,周秀丽. 碳税政策下的我国低碳技术创新——基于动态面板数据的实证研究 [J]. 财经科学,2014(9):131-140.

[22] 吕燕. 我国促进企业技术创新政策失灵问题研究——基于政策目标价值取向的测量设计与分析 [J]. 中国行政管理,2014(12):104-109.

[23] 郭炬,叶阿忠,陈泓. 是财政补贴还是税收优惠?——政府政策对技术创新的影响 [J]. 科技管理研究,2015(17):25-31.

[24] 余伟，陈强，陈华. 不同环境政策工具对技术创新的影响分析——基于2004—2011年我国省级面板数据的实证研究［J］. 管理评论，2016（1）：53-61.

[25] 张鸿武，钟春平. 知识产权保护还是R&D补贴？——提升中国工业技术创新能力的公共政策选择［J］. 东南学术，2016（2）：55-67.

[26] Jonathan Q. Morgan. Governance, Policy Innovation, and Local Economic Development in North Carolina［J］. The Policy Studies Journal, 2010, 38（4）: 679-702.

[27] Rajah Rasiah, Thiruchelvam Kanagasundram, Keun Lee. Introduction: Governance and Coordination Modes in Driving Innovation and Learning［J］. Asia Pacific Business Review, 2011, 17（2）: 135-141.

[28] Rudolf Sivaka, Anetta Caplanovaa, John Hudson. The Impact of Governance and Infrastructure on Innovation［J］. Post-Communist Economies, 2011, 23（2）: 203-217.

[29] Filippo Belloc. Corporate Governance and Innovation: A Survey［J］. Journal of Economic Surveys, 2012, 26（5）: 835-864.

[30] Bram Klievink, Marijn Janssen. Developing Multi-Layer Information Infrastructures: Advancing Social Innovation through Public-Private Governance［J］. Information Systems Management, 2014（31）: 240-249.

[31] 郭净，陈永昶，刘兢轶. 市场—政策双重战略导向均衡对技术创新绩效的影响——以京津冀地区的高新技术企业为例［J］. 河北大学学报（哲学社会科学版），2013（3）：135-140.

[32] 郭净，刘兢轶，刘改芬. 市场和政策导向对企业技术创新绩效的影响研究［J］. 科技管理研究，2014（3）：100-105.

[33] 黄栋. 低碳技术创新与政策支持［J］. 中国科技论坛，2010（2）：37-40.

[34] 郭磊，蔡虹. 地方产业技术创新的政策网络治理研究——基于陕西能源化工产业的案例［J］. 科学学与科学技术管理，2011（10）：98-103.

[35] 袁丽静. 价值链视角下的循环经济技术创新机制及其政策研究［J］. 宏观经济研究，2013（9）：71-76.

[36] 姜黎辉. 突变性技术创新驱动下政策组合链条研究［J］. 科技进步与

对策, 2014 (12): 99 – 103.

[37] 谭红玲, 李非. 基于政策与科学互动的科学技术创新政策研究 [J]. 科研管理, 2014 (12): 94 – 102.

[38] 常耀中, 剧锦文, 余博. 民营企业技术创新促进政策的模式偏好研究 [J]. 科技进步与对策, 2015 (11): 100 – 104.

[39] Jänicke, Martin. Dynamic Governance of Clean – energy Markets: How Technical Innovation could Accelerate Climate Policies [J]. Journal of Cleaner Production, 2012, 22 (1): 50 – 59.

[40] Carla De Laurentis. Renewable Energy Innovation and Governance in Wales: A Regional Innovation System Approach [J]. European Planning Studies, 2012, 20 (12): 1975 – 1996.

[41] Anne – Maree Farrell. Risk, Innovation and the Regulation of Health Technologies: Examining EU Governance of Blood and Plasma Products [J]. Innovation – The European Journal of Social Science Research, 2012, 25 (4): 461 – 477.

[42] Stefan Szucs, Olof Zaringf. Innovation Governance Nexuses: Mapping Local Governments' University – Industry Relations and Specialization in High Technology in Sweden [J]. European Planning Studies, 2014, 22 (9): 1769 – 1782.

[43] 王海峰. 协同演化视角下环境技术创新与环境治理制度耦合机制研究 [J]. 系统科学学报, 2014 (4): 49 – 52.

[44] Courtney Davis, John Abraham. The Political Dynamics of Citizenship, Innovation, and Regulation in Pharmaceutical Governance [J]. Innovation – The European Journal of Social Science Research, 2012, 25 (4): 478 – 496.

[45] 张五常. 中国的经济制度 [M]. 北京: 中信出版社, 2009.

[46] 吴敬琏. 重启改革议程: 中国经济改革二十讲 [M]. 北京: 三联书店, 2012.

[47] 张维迎. 什么改变中国 [M]. 北京: 中信出版社, 2012.

[48] 周其仁. 中国做对了什么? [M]. 北京: 北京大学出版社, 2010.

[49] 许成钢. 私企是经济增长的决定性因素 [EB/OL]. 财新网, http://economy.caixin.com/2014 – 10 – 09/100736365.html, 2014 – 10 – 09.

[50] 韦森. 中国经济增长的真实逻辑 [M]. 北京: 中信出版社, 2017.

[51] 史正富. 超常增长: 1979—2049 年的中国经济 [M]. 上海: 上海人

民出版社，2013.

［52］林毅夫，蔡昉，李周. 中国的奇迹：发展战略与经济改革（增订版）［M］. 上海：格致出版社，2014.

［53］Popov, Vladimir. Mixed Fortunes：An Economic History of China, Russia, and the West［M］. Oxford：Oxford University Press，2014.

［54］Peng, Heath. The Growth of the Firm in Planned Economies in Transition：Institutions, Organizations, and Strategic Choice［J］. Academyof Management Review，1996（21）：492 – 528.

［55］Meyer, Peng. Theoretical Foundations of Emerging Economy Business Research［J］. Journal of International Business Studies，2016（47）（1）：3 – 22.

［56］Geels Frank. Technological Transitions as Evolutionary Reconfiguration Processes：A Multi – Level Perspective and a Case – Study［J］. Research Policy，2002，31（8/9）：1257 – 1274.

［57］刘鹤. 把发展新经济与改革目标统一起来——中国发展新经济的路径依赖和现实挑战［J］. 开放导报，2001（8）：28 – 30.

［58］Geels Frank. A Socio – Technical Analysis of Low – Carbon Transitions：Introducing the Multi – Level Perspective into Transport Studies［J］. Journal of Transport Geography，2012（24）：471 – 482.

［59］March, James G.. Exploration and Exploitation in Organizational Learning［J］. Organization Science，1991，2（1）：71 – 87.

［60］Turnheim Bruno, Geels Frank. The Destabilization of Existing Regimes：Confronting a Multi – dimensional Framework With a Case Study of the British Coal Industry（1913—1967）［J］. Research Policy，2013，42（10）：1749 – 1767.

［61］Coase, R. H. The Problem of Social Cost［J］. Journal of Law and Economics，1960（3）：1 – 44.

［62］梅亮，陈劲，余芳珍. 创新演进与范式转移——可持续转型理论的源起、特征与框架［J］. 自然辩证法研究，2015（10）：36 – 40.

［63］Ajay K. Kohli, Bernard J. Jaworski. Market Orientation：The Construct, Research Propositions, and Managerial Implications［J］. Journal of Marketing，1990，54（4）：1 – 18.

［64］G. Tomas, M. Hult. Market – focused Sustainability：Market Orientation

Plus![J]. Journal of the Academic Marketing Science,2011(39):1-6.

[65] 孔泾源. 经济态势与改革创新 [A]. 钱颖一等. 创新驱动中国——国家创新驱动发展战略解读及实践 [C]. 北京：中国文史出版社,2016:23-34.

[66] Markus, Kitayama. Culture and the Self: Implications for Cognition, Emotion, and Motivation [J]. Psychological Review, 1991, 98 (2): 224-253.

[67] Jaworski, Kohli, Sahay. A Market-driven and Driving Markets [J]. Journal of the Academy of Marketing Science, 2000, 28 (1): 45-54.

[68] Ajay K. Kohli, Bernard J. Jaworski. Market Orientation: The Construct, Research Propositions, and Managerial Implications [J]. Journal of Marketing, 1990, 54 (4): 1-18.

[69] 柳昌清. 再论精准改革"公共侧" [A]. 钱颖一等. 创新驱动中国——国家创新驱动发展战略解读及实践 [C]. 北京：中国文史出版社,2016:72-83.

[70] 吴静，李如斓. 群众性技术革新运动：中国式的技术发展道路——以上海为例 [N]. 东方早报（上海经济评论），2016-05-10.

[71] 顾文涛，李东红，王以华. 政府规制对上汽集团自主创新的影响历程研究——以复杂系统自组织原理为分析框架 [J]. 科学学研究,2008(3):633-639.

[72] 黎文靖，郑曼妮. 实质性创新还是策略性创新？——宏观产业政策对微观企业创新的影响 [J]. 经济研究,2016(4):60-73.

[73] 余芳东. 外国政府统计体制的类型及其特点 [J]. 统计研究,2001(1):53-59.

[74] 李崇新. 全国统计体制模式：集中还是分散 [J]. 统计与信息论坛,2004(1):63-65.

[75] 杨君玲. 统计体制改革问题研究 [J]. 中国经济与管理科学,2009(7):59-60.